空间视角下产业平衡充分发展：理论探索与经验分析

Balanced and Adequate Development of Industries Under the Perspective of Space: Theoretical Exploration and Empirical Analysis

董亚宁　著

经济管理出版社
ECONOMY & MANAGEMENT PUBLISHING HOUSE

图书在版编目（CIP）数据

空间视角下产业平衡充分发展：理论探索与经验分析/董亚宁著. —北京：经济管理出版社，2021.2
ISBN 978-7-5096-7820-6

Ⅰ.①空… Ⅱ.①董… Ⅲ.①产业发展—研究—中国 Ⅳ.①F269.2

中国版本图书馆 CIP 数据核字（2021）第 038440 号

组稿编辑：宋　娜
责任编辑：宋　娜　张鹤溶　尹珍珍
责任印制：黄章平
责任校对：董杉珊

出版发行：经济管理出版社
（北京市海淀区北蜂窝 8 号中雅大厦 A 座 11 层　100038）
网　　址：www. E-mp. com. cn
电　　话：（010）51915602
印　　刷：唐山昊达印刷有限公司
经　　销：新华书店
开　　本：720mm×1000mm/16
印　　张：18
字　　数：259 千字
版　　次：2021 年 3 月第 1 版　　2021 年 3 月第 1 次印刷
书　　号：ISBN 978-7-5096-7820-6
定　　价：98.00 元

第九批《中国社会科学博士后文库》编委会及编辑部成员名单

本书由国家自然科学基金重点项目“中国产业集聚演进与新动能培育发展研究”（71733001）资助

序　言

博士后制度在我国落地生根已逾30年，已经成为国家人才体系建设中的重要一环。30多年来，博士后制度对推动我国人事人才体制机制改革、促进科技创新和经济社会发展发挥了重要的作用，也培养了一批国家急需的高层次创新型人才。

自1986年1月开始招收第一名博士后研究人员起，截至目前，国家已累计招收14万余名博士后研究人员，已经出站的博士后大多成为各领域的科研骨干和学术带头人。其中，已有50余位博士后当选两院院士；众多博士后入选各类人才计划，其中，国家百千万人才工程年入选率达34.36%，国家杰出青年科学基金入选率平均达21.04%，教育部“长江学者”入选率平均达10%左右。

2015年底，国务院办公厅出台《关于改革完善博士后制度的意见》，要求各地各部门各设站单位按照党中央、国务院决策部署，牢固树立并切实贯彻创新、协调、绿色、开放、共享的发展理念，深入实施创新驱动发展战略和人才优先发展战略，完善体制机制，健全服务体系，推动博士后事业科学发展。这为我国博士后事业的进一步发展指明了方向，也为哲学社会科学领域博士后工作提出了新的研究方向。

习近平总书记在2016年5月17日全国哲学社会科学工作座谈会上发表重要讲话指出：一个国家的发展水平，既取决于自然科学发展水平，也取决于哲学社会科学发展水平。一个没有发达的自然科学的国家不可能走在世界前列，一个没有繁荣的哲学社会科学的国家也不可能走在世界前列。坚持和发展中国特色社会主义，需要不断在实践中和理论上进行探索、用发展着的理论指导发展着的实践。在这个过程中，哲学社会科学具有不可替代的重要地位，哲学社会科学工作者具有不可替代的重要作用。这是党和国家领导人对包括哲学社会科学博士后在内的所有哲学社会科学领域的研究者、工作者提出的殷切希望！

中国社会科学院是中央直属的国家哲学社会科学研究机构，在哲学社会科学博士后工作领域处于领军地位。为充分调动哲学社会科学博士后研究人员科研创新的积极性，展示哲学社会科学领域博士后的优秀成果，提高我国哲学社会科学发展的整体水平，中国社会科学院和全国博士后管理委员会于2012年联合推出了《中国社会科学博士后文库》（以下简称《文库》），每年在全国范围内择优出版博士后成果。经过多年的发展，《文库》已经成为集中、系统、全面反映我国哲学社会科学博士后优秀成果的高端学术平台，学术影响力和社会影响力逐年提高。

下一步，做好哲学社会科学博士后工作，做好《文库》工作，要认真学习领会习近平总书记系列重要讲话精神，自觉肩负起新的时代使命，锐意创新、发奋进取。为此，需做到：

第一，始终坚持马克思主义的指导地位。哲学社会科学研究离不开正确的世界观、方法论的指导。习近平总书记深刻指出：坚持以马克思主义为指导，是当代中国哲学社会科学区别于其他哲学社会科学的根本标志，必须旗帜鲜明加以坚持。马克思主义揭示了事物的本质、内在联系及发展规律，是“伟大的认识工具”，是人们观察世界、分析问题的有力思想武器。马克思主义尽管诞生在一个半多世纪之前，但在当今时代，马克思主义与新的时代实践结合起来，越来越显示出更加强大的生命力。哲学社会科学博士后研究人员应该更加自觉地坚持马克思主义在科研工作中的指导地位，继续推进马克思主义中国化、时代化、大众化，继续发展21世纪马克思主义、当代中国马克思主义。要继续把《文库》建设成为马克思主义中国化最新理论成果宣传、展示、交流的平台，为中国特色社会主义建设提供强有力的理论支撑。

第二，逐步树立智库意识和品牌意识。哲学社会科学肩负着回答时代命题、规划未来道路的使命。当前中央对哲学社会科学愈加重视，尤其是提出要发挥哲学社会科学在治国理政、提高改革决策水平、推进国家治理体系和治理能力现代化中的作用。从2015年开始，中央已启动了国家高端智库的建设，这对哲学社会科学博士后工作提出了更高的针对性要求，也为哲学社会科学博士后研究提供了更为广阔的应用空间。《文库》依托中国社会科学院，面向全国哲学社会科学领域博士后科研流动站、工作站的博士后征集优秀成果，入选出版的著作也代表了哲学社会科学博士后最高的学术研究水平。因此，要善于把中国社会科学院服务党和国家决策的大智库功能与《文库》的小智库功能结合起来，进而以智库意识推动品牌意识建设，最终树立《文库》的智库意识和品牌意识。

第三，积极推动中国特色哲学社会科学学术体系和话语体系建设。改革开放30多年来，我国在经济建设、政治建设、文化建设、社会建设、生态文明建设和党的建设各个领域都取得了举世瞩目的成就，比历史上任何时期都更接近中华民族伟大复兴的目标。但正如习近平总书记所指出的那样：在解读中国实践、构建中国理论上，我们应该最有发言权，但实际上我国哲学社会科学在国际上的声音还比较小，还处于"有理说不出、说了传不开"的境地。这里问题的实质，就是中国特色、中国特质的哲学社会科学学术体系和话语体系的缺失和建设问题。具有中国特色、中国特质的学术体系和话语体系必然是由具有中国特色、中国特质的概念、范畴和学科等组成。这一切不是凭空想象得来的，而是在中国化的马克思主义指导下，在参考我们民族特质、历史智慧的基础上再创造出来的。在这一过程中，积极吸纳儒、释、道、墨、名、法、农、杂、兵等各家学说的精髓，无疑是保持中国特色、中国特质的重要保证。换言之，不能站在历史、文化虚无主义立场搞研究。要通过《文库》积极引导哲学社会科学博士后研究人员：一方面，要积极吸收古今中外各种学术资源，坚持古为今用、洋为中用。另一方面，要以中国自己的实践为研究定位，围绕中国自己的问题，坚持问题导向，努力探索具备中国特色、中国特质的概念、范畴与理论体系，在体现继承性和民族性、体现原创性和时代性、体现系统性和专业性方面，不断加强和深化中国特色学术体系和话语体系建设。

新形势下，我国哲学社会科学地位更加重要、任务更加繁重。衷心希望广大哲学社会科学博士后工作者和博士后们，以《文库》系列著作的出版为契机，以习近平总书记在全国哲学社会科学座谈会上的讲话为根本遵循，将自身的研究工作与时代的需求结合起来，将自身的研究工作与国家和人民的召唤结合起来，以深厚的学识修养赢得尊重，以高尚的人格魅力引领风气，在为祖国、为人民立德立功立言中，在实现中华民族伟大复兴中国梦的征程中，成就自我、实现价值。

是为序。

王京清

中国社会科学院副院长

中国社会科学院博士后管理委员会主任

2016 年 12 月 1 日

摘　要

党的十九大报告指出，中国社会的主要矛盾已经转化为人民日益增长的美好生活需要和不平衡不充分的发展之间的矛盾。从经济发展角度来看，一方面，中国经历了连续多年的GDP高速增长后，自2012年逐步转入中高速轨道并进入经济发展新常态，正处于人口数量红利逐渐消失、产业新旧动能转换迫在眉睫和新型城镇化任务繁重的关键时期，实现经济充分发展尤为关键；另一方面，中国人口众多、幅员辽阔，经济活动中区域和微观主体异质性特征明显，产业活动空间分布的动态性和异质性特征比较明显，城乡之间、区域之间产业不平衡问题依然存在，实现经济平衡发展至关重要。从空间经济增长理论来看，“平衡发展”是侧重空间（结构）维度的分布问题，“充分发展”是侧重时间维度的增长问题。因而，发展具有中国特色的空间经济增长理论，挖掘人力资源、创新驱动和空间一体化红利，建立一个符合中国国情的产业区位与内生增长整合理论框架，是摆在我们面前的重要课题。

回顾工业革命以来的人类经济社会发展，恰恰存在两个长久经受检验的特征事实：一是经济活动产出的持续增长，即经济增长；二是经济活动总是倾向于集聚而不是均匀分散，即空间集聚。这反映出经济活动的动态增长与空间分布是不可分割的过程。因此，从理论层面解释经济活动在时间维度的动态增长和空间维度的区位分布及其互动作用，一直是经济学和地理学面临的重要问题。然而，长期以来涉及这一问题的经济学和地理学两大阵营缺乏有效的联系。在地理学家看来，经济学家通过假定同质空间而忽略了空间的作用，认为生产和消费活动都发生在“针尖”上；在经济学家看来，尽管地理学家考虑异质空间，却缺乏严谨的理论分析框架。直到 1977 年 D-S 框架的出现为空间因素纳入主流经济学奠定了坚实的基础，伴随着 Romer（1986）、Lucas（1988）等开启内生增长理论，一些学者陆续在统一的理论框架下探讨空间区位与内生增长的整合问题，尝试开创空间经济增长理论。

本书就如何破解产业空间发展不平衡和质量、效益、创新发展不充分等重大难题，在总结已有空间经济增长理论及其应用研究的基础上：首先，基于产业、人口空间区位选择机制和内生增长机制，引入微观主体和区域异质性，将经济活动在时间维度的动态增长与空间维度的区位分布纳入同一框架构建了空间经济增长基础模型；其次，基于基础模型构建了“人口—产业—空间”综合视角下研究中国产业平衡充分发展的理论框架，从交通一体化、市场一体化、比较优势、创新研发和地方公共服务五个方面开展了整合异质性企业区位、产业区位、人力资源空间配置与内生创新增长的理论分析；再次，基于基础模型，分别从农业、工业、服务业不同产业角度尝试探讨实现产业平衡充分发展的具体路径；复次，在城乡和区域不同空间视角下，分析了地方公共服务、人力资源配置驱动产业平衡充分发展的理论依据与经验；最后，结合理论与经验分析结论，提出了促进中国产业平衡充分发展的政策建议。

本书创新体现在：一是针对大多理论研究要么侧重产业活动空间分布、要么侧重产业活动长期增长问题，本书力争将经济活动在时间维度的内生增长与空间维度的区位选择纳入同一框架进行研究，构建了空间经济增长模型，在一定程度上继承和发展了空间经济学模型，为空间经济增长研究提供了一种比较完整的理论范式。二是针对大多理论研究假设微观主体同质性导致企业（产业）区位选择整体性瞬间性问题，本书引入微观主体异质性，为深入刻画产业区位的微观动态机制提供了理论依据。三是针对大多理论研究侧重以外生化运输成本（贸易自由度）刻画空间问题，本书从交通一体化（内生化运输成本、贸易自由度）、市场一体化、比较优势、创新研发、地方公共服务多个角度刻画空间异质性问题，从而为开展异质性企业（产业）区位、人力资源空间配置与内生创新增长的数理分析提供了全面深入的理论支撑。四是针对大多数理论研究忽视“人口—产业—空间”的融合联动效应，坚持系统观念，依托基础模型在“人口—产业—空间”综合视角下研究产业区位与创新问题，并且开展相应的经验分析，进而为全面系统地分析中国产业平衡充分发展问题提供了理论框架。五是针对大多理论研究将人从“生产角度”物化为一种要素投入、仅侧重从要素收益（工资收入）角度考虑劳动力配置问题，本书立足人民对美好生活向往的需要，综合考虑收入水平、不可贸易公共服务、知识溢出等影响机制，进而为全方位、深层次把握产业平衡充分发展逻辑开辟了新的理论视角。此外，基于系统科学理论和方法构建的数理模拟分析平台，为分析不同政策下产业平衡充分发展提供了有力工具。

关键词：“空间”视角；空间经济增长；产业区位；创新增长；平衡充分发展

Abstract

The report of the 19th National Congress of the Communist Party of China pointed out that the principal contradiction in Chinese society has evolved into the contradiction between unbalanced and inadequate development and the people's ever-growing needs for a better life. From the perspective of economic development: on the one hand, after years of rapid GDP growth, China's economy has entered a period of new normal since 2012. China is in a critical period when the demographic dividend is gradually disappearing, the transformation of old and new drivers of industrial growth is imminent, and the task of new urbanization is arduous. It is particularly critical to achieve adequate economic development. On the other hand, China has a large population and a vast territory. The heterogeneity of regions and elements in economic activities is obvious, the heterogeneity and dynamic characteristics of the spatial distribution of industrial activities are relatively apparent, and the imbalance of industries between urban and rural areas and between regions still exists, so it is critical to realize balanced economic development. From the perspective of space economic growth theory, "balanced development" focuses on the distribution of spatial (structural) dimension, while "adequate development" focuses on the growth of the temporal dimension. Therefore, the development of a theory of spatial economic growth with Chinese characteristics, mobilizing human resources, promoting innovation and receiving spatial integration dividends, and the establishment of a theoretical framework for the integration of industrial location and endogenous growth in line with China's national conditions are important issues before us.

Looking back on the economic and social development of human beings since the Industrial Revolution, two characteristic facts have been tested for a long time: Firstly, there is the continuous increase in the output of economic activities, that is economic growth; secondly, economic activities always tend to cluster rather than uniformly dispersed evernly, that is spatial agglomeration. This reflects that dynamic growth and spatial distribution of economic activities are inseparable processes. Therefore, from a theoretical perspective, how to explain the dynamic growth of economic activity in the time dimension and the location distribution of the spatial dimension and their interactions have always been essential issues facing economics and geography. However, the two major camps of economics and geography that have been involved in this theoretical problem for a long time have lacked an effective connection. From the perspective of geographers, economists ignore the role of space by assuming homogeneous space, giving the impression that both production and consumption activities occur at the tip of a needle. From the perspective of economists, geographers consider heterogeneity space, but lacks a rigorous theoretical analysis framework. Until the D-S framework laid the foundation for the integration of spatial factors into the mainstream economics framework in 1977, and Romer (1986) and Lucas (1988) started the endogenous growth theory, some scholars began to try to explore the issue of spatial location and endogenous growth under a unified theoretical framework and spatial economic growth theory.

Based on the existing spatial economic growth theories and applications, this book aims at solving the major problems of imbalances in regional industrial development and inadequate quality, efficiency, and innovating for growth. First, based on the population, industrial space location selection mechanism and endogenous growth mechanism, the introduction of micro-subject heterogeneity, the dynamic growth of economic activity in the time dimension, and the spatial distribution of the spatial dimension are incorporated into the same framework to build the foundation for an economic geographic growth model. Then, based on the basic models, a comprehensive framework of "population-industry-space" is built to study the balanced and adequate development of China's industry, and analyze the heterogeneity of enterprise location, industry location, human resource spatial allocation and endogenous innovation-driven development from five aspects of transportation integration, market integration, comparative advantage, innovation, research, and local public services. Next, based on the theoretical models, this book takes three different types of industries about agriculture, industry and service industry as examples to explore the specific path to realize the balanced and adequate development of the industry from different industry perspectives. From different perspectives of urban and rural areas and regions, this book analyzes the theoretical basis and empirical facts of the balanced and adequate development of the industry driven by local public services and human resources allocation. Finally, some policy proposals are put forward to promote the balanced and adequate development of Chinese industries based on the conclusions of theoretical and empirical analyses.

The possible innovations of this book are embodied in: Firstly, this book strives to incorporate the endogenous growth of economic activities in the time dimension and the location selection in the space dimension into the same framework and constructs a spatial economic growth model which inherits and develops the spatial economic model to some extent, while most theoretical researches focus on either industry space distribution or industry growth problem for a long time. Secondly, aiming at homogeneous microscopic subject hypothesis from most theoretical researches, which lead to integrity and instantaneous migration of enterprise (industry), this book introduces the heterogeneous micro-subject hypothesis to provide a theoretical basis for describing the microdynamic mechanism of industrial location. Thirdly, for most studies focusing on the analysis of the exogenous transportation cost (trade liberalisation) in the space dimension, this book analyzes spatial heterogeneity from the perspectives of transportation integration (endogenous transport costs, trade liberalisation), market integration, comparative advantage, innovation, research and local public services to provide comprehensive and in-depth theoretical supports of mathematical analyses on heterogeneous enterprise (industry) location, human resource spatial allocation and endogenous innovation-driven development. Fourthly, since most theories ignore the integrated linkage effect of "population-industry-space", this book, by upholding systemic concept, studies on industrial location and innovation based on the basic models and the point of view in "population-industry-space" and carries out corresponding empirical analyses to provide a theoretical framework for comprehensive and systematical analyses on the balanced and adequate development of Chinese industry. Fifthly, aiming at most studies materialize labor as a factor input from "production perspective", and consider labor allocation only from the perspective of factor income (wage income), this book comprehensively takes income level, non-tradable public services, knowledge spillover, and other influencing mechanisms into consideration based on the people's ever-growing needs for a better life, which opens up a new theoretical perspective to grasp the logic of industry balance and adequate development. In addition, the mathematical simulation analysis platform based on system science theories and methods provides a powerful tool for analyzing the balanced and adequate development of the industry under different policies.

Keywords: "Space" perspective; Spatial economic growth; Industrial location; Innovation-driven development; Balanced and adequate development

目　录

Contents

第一章　绪　论

第一节　研究背景

一、经济平衡充分发展的理论探索迫在眉睫

党的十九大报告指出，中国社会主要矛盾已经转化为人民日益增长的美好生活需要和不平衡不充分的发展之间的矛盾。从经济发展角度来看，一方面，中国经济经历了连续多年的高速增长后，自 2012 年以来减速放缓并进入新常态，正处于人口数量红利逐渐消失、产业新旧动能转换迫在眉睫和新型城镇化任务繁重的关键时期，实现经济充分发展尤为关键；另一方面，中国人口众多、幅员辽阔，经济活动中区域和要素异质性特征明显，产业活动空间分布的异质性和动态性特征十分显著，城乡之间、区域之间不平衡问题依然存在，实现经济平衡发展至关重要。从空间经济理论来看，“平衡发展”侧重空间（结构）维度的分布问题，“充分发展”侧重时间维度的动态增长问题（杨开忠等，2019）。因而，发展具有中国特色的空间经济增长理论，挖掘人力资源、创新驱动和空间一体化红利，建立一个符合中国国情的产业区位与内生增长整合理论框架，是摆在我们面前的重要课题。

回顾工业革命以来人类经济社会发展，可以发现两个长久经受检验的特征事实：第一是经济活动产出的持续增长；第二是经济活动总是向小范围集聚，而不是空间均匀分布。事实上，经济活动的创造与区位问题代表了经济发展的时间动态属性和空间分布属性，是同一问题的两个方面。因此，如何解释经济活动在空间维度的区位分布与时间维度的动态增长及其相互作用一直是地理学和经济学面临的基本问题。然而，长期以来经济活动的空间分布与动态增长研究往往缺乏有效的联系。一方面，从 1826 年杜能在其著作《孤立国同农业和国民经济的关系》中提出的农业区位理论、韦伯创建的工业区位论、克里斯塔勒的中心地理论，到 20 世纪 50 年代的区域科学理论，再到新城市经济学、新经济地理学，大都忽略了内生经济增长的因素；另一方面，从亚当·斯密开始探讨经济增长的源泉，之后新古典增长理论，再到新增长理论，经济学家将精力大都放在“经济增长”这一中心问题上，以至于卢卡斯发出感叹“只要开始思考这个问题，就很难再有精力去考虑其他问题”，因此大多忽略了区域禀赋差异、运输成本、要素流动等空间的因素。由此导致的结果是，在地理学家看来，经济学家通过同质空间假定忽略了空间的作用，认为生产和消费活动都发生在“针尖”上；在经济学家看来，尽管地理学家考虑异质空间，却缺乏严谨的数理分析框架。直到 1977 年 D-S 框架的出现为空间因素纳入主流经济学奠定了坚实的基础，伴随着 Romer、Lucas 等人开启内生增长理论，一些学者陆续在统一的理论框架下探讨空间区位与内生增长整合问题，尝试开创空间经济增长理论。空间经济增长理论的深入研究或许将为推进中国经济平衡充分发展提供理论借鉴。

二、产业区位与创新分布空间异质性特征明显

从产业区位的角度看，产业空间区位重构是影响产业平衡发展的重要方面。以制造业为例，改革开放以来，伴随着经济一体化进程的不断加快和对外开放程度的逐渐提高，中国制造业的空间集聚特征越来越明显，逐

步形成以东部沿海区域为中心，以中西部地区为外围的“中心—外围”空间结构。在推进产业高质量发展和区域协调发展的背景下，探求产业区位空间重构的理论机制及其影响因素尤为重要。

创新是引领发展的第一动力，是建设现代化经济体系的战略支撑。从产业创新的角度来看，科技研发与创新活动是影响产业充分发展的重要因素。以高新技术产业为例，改革开放40年，特别是党的十八大以来，政府部门研究制定并出台了一系列政策文件，推动中国高技术产业和战略性新兴产业取得了长足进步。2017年，高技术产业和战略性新兴产业继续保持两位数的增长速度，规模以上工业战略性新兴产业增加值比上年增长11.0%，规模以上工业高技术产业增加值比上年增长13.4%，分别高于整个规模以上工业4.4个百分点和6.8个百分点。然而，中国高新技术产业领域的不平衡不充分问题也日益凸显。从空间区域角度来看，高技术企业向东部聚集、科技研发活动区域间差距过大和区域人才结构差异明显，中国产业创新活动的空间异质性特征非常明显；从产业链角度来看，靠近终端消费者的下游产品创新竞争力相对较强，上游核心技术创新力薄弱，使得产业链上下游之间发展不平衡的问题也较突出。因而，系统厘清产业空间重构和产业创新驱动背后的逻辑机制，科学把握产业空间布局与产业创新格局，进而促进产业平衡充分发展，是摆在我们面前的重要理论问题。

三、运输成本与市场潜能空间异质性特征明显

由现代化的公路、铁路、水运、航空和管道运输组成的统一运输网络，将各种生产原料、中间品和最终品以及劳动力资源不断从供给地区运往需求地区，既是充分利用全国范围内的自然资源、经济资源和社会资源的前提，也是地区生产专业化协作、社会再生产以及区际贸易大发展的必要条件（杨开忠，1993）。因此通过发展交通基础设施进而形成高效统一的运输系统是促进产业平衡充分发展的基础。改革开放以来，中国交通基础设施建设取得了巨大成就，交通基础设施运输里程规模总量居于世界前

列。然而，中国幅员辽阔，不同区域在基础设施投资力度和速度上的差异致使交通基础设施分布也呈现明显的空间异质特征。总体来看，东部地区交通基础设施发达，中部地区次于东部地区，而西部地区基础设施相对滞后。从这个意义上说，中国是交通大国，但还不是交通强国，运输条件对于未来产业平衡充分发展的影响作用依旧不可忽视。

从空间经济角度看，如果一个地区具有较大的市场潜能（衡量一个地区可有效进入的市场规模），则该地区将会吸引更多的企业来投资、扩大生产，使用更多的生产要素（劳动、资金、知识和中间品等），进而造成该区域要素紧缺，导致该区域要素价格上涨，这会进一步吸引更多的要素流入该区域，而要素的流入又会扩大该区域的消费市场和要素供给市场，吸引更多的企业来投资，如此循环往复促进区域经济的累积循环过程，实现要素和产业空间集聚。通过 Harris（1954）的度量方法测算发现中国地级市的市场潜能存在显著空间异质性①。因此，区域市场潜能对于产业平衡充分发展也是至关重要的。

四、人口流动与城市规模空间异质性特征明显

人力资源是实现产业平衡充分发展的根本保障。党的十九大报告明确指出要加强人口发展战略研究，随着人口出生死亡形势的变化，人口迁移流动已经成为并将长期成为影响中国人口变动趋势的决定性因素。从迁移总量来看，中国人口迁移总量从 1985~1990 年的 10760 万人上升至 2005~2010 年的 55230 万人，总量增长了五倍有余。从迁移区域来看，第六次人口普查数据显示东部迁入 15731.4 万人，中部和西部分别迁入 4608.1 万人和 5754.4 万人。值得注意的是，《国家人口发展规划（2016—2030 年）》预计，2016~2030 年农村向城镇累计转移人口约 2 亿人，城镇化水平持续提

① 市场潜能表达式为 $mp_r = \sum_{i\neq j} Y_j/d_{rj} + Y_r/d_{rr}$，其中 Y 为地级市国内生产总值，$d_{rj}$ 为地级市行政中心之间的欧式直线距离，d_{rr} 为地级市内部距离，满足 $d_{rr} = 0.66\sqrt{area_r/\pi}$，area 为地级市面积。

高，以“瑷珲—腾冲线”为界的全国人口分布基本格局保持不变，同时人口将持续向沿江、东部、铁路沿线地区聚集，城市群人口集聚度加大。

在经历了四十年高速城镇化发展后，中国城市发展动力、产业结构、人口变动特征都发生了变化，特别是随着人口数量红利的消失，城市间人口流动在规模上呈现“零和博弈”态势。正因如此，自 2017 年初武汉市“五年内留住百万大学生”计划打响“抢人大战”第一枪以来，各个城市已经将吸引人口尤其是吸引人才作为提升区域竞争力的重要方式，近两年来先后有数百个城市出台了人才新政，城市层面的“抢人大战”可谓全面开花，2018 年也被称为“中国城市人才竞争全面爆发的元年”。一些地方品质和公共服务条件较好的城市聚集了越来越多的人口，甚至出现城市人口膨胀问题，产生了“大城市病”；而一些发展条件处于劣势的城市发生了人口净流出，出现了“城市收缩”现象①。

不同城市之间的人口分化，从人口规模角度自然出现了城市“收缩”与城市“扩张”两种城市发展态势。也基于此，国家发展和改革委员会发布的《2019 年新型城镇化建设重点任务》首次提出了“收缩型城市”，并明确指出“收缩型中小城市要瘦身强体，转变惯性的增量规划思维，严控增量、盘活存量，引导人口和公共资源向城区集中”。这意味着，从国家层面已经开始重视城市“收缩”与“扩张”发展态势。因此，系统厘清人口迁移流动机制，尤其是科学揭示人口迁移流动背后的逻辑机制，对于未来促进产业平衡充分发展具有重要意义。

① 这里将“收缩城市”简化界定为城区常住人口连续三年净流出且出现经济衰退的城市，通过选取 2015~2018 年全国 648 个城市（包括县级及以上城市）的城区常住人口数据，并设定人口净流出公式为：净流出人口 = 当年常住人口 − 上年常住人口 ×（1 + 人口自然增长率），最终得到“收缩城市”有 81 个，占比为 12.5%，“扩张城市”有 195 个，占比为 30.1%。

第二节 研究目标与意义

一、研究目标

本书的研究目标主要体现在以下方面：

（1）基于空间区位选择机制、内生增长理论机制和微观主体异质性，坚持系统观念，构建一个"人口—产业—空间"综合视角下研究中国产业平衡充分发展的理论框架，分析交通一体化、市场一体化、区域比较优势、创新研发和地方公共服务对人口流动、企业迁移和产业区位影响的动态过程，揭示人力资本红利、专业化红利、创新红利和集聚红利对产业平衡充分发展的支撑作用（见图 1-1），尝试构筑起支撑中国产业平衡充分发展和经济高质量发展的人口—产业—空间"黄金三角"。

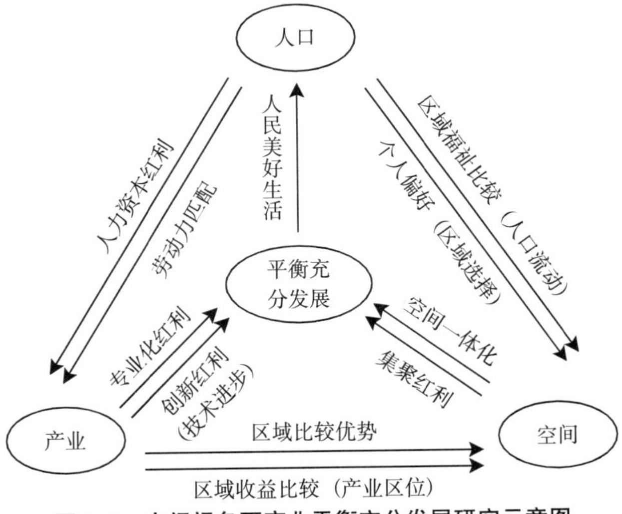

图 1-1 空间视角下产业平衡充分发展研究示意图

资料来源：作者绘制。

（2）基于基础模型，从交通一体化、市场一体化、比较优势、创新研发、地方公共服务等角度选取农业、工业和服务业代表性产业进行经验分析，试图从不同角度探讨实现产业平衡充分发展的具体路径；同时还立足地方公共服务，探讨人力资源空间重配对于产业平衡充分发展的客观事实。

（3）基于理论研究和经验分析，提出促进中国产业平衡充分发展的政策措施，包括未来中国人力资本积累、产业空间结构优化的产业布局政策、不同类型企业空间引导差别化策略、一体化和比较优势政策、创新驱动战略以及公共服务政策。

二、理论意义

本书的理论意义主要体现在以下方面：

（1）针对传统研究要么侧重空间维度产业区位研究，要么侧重时间维度产业创新增长研究的现状，本书开展的空间经济增长理论将时间维度和空间维度纳入一个整体框架中，揭示了产业活动在空间维度区位选择与时间维度动态增长的微观机制，因此能够为分析产业平衡充分发展问题提供一个理论框架。

（2）针对传统微观主体同质性假设引致的要素空间流动整体性、瞬时性问题，引入微观主体异质性，为空间经济增长理论研究提供了崭新的途径，使空间经济增长研究从中观（部门）层面深入到了微观（企业和个人）层面，大大增强了空间经济增长理论的解释能力，也更加符合现实情况。

（3）理论模型考虑了资源禀赋、比较优势、规模报酬递增、交通一体化、市场一体化、创新驱动、人力资本积累和公共服务，提供了一个比较完整的分析产业区位与增长的多视角理论框架。此外，空间经济增长理论研究使得将空间异质性、技术外部性、不完全竞争、动态时间纳入一个统一架构，以及建立经济地理、经济增长和区域协调的整合理论成为了前沿方向。

三、实践意义

本书的实践意义主要体现在以下方面：

（1）从某种程度上来看，经济增长和经济分布其实反映了资源配置的两个基本问题——效率和公平，政策制定者常常需要对两者进行权衡，迫切需要整合空间分布与创新增长的理论研究框架。中国人口众多、幅员辽阔，经济活动中的微观主体异质性、空间异质性、动态变化性都十分显著。因此，对于中国这样一个经济快速增长但空间发展尚不平衡的国家而言，整合理论模型能够为分析发展问题及制定区域政策提供一套有力的政治经济分析工具。

（2）中国正处于人口数量红利逐渐消失、产业新旧动能转换迫在眉睫和新型城镇化任务繁重的关键时期，同时也面临着城乡之间、区域之间产业发展不平衡的问题，研究结果有助于科学把握产业空间重构机制和创新增长机制，特别是对于完善区域产业政策体系、发挥各地比较优势、促进各类要素合理流动和高效集聚、推动形成优势互补高质量发展的区域产业布局，以及增强创新发展动力、加快构建高质量发展的动力系统、促进新时代产业平衡充分发展都具有重要启示意义。

（3）本书的经验分析也能够从产业发展层面给予具体的政策启示，比如：农业方面，强化农产品品牌建设、破解农产品滞销卖难的问题以及促进农业收入持续增长；高技术产业方面，解释创新增长空间分异现象、提出高技术产业未来平衡充分发展路径；旅游业方面，以公共服务质量促进未来旅游业高质量发展；创新驱动战略实施方面，促进创新效益提升、创新开放合作、创新协作共享、创新体制改革等；人才强国战略方面，加强人力资本投资、劳动力知识溢出以及完善引才聚才长效机制等。

第三节 研究内容

全书共分为十个章节：

第一章为“绪论”。这一章主要回顾了研究背景，提出了要研究的问题，阐述了本书的研究意义、研究内容和研究方法，指明了可能的创新性。

第二章为“空间经济增长理论研究”。首先回顾了空间因素纳入主流经济学的历程，梳理了产业区位选择的物质资本外部性、知识溢出外部性、多样性需求、搜寻匹配机制和人口区位选择的收入均等、空间交互、学习匹配、公共品选择和迁移摩擦机制；其次梳理了基于物质资本积累、人力资本积累、知识创新积累、质量数量提升和资本与创新融合驱动五种内生增长机制；再次以内生增长机制为主线，并融入空间集聚机制，系统梳理与评述了空间经济增长理论研究进展；最后从人口、产业和城市三个层面总结了空间经济增长理论的应用研究进展。

第三章为“产业平衡充分发展：理论模型”。在对相关研究总结梳理的基础上，引入微观主体异质性（企业、消费者和劳动力等），亦即考虑企业在规模、产品质量、组织形式、企业家才能等方面的差异，消费者在偏好、年龄、性别、收入禀赋等方面的差异，以及劳动者在技能等方面的差异，基于空间区位选择机制和内生增长机制，从动态和异质两个方向考虑时间维度和空间维度，构建空间经济增长整合研究框架，综合分析微观异质性主体之间、异质性区域之间的人口流动、企业迁移、知识溢出以及产业发展的动态过程，进一步揭示产业发展过程中内部黑箱的微观主体的动态机制（见图 1-2）。

第四章为“产业平衡充分发展：理论路径”。本章基于空间经济增长理论基础模型和异质性理论，通过构建空间均衡模型，从交通一体化、市场一体化、比较优势、创新研发以及地方公共服务五个方面开展了异质性

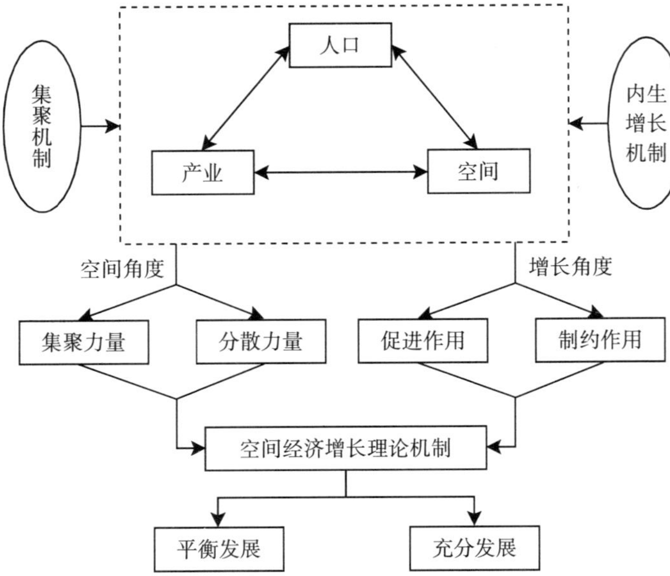

图 1-2　空间视角下产业平衡充分发展理论模型建构框架

资料来源：作者绘制。

企业、人力资源空间配置和产业区位以及创新增长的数理分析，并对数理结果进行了模拟分析，力争为产业空间重构和创新增长提供科学理论路径依据（见图 1-3）。

第五章为“中国农业平衡充分发展：以农产品品牌为例”。本章基于基础理论框架，将具有区域不可贸易属性的农产品品牌和市场一体化纳入一个综合框架，通过构建空间一般均衡理论模型，分析了农产品品牌、市场一体化水平对农业收入增长的影响，并选取中国省级层面数据进行实证检验。

第六章为“中国工业平衡充分发展：以高技术产业为例”。本章立足基础理论框架，通过构建包含“创新投入+空间分割→创新收益/增长→创新投入”机制创新内生增长模型，从综合视角探讨了创新投入、空间分割影响产业区位及创新增长分异的理论机制，并以中国高技术产业为例有效验证了理论命题。

第七章为“中国服务业平衡充分发展：以旅游业为例”。本章基于基

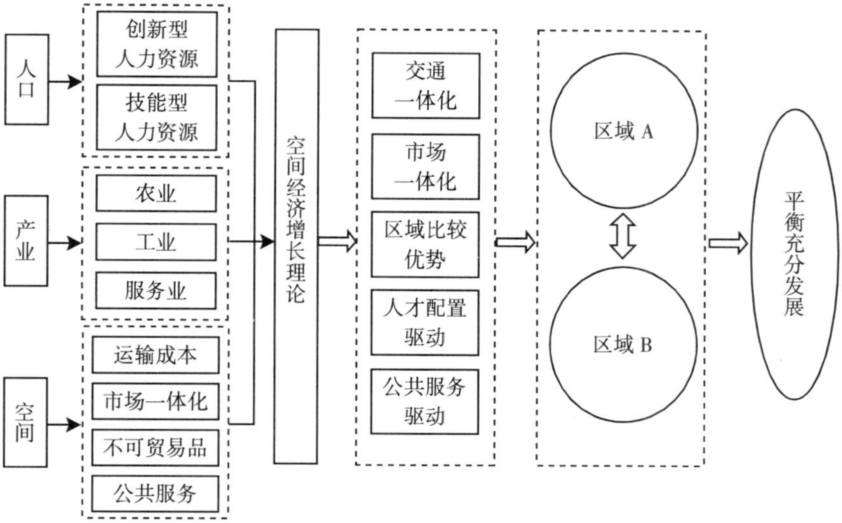

图 1–3 空间视角下产业平衡充分发展理论路径建构系统框架

资料来源：作者绘制。

础理论框架，将影响旅游业发展的不可贸易旅游资源禀赋、公共服务水平、消费便捷性等纳入一个综合框架，分析了旅游资源禀赋、旅游公共服务、旅游消费便捷性对旅游业平衡充分发展的影响，并选取中国地级市数据进行了实证检验。

第八章为“中国城乡产业平衡充分发展：劳动力城乡流动视角”。本章立足基础理论框架，引入包含公共服务数量、质量及其消费便捷性多维度的公共服务均等化便捷化因素，通过构建空间一般均衡模型，运用数理分析和数值模拟方法揭示了城乡劳动力空间“双向”流动的内在机制，试图为促进乡村人才振兴、产业振兴提供理论借鉴。

第九章为“中国区域产业平衡充分发展：人才资源空间重配驱动”。本章立足基础理论框架，基于“公共服务→人才资源空间重配→创新增长”影响机制，通过构建多区域空间创新增长模型，揭示了人才资源空间重配的影响逻辑，以及人才资源空间重配影响产业创新增长的理论机制。

第十章为“推进产业平衡充分发展的政策建议”。从未来理论方向、发挥一体化和比较优势作用、推进人才强国和创新驱动战略实施、以公共服务聚才兴业等方面提出了政策建议。

第四节 研究方法

就研究方法而言，本书主要采用以下分析方法：

（1）文献理论分析方法。通过系统梳理、分析、比较已有研究文献，明确理论框架、数据来源、计量模型设定等方面的研究思路与研究路径。

（2）理论模型分析方法。在系统分析的基础上，通过构建空间经济增长模型来实现理论上的突破，在严格的理论逻辑推理中，推导出模型的均衡过程并分析均衡原理，进一步揭示出理论模型的特征和政策性含义，从理论上相对严密合理地反映产业空间演化规律和动态增长规律。

（3）数值模拟分析方法。由于空间经济增长模型的形式比较复杂，在有些情形下难以运用微积分等数理方法研究变量之间的演变关系或求得均衡的显性解，而通过数值模拟则可以较为直观地演示这种动态关系，因而基于复杂系统科学理论和方法的数值模拟分析也是本书研究的重要方法。

（4）实证计量分析方法。一方面，作为对理论模型的支持与补充，本研究将结合历年实际数据，对模型参数依托固定效应模型回归等方法进行估计，为不同政策组合下的模拟分析提供参数校准依据，进而提高政策的可靠性，也在一定程度上验证了相关理论命题；另一方面，本书注重理论与实践相结合分析方法，在理论模型分析基础上，注重选取历年省级、市级层面和微观个体层面的数据，开展不同产业发展的经验分析，力争在一定程度上检验理论命题的科学性。

第五节　可能的边际贡献

本书可能的边际贡献体现在以下方面：

（1）在基础理论方面：①针对以往研究要么侧重产业活动空间分布研究、要么侧重产业活动长期增长研究，往往忽略了产业活动空间分布与长期经济增长的关系问题，本书将经济活动在时间维度的动态增长与空间维度的区位分布纳入同一个框架进行研究，构建了空间经济增长模型，在一定程度上继承和发展了空间经济学模型，并为空间经济增长研究提供了一种比较完整的范式和借鉴。②针对大多研究以微观同质性主体为假设前提导致企业（产业）空间区位选择的整体性和瞬间性，本研究引入微观主体异质性假设，深入刻画了产业区位与动态增长的微观动态机制。③针对大多研究仅注重“运输成本”参数分析问题，构建了交通一体化、市场一体化、比较优势、创新研发以及地方公共服务等多方面综合性的分析框架，从而为全面深入地开展异质性企业、人力资源空间迁移和产业区位以及创新增长的数理分析提供了理论支撑。④针对大多研究将人从“生产角度”物化为一种要素投入，仅侧重从要素收益（工资收入）角度考虑劳动力配置，本书立足人民对美好生活向往的需求，综合考虑收入水平、不可贸易品、公共服务、知识溢出等影响机制，进而为全方位深层次把握产业平衡充分发展逻辑开辟了理论视角。

（2）在实践应用方面：①人是产业和城市互动融合的核心，有“人”才有“产”，有“产”才有“城”，理论视角的不全面导致缺乏“人口—产业—空间”综合视角下的研究框架，使得大多应用研究缺乏系统性和可靠性。因此，针对以往研究忽视“人口—产业—空间”的融合联动效应，依托理论模型在“人口—产业—空间”综合视角下研究产业区位与创新增长问题，并且开展相应的实证研究，这对全面系统地分析中国产业平衡充分发展问题提供了现实依据。②基于复杂系统科学理论和方法构建的模拟分析平台，为不同政策下分析产业平衡充分发展提供了有力工具。

第二章　空间经济增长理论研究

随着空间经济学理论将地理空间因素纳入主流经济理论的努力和基于内生增长机制的动态增长框架的完善，空间经济学领域和主流经济学领域的一些学者纷纷开始尝试整合空间经济学与新增长理论，在统一的理论框架下探讨空间分布与创新增长之间的关系。由此，经济增长与经济分布之间的整合研究成为了一个前沿领域。

第一节　空间因素纳入主流经济学

“在哪里生产”是现实中资源配置不得不面临的基本问题。20 世纪 50 年代，Arrow-Debreu（1954）利用 Kakutani 的不动点定理证明了竞争性一般均衡存在性之后，在一般均衡框架中如何纳入地理空间因素，迅速成为学界争论的焦点，并逐渐形成了针锋相对的新古典和艾萨德两派。新古典派认为，空间因素可以视为商品属性的一个变量纳入一般均衡分析；然而艾萨德派则认为，为了抓住空间对经济系统的本质影响，需要根本不同于建立在完全竞争基础上的传统一般均衡理论的新模型。1978 年，Starrett（1978）提出令人信服的空间不可能定理，即在存在运输成本且空间是均匀的情况下，则不存在包含运输成本的竞争性均衡。

由此给出了上述争论的科学结论，即根据空间不可能定理，将空间因素融入一般均衡框架的途径至少包括空间异质、外部性以及不完全竞争三个层面。其中，比较优势理论、要素禀赋理论、杜能区位论、阿隆索单中心城市模型，经由空间异质性途径，在完全竞争框架中尝试让空间因素融入一般均衡框架之中。Henderson（1974）的城市体系模型通过直接假定生产的外部性，Lucas 和 Hansberg（2002）的城市模型证明了在一个企业和住户任意分布的圆形城市中存在对称均衡的可能性，这些模型均在完全竞争框架内通过外部性的途径考虑了空间因素。然而，在空间异质性模型中，比较优势论、要素禀赋论忽视规模报酬递增、运输成本，杜能区位论和单中心城市模型将城市作为外生变量，本质上是局部均衡的；外部性模型也忽视了厂商层面的规模经济。为了处理厂商层面的规模经济，就不得不在不完全竞争框架中进行。Beckmann（1972）在企业报酬递增和与邻近企业进行寡头竞争的条件下，最先完整严密地揭示了均衡时企业数量如何取决于内部规模报酬递增和运输费用之间的权衡问题。Salop（1979）的圆周模型也揭示出了相同的结论。1977 年，Dixit 和 Stiglitz（1977）把规模报酬递增和垄断竞争纳入统一的框架中，建立了规模经济和多样化消费者之间的两难选择如何实现的一般均衡模型。这一工作引起了贸易、增长和经济地理理论的革命。1991 年，Krugman（1991）在 D-S 垄断竞争模型中纳入空间因素，构建了“中心—外围”模型，这标志着新经济地理学的诞生。之后，相继提出和发展了自由资本模型（FC 模型）（Martin and Rogers，1995）、自由企业家模型（FE 模型）（Forslid and Ottaviano，2003）、资本创造模型（CC 模型）（Baldwin，1999）、垂直核心—边缘模型（CPVL 模型）（Krugman and Venables，1995）（Fujita，Krugman and Venables，1999）、垂直自由资本模型（FCVL 模型）（Rovert-Nicoud，2002）、垂直自由企业家模型（FEVL 模型）（Ottaviano，2002）、全域溢出模型（GS 模型）（Martin and Ottaviano，1999）、局域溢出模型（LS 模型）（Baldwin，Martin and Ottaviano，2001）、线性自由资本模型（LFC 模型）（Ottaviano，2001）、线性自由企业家模型（LFE 模型）（Ottaviano，Tabuchi and Thisse，2002）和新经济地理学城市模型（Tabuchi，1998；陈良文、杨开忠，2007）。经过 20 多年的发展，新经济地理学已趋于完善和成熟。新经济地理学是当代地理学与经济学融合最杰出的桥梁，对经济地理学产生了巨大而深远的影响（刘安国、杨开忠、谢燮，2005；李玉成、杨开忠，2008）。

然而，上述途径无不以代表性微观主体行为分析为特征，自觉或不自觉地假定了企业之间、个人之间是同质的。在这种假定下，产业内任何企业或个人的区位选择在一定的地理和市场环境下都是同一的，经济活动空间分布仅仅被解释为环境的产物。因而，上述途径不仅停留在中观的产业层面，而且都是环境决定论。然而，在现实的经济地理世界中，同一产业内的不同企业之间、劳动者之间以及消费者之间存在显著差异，在同样的地理和市场环境下，他们的区位选择是不尽相同的。从这种意义上来讲，经济活动的空间分布是微观主体和环境互动的结果。因此，为了理解和把握经济地理的规律，必须深入微观的企业层面，重视和考虑微观主体异质性的作用。

2003 年，Melitz（2003）率先建立了一个基于异质性企业的贸易模型，尝试解释了国际贸易中企业的差异和出口决策行为，成为“新”新贸易论（NNTT）的开篇之作。2006 年，Baldwin 和 Okubo（2006）借鉴 Melitz（2003）的研究思路，在垄断竞争的一般均衡框架内建立了第一个基于微观主体异质性的地理模型，开启了基于微观主体异质性的经济地理研究潮流。2011 年，Ottaviano（2011）对这一方向的研究进行初步总结概括，正式提出了“新”新经济地理学。“新”新经济地理学基于微观主体异质性，将规模报酬递增、运输成本甚至空间异质性融于一体，同时，随着贸易自由度变迁，异质企业的空间聚集和分散是渐进过程式的，不仅显示出潜力巨大的综合能力，而且也许为我们打开了纳入时间因素、建立包含“时间”的经济地理模型的机会窗口。因而，“新”新经济地理学是一个具有深远意义的地理学和经济学结合的前沿方向和途径（杨开忠、董亚宁、薛领等，2016）。

第二节　产业区位选择机制

理论上可以将产业活动空间集聚的理论逻辑梳理为物质资本外部性、知识溢出外部性、多样性需求和搜寻匹配四种集聚机制。

一、物质资本外部性机制

物质资本外部性是促进经济活动空间集聚的重要力量。Romer（1986）指出物质生产要素具有外溢效应，最简单的设定是假设厂商生产函数为 $Y=F(K, L, X)$，其中 K，L 分别为资本和劳动投入，$X=sK$ 表示物质资本外部性，s 为外部性系数。结果发现外部性的存在使得社会均衡的增长率要高于竞争均衡增长率，从而打破了传统经济增长理论物质资本边际收益递减的限制。Barro（1990）考虑了政府生产性支出的外部性，假设 $X=\tau Y$，τ 为税率，从而指出政府是推动经济增长的决定力量。Baldwin（1999）首次引入资本创造部门创建了资本创造模型，假设资本创造部门具有完全竞争的市场结构，单位资本 K 形成需要耗费 a_I 单位劳动力，满足 $F=w_L a_I$，w_L 为劳动力名义工资，$a_I=1/K^w$。可以看出，这种假设使得物质资本具有外部性，区域通过资本创造使其资本存量增加，资本存量增加会进一步降低创造成本，从而改变产业空间分布。这类机制的核心是以物质资本外部性实现经济活动空间集聚。

二、知识溢出外部性机制

企业层面技术溢出也是导致产业空间集聚的重要因素。企业之间通过信息交流会产生外部性收益（Stigler，1961），Ohara（1977）强调企业之间的交流外部性可以促进城市中心的形成；Lucas（2001）则从更为一般的角度假设企业间交流存在成本，并发现企业收益与企业密度呈正向关系，企业区位倾向于集聚。

三、多样性需求机制

多样性需求也是重要的集聚机制。从消费者角度看，多样性需求偏好会导致规模收益递增，进而产生消费者集聚现象。Krugman（1991）假设消费者偏好为 $U = \left(\int_0^N c(i)^{(\sigma-1)/\sigma} di\right)^{\sigma/(\sigma-1)}$，其中，c(i)为消费者对产品的消费量，$\sigma > 1$ 为产品替代弹性。这样，一个区域厂商越多，当地生产产品种类就越多，更多消费者会被吸引到该区域；消费者数量增加会吸引更多厂商搬迁到该区域，这样最终会形成经济活动的集聚分布。从生产者角度看，最终部门对中间部门的多样性需求也是导致经济集聚的重要机制。Ethier（1982）、Krugman（1996）和 Venables（2002）等较早关注了中间产品部门和最终产品部门区分的重要性。通常假设最终产品生产函数为 $Y = \left(\sum_{i=1}^{N} x(i)^{(\sigma-1)/\sigma}\right)^{\sigma/(\sigma-1)}$，其中，Y 为该部门最终产品总产出，x(i)为第 i 种中间投入品使用量，σ 为中间投入品替代弹性。可以看出，中间品会使最终产品部门具有规模报酬递增特征，中间投入品与最终产品部门在空间上的集聚有利于降低运输成本、提高生产效率。这类机制在 Duranton 和 Puga（2001）、Au 和 Henderson（2006）等的研究中得到了广泛应用与借鉴。

四、搜寻匹配机制

搜寻匹配也是导致厂商活动空间集聚的重要机制。由于市场信息不对称，劳动者与厂商、消费者与厂商往往需要经过搜寻才能相互匹配。Helsley 和 Strange（1990）最早强调了匹配外部性，即匹配主体的增加将提高匹配的期望质量，并指出一个城市中劳动力数量越多，均衡的厂商数量和均衡的工资水平就越高，这意味着劳动力资源的空间集聚是有利的。之后 Venables（2002）等对此做了拓展研究。如 Berliant、Reed 及 Wang（2006）考虑主体追求更高质量的匹配，发现在较厚的市场中进行匹配的概率更高。企业和消费者信息不对称方面，企业的空间集聚有利于消费者节省搜寻成本进而吸引更多消费者。Nelson（1970）较早地通过模型说明企业空间集聚是在消费者节约其搜寻成本的基础上形成的。Eaton 和 Lipsey（1979）、Fujita 和 Thisse（2003）等都做了研究。新近研究在 Wilson（1977）、Grossman（1981）等提出的信号模型基础上内生化了边际信号成本，即信号成本影响员工的迁移动机，发现信息不对称和区位信号效应会引起集聚效应（Berliant and Yu，2015）。总而言之，厂商在空间上的集聚有利于提高匹配概率。

第三节　人口区位选择机制

关于人口区位选择机制已有深入广泛的研究，通过文献梳理，人口区位选择机制可分为收入均等机制、空间交互机制、学习匹配机制、公共品选择机制和迁移摩擦机制。

一、收入均等机制

早期研究将工资收入因素作为人口区位选择的基本机制。从新古典经济学角度来看，根据刘易斯二元结构理论，随着经济增长劳动力资源会重新配置，农村剩余劳动力不断迁往城市，当农村剩余劳动力被城市完全吸收时城乡工资趋向一致，城乡差距也随之消失。在刘易斯模型基础上，费景汉和拉尼斯（1989）改变了劳动力无限供给的假设条件，强调人口增长因素，并把农业剩余劳动力转移的实现由无阻碍转变为可能受阻的三阶段发展过程。托达罗模型（Todaro，1969）和哈里斯–托达罗模型（Harris and Todaro，1970）进一步认为城乡之间预期收入差距是城乡人口迁移的原因，从而形成了人口迁移理论的“托达罗传统”。

从新经济地理学角度，随着1977年D–S框架为空间因素纳入主流经济学框架奠定基础，一些学者陆续尝试运用空间经济学模型探讨城乡迁移人口流动问题。Fujita、Krugman和Venables（1999）等在一个线性经济体中假设人口和经济活动沿线分布，存在农业部门和工业部门，且劳动力在两部门之间自由流动，在均衡条件下，城市人口占比为 $R = L^M/N = (N - 2c^A f)/N$，N为劳动力总数，f为农业区范围，$c^A$ 为单位农产品所需劳动力，这里劳动力区位选择的核心机制就是区位工资收入。

此外，也有研究认为农村内部劳动力之间相对收入差距是城乡人口迁移的原因之一，提出相对贫困的农村劳动力更会选择迁出农村（Stark and Taylor，1991）。蔡昉和都阳（2002）利用2000年西北贫困农村的调查数据检验也发现相对贫困对农户迁移产生了激励作用。

二、空间交互机制

早在19世纪，一些社会物理学家基于人们偏好相互联系的习性，提出了分析国家、地区或城市之间人口流动的引力模型（Ravenstein，1885；Young，1924）。受此启发，Heberle（1938）提出推力—拉力模型，将人口流动的原因归结为流入地拉力和流出地推力。Zipf（1946）进一步认为地区间的人口流动总量与流入地和流出地的人口基数正相关，与两地间的距离负相关。引力模型通常表达为 $M_{ij} = kp_i^{\alpha} p_j^{\beta}/d_{ij}^{\gamma}$，其中p为人口数量，d为距离。王桂新（1993）、Fan（2005）、Lewer和Berg（2008）、David等（2010）、刘生龙（2014）都基于引力模型研究了人口跨国或跨省、跨区域迁移流动问题。

引力模型虽然算是空间交互机制的一种研究视角，但它仅仅是比照物

理学中物体之间相互作用的引力定律从宏观层面解释人口流动问题，并没有揭示微观个体迁移决策机制。为此，有学者从微观个人出发，指出倾向于与他人相互交流是人的基本属性之一，并且假设个人效用依赖于与其接触的其他人的平均距离，设定某人在 x 区位与其他人交流时的旅行成本为 $T(x)=\int_{-b}^{b} t|x-y|n(y)dy$，其中 n（y）为区位 y 的人口密度。这种偏好使得人口区位选择的结果是形成一个围绕内生中心的人口集聚区（Beckmann，1972）。Glaeser（1999）、Black 和 Henderson（1999）以及 Duranton 和 Puga（2001）等做了相关研究。

空间社会网络也是影响人口区位选择特别是农村劳动力迁移的重要因素，人们可以通过与亲朋或同乡的交流共享，获得异地谋职或生活的相关信息，从而决定是否迁移。这种社会网络一般采用简单的流动链指数，即前一阶段从 i 地区至 j 地区的人口 M_{ij} 占 i 地区迁往其他所有地区的总迁移人口的比重 $s_{ij}=M_{ij}/\sum_j M_{ij}$ 来表示（严善平，1998；刘生龙，2014；劳昕和沈体雁，2016）。

三、学习匹配机制

学习交流是影响人口区位选择的重要因素。Lucas（2004）构建了一个包含人力资本积累的内生增长模型，假设农村非熟练劳动力逐渐迁移到城市，这个过程也是劳动力从传统的、土地密集型的产业转移到人力资本密集型产业的过程，提出城市是积累人力资本的好地方。Lucas（2007）进一步提出农村非熟练劳动力可以在城市积累人力资本，在模型中假设存在知识溢出，人均 GDP 和人力资本存量成比例，人力资本存量在发达经济区表示为 $H(t)=H_0e^{\mu t}$，而在落后经济区则满足 $dh/dt=\mu h^{1-\theta}H^{\theta}$，其中 θ 是知识溢出参数。该模型中的农村劳动力最终也趋于 0，但并没有对农村非熟练劳动力迁移至城市的过程加以具体说明。黄笑微（2009）在 Lucas（2004，2007）模型的基础上进行了扩展，具体说明了农村非熟练劳动力迁移至城市的过程。

搜寻匹配也是人口区位选择的重要机制。由于市场信息不对称，劳动者与厂商、消费者与厂商往往需要经过搜寻过程才能相互匹配。劳动力市场供需匹配模型始于 Salop（1979）的研究，Helsley 和 Strange（1990）则最早强调了匹配外部性，假设厂商技术需求和劳动者技能均异质，只有劳动者技能与厂商技术需求一致时才生产，否则劳动者经过培训才能生产，均衡结果显示劳动力资源在空间集聚是有利的。之后 Becker 和 Henderson（2000）等、Venables（2011）等予以拓展。如 Venables（2011）认为城市本身是一种自我选择机制，高技能的劳动者主动选择在大城市生活，并把这种区位选择当作高技能的信号显示机制，这种自我选择提高了城市中劳动的匹配程度，并最终提高了城市劳动生产率的平均水平。

四、公共品选择机制

人们对产品的多样性需求，特别对公共品的偏好是人口区位选择的重要机制之一。在国内外研究中，通常使用便利设施/舒适度（Amenity）概括公共设施、教育医疗卫生条件、住房、生态环境等公共品，也有研究把交通基础设施囊括在内（赵方、袁超文，2017）。早期 Tiebout（1956）发现人们对地方公共服务和公共品的需求不同，因此政府可以通过提供不同组合的公共服务和公共品影响人口流动。Buchanan（1965）最早强调了不可分商品和设施的共享对于空间区位选择的重要性，假设消费者获得公共服务须支付旅行成本，该成本随共享设施人口增多而降低，这样消费者最终将在公共设施建设区域集聚。Rosen（1979）和 Roback（1982）最早提出便利设施在影响人们空间区位选择方面的作用，Gyourko 和 Tracy（1991）、Gabriel 和 Rosenthal（2004）都做了拓展研究。这类研究通常假设空间均衡条件为：$U(A_i, \upsilon(c(\underline{R}+\tau N_i), \omega)) = U$，$\partial U/\partial A_i > 0$，$\partial U/\partial \upsilon > 0$，$A_i$ 表示便利设施，对效用具有正向作用。在最新的研究中，Diamond（2016）提出了一套便利设施衡量指标，刘修岩和李松林（2017）、赵方和袁超文（2017）遵循了他的做法，选取反映生态环境、医疗教育卫生和气候条件等各类指标进行了细化研究。

五、迁移摩擦机制

迁移摩擦是影响人口区位选择的关键因素。在人口区位选择模型中户籍制度通常被作为一种典型的制度性迁移摩擦。由于公共服务支出随城市规模的增加而增加，在模型中，通常假设户籍制度与城市规模成正比，即城市人口规模越大，则户籍限制越严，因此把户籍成本设置为城市人口规模的函数，可表达为 $HC=f(L)$，其中 L 表示劳动力。也有研究在直接效用函数中引入抽象迁移摩擦参数 $RC(-j, j)$，表示从其他地区迁移至 j 地区所面临的迁移摩擦（刘修岩、李松林，2017）。区间和区内的通勤成本也都属于典型的迁移摩擦。在模型设置中，这类通勤成本通常设置为具有指数衰减形式的冰山成本。通常假设从 i 地区至 j 地区的迁移成本 $x \in [1, e^{d_{ij}}]$ 服从密度函数 $f(x)=1/(d_{ij}x)$ 的随机分布，迁移成本会随区际距离 d_{ij} 的增加而增加，若潜在迁移流动人口概率服从泊松分布 ρ^{P_j}，则迁移人口为 $M_{ij}=\rho(1/d_{ij})\ln(V_j/V_i)P_iP_j$，其中，P 为人口数量。

现实中，收入均等机制、空间交互机制、学习匹配机制、公共品选择机制以及迁移摩擦机制对人口空间区位选择的作用是协同融合的，因此也涌现出了综合考虑多种影响机制的研究。例如，国外学者 Desmet 和 Rossi-Hansberg（2015）认为效率、便利设施和摩擦决定城市人口集聚，Monte、Redding 和 Rossi-Hansberg（2015）在模型构建时考虑了便利设施和通勤成本。国内学者劳昕和沈体雁（2016）在城市体系模型中考虑了医疗教育等公共服务品、户籍制度、房价、迁移成本和环境质量等对劳动力迁移的影响，类似研究包括梁琦、陈强远和王如玉（2013）的研究，以及刘修岩和李松林（2017）的研究。总的来看，在人口迁移流动更加多元的新阶段，这种综合考虑各类机制的研究将更加贴近现实，也是未来研究的主要方向。

综观已有研究，学者们逐渐从注重地区收入差距或经济发展差距等货币性因素，转移至注重交流共享、多样性需求、搜寻匹配、公共品和迁移摩擦等非货币性因素的研究，并且逐渐开始多种因素的整合研究。

第四节 内生增长理论机制

自 Romer（1986）和 Lucas（1988）开启新增长理论研究以来，内生增长机制可以梳理为物质资本积累增长机制、人力资本积累增长机制、知识创新积累增长机制、质量数量提升增长机制和资本与创新融合驱动增长机制。

一、物质资本积累增长机制

物质资本积累及其外部性是促进经济增长的重要力量。Romer（1986）指出物质生产要素具有外溢效应，并用物质资本外部性来解释经济增长，假设厂商生产函数为：$Y = F(K, L, X)$，其中 K、L 分别为资本和劳动投入，$X = sK$ 表示物质资本外部性，s 为外部性系数，结果发现外部性的存在使得社会均衡的增长率要高于竞争均衡增长率。Barro（1990）考虑了政府生产性支出的外部性，从而指出政府是推动经济增长的决定力量。AK 模型假设资本边际产出为常数 A，企业生产函数为 $y = f(k) = Ak$，从而实现了产出将随着资本同比例增长。Martin 和 Ottaviano（1999）创建了一种资本增长机制，其逻辑是引入创造学习曲线，假设资本存量产生的溢出效应会影响新资本的形成成本，创造单位资本的成本随着资本的积累而下降，从而进一步促进资本积累，直到新资本收益等于其创造成本而达到长期均衡。这类机制的核心是以物质资本外部性和积累来实现经济长期增长。

二、人力资本积累增长机制

人力资本外部性是经济内生增长的重要源泉。受 Becker（1964）人力资本理论的启发，Lucas（1988）继承了 Uzawa（1965）以人力资本解释经济增长的思路，假设经济体中劳动个体每个时刻分配当前生产和技能获取之间的时间，生产函数 $Y=AK^{\alpha}(uH)^{1-\alpha}$，其中 H 表示当前人力资本存量，u 为用于生产的时间，人力资本积累满足 $\dot{H}=\eta(1-u)H$，人力资本积累对人力资本存量报酬不变的假设带来的经济增长为 $g=\delta(1-u)$，研究还发现人力资本不仅具有提高个人生产率的内部效应，加总人力资本也能具有提高社会生产率的外部效应。Tamura（1991）、Goodfriend 和 McDermott（1995）等做了进一步研究。但是一些经济学家指出人力资本的概念比物质资本更加模糊，特别是总量生产函数中人力资本存在测量与加总困难。因此，Grossman 和 Helpman（1990）引入细分劳动力对人力资本积累进行拓展，假设每个人学习能力和偏好相同，每个人将时间投入到三项活动中：作为非熟练工人就业、作为熟练工人就业、投入时间积累人力资本；熟练工人的报酬与拥有的技术成正比，花费 S 时间所获技术为 $h(S)$，研究发现人力资本投资的增加将会提高长期经济增长率，这在一定程度上探索了人力资本量化问题。这种机制主要体现为人力资本外部性通过正式和非正式的学习实现个人生产率的提高进而促进经济增长。

三、知识创新积累增长机制

创新与知识积累在技术进步和经济增长中具有重要作用。Romer（1990）在动态一般均衡框架下将创新、研发与内生经济增长联系起来，提出了内生研发和创新推动经济增长的作用机制。假设知识积累方程 $\dot{n}=\delta H_n n$，n 为已有总知识存量，H_n 为研发部门的劳动力数量，$\delta>0$ 为知识生产效率。经济在平衡增长路径上的速度为 $g^* = \dot{n}/n = \delta H_n$，其逻辑是新知识的不断增加使得中间产品和最终产品的生产表现出规模收益递增，从而实现了经济的持续增长。Grossman 和 Helpman（1991）假设可以利用的知识存量是已有的总的知识存量函数，即 $\dot{n} = \delta H_n f(n)$，从而对 Romer（1990）的研发部门做了拓展。进一步地，Jones（1995）考虑知识生产过程的边际效益递减，假设知识积累方程 $\dot{n} = \delta H_n^{\lambda} n^{\phi}$，$0 < \lambda < 1$ 表示研发重复投入系数，ϕ 表示知识生产的外部性，这样经济增长率为 $g^* = \lambda n(1-\phi)^{-1}$，反映出经济增长取决于人口增长和知识的溢出效应与重复效应。这类机制也称水平创新，侧重通过知识生产使得生产投入品的种类增加，进一步促进专业化，从而实现技术进步和经济增长。新近的研究则从微观层面深入探讨知识的交互机制，如 Berliant 和 Fujita（2008）构建了基于知识关联的两人模型，考虑了异质性知识和微观个体异质性创新能力，用于解释知识的创新和传递机制及其产生的影响。

四、质量数量提升增长机制

新产品的出现与产品质量的提升也会导致经济的持续增长。新产品出现方面，Barro 和 Sala-I-Martin（2004）提出的中间品种增加模型为理解新产品出现与长期经济增长提供了新的视角，假设第 i 个厂商的生产函数为 $Y_i = A \cdot L_i^{1-\alpha}\sum_{j=1}^{N}(X_{ij})^{\alpha}$，其中，$0 < \alpha < 1$，$Y_i$ 为第 i 个厂商的产出，L_i 为第 i 个厂商的劳动投入，X_{ij} 表示第 i 个厂商的第 j 种中间产品的投入量。通过均衡分析发现当人口增长时，经济产出会表现出规模经济。Jones（1995）、Young（1998）等做了进一步分析，这种方式主要基于 D-S 框架研究。产品质量改进方面，Segerstrom（1990）、Grossman 和 Helpman（1990，1991）、Aghion 和 Howitt（1992）等较早提出质量创新模型，将经济增长的过程模拟为固定数量企业条件下产品持续改进的过程。Aghion 和 Howitt（1992）

假设某一行业经济产出 $y = Ax^{a}$，创新意味着产品质量的提升，提高的技术参数为 A，提高的幅度 $\gamma > 1$，厂商利用劳动力进行研发活动的投资，研发结果具有不确定性，如果研发人员为 n，则创新会以一个泊松抵达率 λn 出现，这样每次成功会使企业生产成本下降 $1/\lambda$。稳态时的经济增长率为 $g = \lambda \hat{n} \ln\gamma$，可见创新规模 γ 和研发生产力 λ 均会影响经济增长。Grossman 和 Helpman（1990，1991）将这种机制拓展到多个行业，假设每种产品的质量可以无限次被提高，每次质量的提高会使该产品提供的服务得到一次离散型跳跃。如果在 dt 时间内研发活动投资强度为 ζ，则该厂商成功研发出下一代产品的概率为 ζdt，最终增长率 $g = \zeta \log \lambda$。新近研究如 Aghion（2016）等发展了 Aghion 和 Howitt（1992）开创的“熊彼特式创新”增长模型，以微观企业创新为基础，深入阐析了企业动态诸多方面的现象，并将其与宏观经济增长相联系，成为探讨企业动态与经济增长关联的代表性理论范式。这类机制又称垂直创新，侧重通过创造性毁灭的过程促进产品质量不断提高，其增长的实质是由一系列随机的质量改进和技术提升带来的。

五、资本与创新融合驱动增长机制

现实中，物质资本、人力资本、知识溢出以及质量数量提升机制对经济增长的作用是多元融合的，因此也涌现出一系列资本积累和创新融合作用驱动经济增长的模型。Zeng（1997）通过一个包含资本积累与创新的内生增长模型，考察了技术生产效率等因素对经济增长的影响。Howitt 和 Aghion（1998）在 Aghion 和 Howitt（1992）的基础上假设最终产品用劳动力和多样化中间品来生产，生产函数为 $Y = L^{1-\alpha}\int_0^1 B(i)x(i)^{\alpha}di$，其中 $B(i)$ 为以质量参数表示的中间品生产力，且 $\dot{B} = \sigma\eta nB$，中间品生产函数为 $x(i) = K(i)/B(i)$，$K(i)$ 为资本。均衡时物质资本 K 和质量参数 B 具有相同的增长速度，即 $g^* = (1/\varepsilon)(\sigma\eta - \rho)$。可以看出，资本积累有助于研发创新，研发创新又会促进资本积累。Howitt（1999）假定水平创新和垂直创新的积累方程分别为 $Q = \eta L$、$\dot{A} = \delta L_{A_i} A$，其中 Q 表示中间物品的种类，$A_i$ 表示第 i 种中间物品生产率，$A = \int_{0^-}^{Q} (A_i/Q)\,di$ 表示平均的质量水平，则平衡增长路径上经济增长率为 $\gamma = (\theta - 1)n + \delta\eta^{-1}s^*$，$\theta > 1$ 是中间物品的替代弹性。研究表明，可以通过调整劳动力在垂直创新部门和中间物品生产部门中的比例来影响经济增长。Zeng 和 Zhang（2002）在 Howitt（1999）的基础上引入人力资本积累，假设中间物品生产和人力资本积累都需要投入人力资本和物质资本，也发现资本累积和创新都是经济增长的决定性因素。Aghion 和 Howiit（2007）还尝试给出了融合资本积累与创新的广义知识生产函数。总的来看，在创新驱动和高质量发展的新阶段，融合资本积累和创新的内生增长机制将是未来内生增长研究的主要方向。

第五节　空间经济增长模型研究进展

空间区位选择机制和内生增长机制理论的逐步完善，为空间经济增长理论模型研究奠定了坚实基础。自 Baldwin（1999）提出一个结合新经济地理与新古典增长的资本创造模型以来，相继产生了一系列融合空间集聚机制和内生增长机制将时间维度的动态增长和空间维度的空间分布问题纳入同一框架的研究。

一、基于物质资本机制的整合模型

基于物质资本增长机制的整合模型研究起步较早，主要围绕新经济地理学理论和传统主流经济学框架来开展。围绕新经济地理学理论，Martin 和 Ottaviano（1999）在 Baldwin（1999）的基础上，首次把 Romer（1990）

的内生增长机制引入新经济地理学模型中，建立了全域溢出模型。均衡时经济增长率为 $g = bL^w - (1-b)\rho - \delta$。GS 模型虽然引入物质资本外部性，但外部性不考虑区位差异。Baldwin（2001）等构建了考虑资本外部性区位差异的 LS 模型，均衡时经济增长率为 $g = L^w b(1+\lambda)/2 - (1-b)\rho - \delta$，$\lambda \in [0, 1]$ 表示物质资本在空间的溢出程度，λ 越大就说明越容易传播，新资本的形成成本越小。LS 模型中资本外部性程度 λ 是外生的，曹骥赟（2007）对 λ 进行了内生化研究，以贸易自由度衡量区际资本外部性的程度，即 $\lambda = f(\phi)$，均衡时增长率为 $g = bL^w(3+\phi)/4 - (1-b)\rho - \delta$。上述研究是在资本空间不能流动的情形下开展的，Baldwin 和 Martin（2003）放松了资本流动的限制，得出增长率与区域企业份额的关系为 $g = 2bL[s_n + \lambda(1-s_n)] - \rho(1-b)$。进一步地，针对以上研究基于微观主体同质性假设，董亚宁（2016）等在允许资本流动的情况下，进一步引入微观企业异质性，通过构建空间经济增长模型，提供了一个分析集聚与增长的研究框架，提高了这一领域的研究深度。

在传统主流经济学框架下，Davis（2014）等将新古典增长模型延伸到三维空间构建了一个城市与增长的动态模型，假设生产要素为资本、劳动力和土地，生产函数为 $y = al_b^{1-\phi}k_b^{\alpha\phi}n^{(1-\alpha)\phi}$。在均衡增长路径上，人均消费增长依赖于外生生产力、土地价格，以及一个衡量集群对当地生产力净影响的参数，满足 $g_c = \gamma\tau^{\frac{\phi\lambda - 1}{(1-\alpha)\phi\lambda}}$。模型在完全竞争框架下揭示了资本积累速度随着地租和集聚的变化情况，也验证了地租的变化会传导到集聚对增长的影响。新近研究在 AK 模型中引入空间维度，如 Boucekkine、Camacho 和 Fabbri（2013）通过假设人口均匀分布在单位圆上研究了 AK 经济增长的最优动态。Boucekkine、Fabbri 和 Federico（2018）等通过构建一个包含资本积累和空间扩散的最优增长时空模型，研究了资本的时空动态经济增长与空间集聚之间的关系。

二、基于人力资本机制的整合模型

Fujita 和 Thisse（2003）将 C-P 模型与内生增长机制相结合，假设劳动分为非熟练劳动与熟练劳动，传统部门和现代部门都使用非熟练劳动，研发部门使用熟练劳动，熟练劳动区域间完全流动。均衡分析发现，区域知识资本量是区域中熟练工人相互影响的结果，这种结果受熟练工人空间分布的影响。该模型算是人力资本角度整合模型的初步探索，但缺乏人力资本投资机制。鉴于此，谭成文（2002）在 Fujita 和 Thisse（2003）基础上，引进参数 k 对熟练劳动力进行细分，模型假设熟练劳动 H 中 H_n 部分就业于创新部门，H_n 部分进行人力资本本身的积累，$k=H_n/H$。$g_{nN}=\dot{n}_N/n_N=KH_1k_N\lambda_N[(k_N\lambda_N)^{\beta}+\eta(k_S\lambda_S)^{\beta}]e^{(\beta+1)\varepsilon[1-(k_N\lambda_N+k_S\lambda_S)]t}n(t)/n_N(t)$ 为最终区域 N 增长率，其中，n_N 为区域 N 产品种类数，K 为转换参数，H_1 为与初始熟练劳动数有关的常数，k_N 为区域 N 熟练劳动力从事创新的比例，λ_N 为区域 N 熟练劳动力比例，ε 为效率参数。这样提出了一个引入人力资本投资的综合模型，并能够揭示经济增长和集聚的互动关系。

Rossi-Hansberg 和 Wright（2007）从城市层面通过构建随机增长环境下城市增长一般均衡模型，研究了人力资本外部性与城市规模分布之间的关系。模型假设企业生产率取决于城市中劳动力数量和人力资本总量，企业的全要素生产率为$\widetilde{A}_{tj}=A_{tj}\widetilde{H}_{tj}^{\gamma j}\widetilde{N}_{tj}^{\varepsilon j}$，其中，$A_{tj}$ 表示一个特定产业的生产率冲击，$\widetilde{H}_{tj}^{\gamma j}$ 表示城市中人力资本总量，$\widetilde{N}_{tj}^{\varepsilon j}$ 表示城市中劳动力总量。长期均衡下，城市增长由内生性人力资本积累和外生性人口增长驱动，实证研究发现城市规模分布近似于齐夫定律。上述研究并没有揭示出人力资本积累的微观机制。Lucas 和 Moll（2014）从微观个体学习出发，假设经济体中每个个体将自身时间分成两部分：一部分用现有的技术生产产品，另一部分用来与其他人交流学习以获得新的技术。个体的时间分配将影响整个经济的生产率分布、知识的增长率以及经济的增长率。同时，模型还综合考虑了影响个体学习的两种因素，即个体努力程度和个体所处的环境，从而构建了一个人力资本随时间增长和空间区位变化的空间经济增长模型，这将为后续研究提供有益借鉴。

三、基于知识创新机制的整合模型

Martin 和 Ottaviano（1999）在 Martin 和 Rogers（1995）提出的框架中引入 Romer（1990）式增长机制，假定生产部门生产同质产品和多样化产品，多样化产品规模收益递增且存在交易成本。当知识局部溢出时，通过均衡分析得到东部增长率与区域企业比例分别为：

$$g=\frac{2L}{\eta}\frac{\alpha}{\sigma}\gamma-\left(\frac{\sigma-\alpha}{\sigma}\right)\rho \quad \gamma=\frac{(1-\delta)L+\rho\eta/\gamma[k-\delta(1-k)]}{(1-\delta)(2L+(\rho\eta/\gamma))},\ 0\leqslant\gamma\leqslant1 \tag{2-1}$$

可以看出，知识局部溢出的情况下，增长与集聚相互作用且相互加强，该模型算是基于知识创新的空间经济增长的首次尝试。Baldwin 和 Forslid（2000）将 Romer（1990）的内生增长机制引入 C-P 模型，在劳动力自由流动的假设下讨论了空间集聚和经济增长的问题，均衡时东部资本存量份额动力方程为：

$$\theta_{K+1}=\frac{K}{K+K^*}=\frac{L[\theta_K+\lambda(1-\theta_K)]}{L[\theta_K+\lambda(1-\theta_K)]+(L^w-L)(\lambda\theta_K+1-\theta_K)} \tag{2-2}$$

其中，L 为劳动力总量，K、K^* 分别为两区域资本总量。研究结果表明，产业集聚有利于经济增长，从而验证了空间集聚与经济增长的内生关联机制。

Hirose 和 Yamamoto（2007）在 Martin 和 Ottaviano（1999）的基础上引入知识区际溢出的非对称性，当研发部门分别位于国内和国外时，均衡分析得到经济增长率与现代部门企业份额关系分别为：

$$g_H=\frac{2\alpha[\gamma+(1-\gamma)\varepsilon^*]}{\sigma\eta}-\rho\frac{\sigma-\alpha}{\sigma} \quad g_F=\frac{2\alpha[\varepsilon\gamma+(1-\gamma)]}{\sigma\eta}-\rho\frac{\sigma-\alpha}{\sigma} \tag{2-3}$$

其中，ε、ε^* 分别为国内外知识溢出系数。也可以发现，集聚的增加有助于经济增长率的提高。

Perla 和 Christopher（2012）从企业模仿学习的角度，构建了搜寻增长模型。假设异质性企业可以选择生产产品或者花费一定的成本搜寻现有技术以提高其生产技术，搜寻过程中两个企业主体将随机见面模仿，并选择较高的生产技术，这样每时刻企业生产率的分布都取决于上一时刻企业生产率分布以及企业最优预期决策。研究发现，持续的经济增长取决于企业的生产率分布及其最优学习搜索决策，即 $g=(\beta\alpha/(\alpha-1))^{1/(\gamma-1+\alpha)}>1$。国内学者赵凯（2016）通过向资本密集型企业征税补贴知识密集型产业的方式将研发过程内生化，做了拓展性研究。

四、基于数量质量机制的整合模型

Walz（1996）借鉴 Romer（1990）以及 Grossman 和 Helpman（1990，1991）的内生增长方法，引入创新部门和中间产品部门，构建了动态两区域内生性一般均衡增长模型，较早地探究了产品产地集聚与经济增长的关系。研究发现，在贸易成本作用下，最终产品部门与中间产品部门会相互集聚。中间产品部门的集中会推动中间产品种类的不断增长，中间产品种类的增长进一步促进最终产品的增加，中间产品部门与最终产品部门之间的投入产出联系效应创造了一种集聚效应。随后，Walz（1997）又将他的模型扩展至三个区域。

Martin 和 Ottaviano（2001）在 Martin 和 Ottaviano（1999）的基础上，将研发部门与现代部门互为中间投入品，假设产品部门利用一单位的专利和 b 单位的劳动生产多样化产品，多样化产品的组合又作为创新部门的中间投入以创造出新的复合型产品。通过均衡分析，得到经济增长率与集聚度分别为：

$$g=\frac{2\alpha L}{\eta\beta\sigma}[\gamma+(1-\gamma)\delta]^{1/(\sigma-1)}-\rho\frac{\sigma-\alpha}{\sigma-1}$$

$$\gamma=\frac{\alpha L(E+E^{*})[(1+\delta)\varepsilon-\delta]+gNF}{(1-\delta)[\alpha L(E+E^{*})+gNF]} \tag{2-4}$$

其中，α 为多样化产品消费份额，E、E^{*} 分别为两区域对同质产品和差异产品的总支出，ε 为东部区域在总支出的份额。该模型表明，增长率随着集聚度的增加而增加，反过来增长率增加后，多样化产品的需求增加，进一步促进集聚。因此，在增长和集聚之间存在累积循环因果关系。

Yamamoto（2003）在 Martin 和 Ottaviano（2001）的基础上对现代部门进行了细分，将“研发部门—现代部门—研发部门”的直接联系替换为“研发部门—中间产品部门—制造部门—研发部门”的非直接联系，即制造部门用差异的中间品生产制造品，研发部门使用制成品作为投入，这样中间产品部门和创新部门通过制成品间接关联。模型假设东部区域制造部门生产函数为 $Y_{tN}=I_{tN}^{b}L_{tYN}^{1-b}$，$I_{tN}$ 为差异化的中间品投入，L_{tYN} 为劳动投入；假设东部区域研发部门生产成本为 $F_N=n^{\varepsilon}G_N^{b}w^{1-b}$，n 为研发部门产品种类数，$G_N^{b}w^{1-b}$ 为制造品价格；中间产品部门垄断竞争，制造部门完全竞争，其产品贸易都发生运输成本，中间产品部门只有 $1/T_I$ 到达目的地，制造部门只有 $1/T_Y$ 到达目的地。研究发现，经济有两类稳定状态：当运输成本足够低时，存在制造品的国际贸易，中间产品部门的厂商完全集聚于一个国家，经济增长率最大化；当运输成本足够高时，不存在制造品的国际贸易，两个国家都生产制造品，中间产品部门的厂商不完全集聚。特别地，当中间产品的运输成本特别高时，经济没有增长。

上述模型都是基于中间品数量机制的整合研究，国内学者邵宜航和李泽扬（2017）借鉴 Aghion（2016）等的研究，尝试从产品质量视角用破坏式创新解释企业空间集聚与企业生产、创新与进入决策，以及经济增长的关系。

五、基于便利设施机制的整合模型

便利设施包括人为的便利设施和自然的便利设施（如气温）。便利设施的改善有利于人口流动和聚集高技能劳动者，进一步吸引企业落地，最终提高区域的总生产力。Glaeser 和 Tobio（2007）通过人口增长数据分析发现在 1980 年以前，随着人们对太阳等相关设施买单意愿的增加，温暖地区的生产力显著提高并带动了该地区的人口增长。Desmet 和 Rossi-Hansberg（2015）在 Nordhaus（2010）的基础上，分析了气候变化对移民、经济增长和福利的空间分布影响。Zhang、Partridge 和 Song（2018）研究了便利设施对塑造中国创新区位的影响，实证表明温度、空气质量、阳光、教育资源和医疗服务相关的设施对创新驱动型增长至关重要，要重视配套设施的作用，注重城市特色的配套设施建设。Ahlfeldt（2015）等引入生产力（工人周围密度和生产基础，如地形和接近自然水源）、便利设施（如森林和湖泊的可得性）、刚性土地供应、旅行成本和通勤成本，提出了一个融合城市空间组织和功能特征的综合模型，推进了这一领域新的研究前沿。董亚宁等（2020）通过构建新空间经济学理论模型，探讨了地方品质对劳动力区位选择和区域创新发展的影响，提出改善生态环境、优化住房供给，提升不可贸易服务数量、质量及其可及性是提升区域竞争力的有效举措。

第六节 空间经济增长理论应用研究进展

回顾工业革命以来人类社会经济发展，有两个长久经受检验的特征事实，即经济活动产出的持续增长和经济活动总是倾向于小范围集聚的趋势。在此过程中不可避免地出现了人口、企业（产业）和城市在空间上的分布不平衡和发展不充分的问题。伴随着空间经济增长理论的发展，涌现了大量围绕人口、产业和城市在空间区位选择与内生增长整合视角下的应用研究。

一、人口、区位选择与经济增长

人口空间流动是现代化和经济增长的重要原因，Ciccone（2002）发现就业密度与劳动生产率的弹性约为4.5%，Brülhart 和 Mathys（2008）通过实证也得到了类似的结论。因此，揭示人口空间流动对经济增长影响是一个重要议题，这种影响机制主要体现为知识溢出导致的人力资本提升、劳动力匹配和便利设施等方面。

1. 知识溢出、人口流动与经济增长

学习和知识累积可以提高技能，进而促进经济增长。知识溢出的效果往往取决于人与人之间的接触程度。Ciccone 和 Peri（2003）认为学习外部性的存在使得受教育年轻工人倾向于选择人口密集地区，生活在密集的城市地区可能比生活在农村地区更能提高人力资本积累。Keely（2003）在一个动态理论框架中考虑不同类型熟练工人相互作用会产生知识溢出，随着不同类型工人交流的扩大，产生了不同类型熟练工人间的集聚分布。Lucas（2004）构建了一个包含人力资本积累的内生增长模型，假设农村非熟练劳动力逐渐迁移到城市，这个过程也是劳动力从传统的、土地密集型的产业转移到人力资本密集型产业的过程，强调了新移民能够在城市积累现代生产技术所需的技能，提出城市是积累人力资本的好地方。Andersson 和 Karlsson（2007）发现每个员工的增值与区域规模呈正相关关系。Serafinelli（2014）实证发现工人流动有助于生产率的提高，特别是一组高生产率企业进入后，工人流动会使原有企业生产率增长10%。Andersson、Klaesson 和 Larsson（2016）研究了聚集经济的邻里效应，发现受大学教育的工作者具有明显较大的邻里弹性。Kerr、Kerr 和 Özden 等（2017）研究了高技能人才迁移对全球的影响，发现高技能人才对目的地国家创新具有贡献。

2. 技能匹配、人口流动与经济增长

人口流动有助于增加劳动市场匹配效率，进而促进经济增长。Pissarides（2011）基于不同规模劳动力市场就业匹配数量比较，最早提供了一个就业搜索规模效应的测算方法。Berliant、Reed 和 Wang（2006）通过构建一个均衡搜寻模型，发现拥有差异化知识的个体通过搜寻“搭档”以交换思想并创造新知识，进而实现生产效率的提高。同时发现，在存在内生人口移民的条件下，较高的技术水平将提高生产效率并进一步促进集聚，而较大规模的人口又为知识溢出与集聚活动提供了便利。这一模型不仅在一定程度上说明了知识溢出发生机制的微观基础，而且对技能匹配、人口流动与经济增长的内生互动关系进行了较为完善的模型化。Helpman、Itskhoki 和 Redding（2008）构建了包含工人异质性和劳动力市场摩擦的多部门均衡模型，发现劳动力市场摩擦对整体失业和收入不平等具有非单调影响，即高技能工人的失业率最低，但工资不平等程度最高，而中等技能工人的收入不平等程度最低。Helpman 和 Itskhoki（2015）进一步假设每个行业都有职位空缺，发现空缺的成本和匹配技术的效率共同决定了劳动力市场摩擦的程度。Morten 和 Oliveira（2016）通过引入迁移成本构建了一个空间均衡模型，探讨了迁移成本在促进跨空间劳动力迁移方面所起的作用。

3. 便利设施、人口流动与经济增长

现代区域理论和政策制定者已经逐渐将改善便利设施作为一种吸引人口的方式，尤其吸引高技能人才及企业家。迁移成本降低和便利设施改善有利于人口流动和聚集高技能劳动者，进一步吸引企业落地，最终提高区域的总生产力。Glaeser 和 Tobio（2007）通过人口增长数据分析发现在1980 年以前，随着人们对太阳等相关设施买单意愿的增加，温暖地区的生产力显著提高并带动了该地区的人口增长。Carlino 和 Saiz（2008）提出靠近大海、风景区、历史街区、建筑美、文化和娱乐机会多、低税收、更好的学校、更短的通勤以及更好的工作条件等都是衡量生活设施需求的指标。同时，发现公共场所的投资与城市吸引力正相关，“美丽的城市”不均衡地吸引了受过高等教育的人，从而证明了休闲设施对经济增长的影响。Diamond（2016）通过扩展 Rosen 和 Roback 的研究，分析了高技能和低技能工人迁移的决定因素及其福利影响，发现教育水平的提高会通过内生便利设施的改变影响工人的幸福感。Morten 和 Oliveira（2016）研究了道路设施对人口迁移的影响，发现了基础设施促进劳动力迁往回报最高的地方。当然，如果迁出成本太高，劳动力则无法搬到生产率最高的地方。Gaigné（2017）等选取荷兰数据实证分析了不同收入家庭的空间排序问题，发现便利程度和消费者收入之间存在因果关系，富裕家庭会置身于更宜居的地方。

二、产业、空间分布与经济增长

产业的分布和企业的区位选择与经济增长紧密关联，这也就成为区位选择与内生增长整合应用研究的一个重要方面，具体包括结构转换、知识溢出和劳动匹配作用下的企业空间分布与经济增长研究。

1. 结构转换、企业迁移与经济增长

对于处于结构转换的国家或地区而言，产业转型升级与结构变迁的长期性和客观性决定了企业（产业）空间分布问题的长期性和客观性。佩蒂定律认为蓬勃发展的产业往往增长得更快，衰退的产业往往消失得更快，并且这种结构变化的趋势在空间上是不均匀的。Desmet 和 Rossi-Hansberg（2009）通过空间均衡理论来研究服务业和制造业部门结构转换的机制，发现全要素生产率是部门内就业增长的驱动力，产业部门的增长由技术在空间的扩散所驱动。该理论有效解释了 1970~2000 年美国各州制造业和服务业部门就业增长的不同现象。Desmet（2015）等又基于 Desmet 和 Rossi-Hansberg（2009）的研究，对印度制造业和服务业的空间演变进行分析，发现服务业日益集中于高密度地区，高密度的经济活动是印度经济增长的引擎。同时发现印度的空间增长模式与中国的空间增长模式相似，即服务业都主要集中在高密度的地区，而美国的服务业在中等密度地区中增长最快。Dauth 和 Suedekum（2015）基于 1978~2008 年德国产业结构变化对区域经济增长的影响，以国际贸易作为产业变革的驱动力，解释了特定的区域最终会出现“趋势”“反趋势”和“无特征”三种增长模式的原因，并发现区域增长与产业最初规模和进出口风险有系统的关联。

2. 知识溢出、企业迁移与经济增长

受 Martin 和 Ottaviano（1999）、Baldwin 和 Forslid（2000）等基于知识溢出的空间经济增长模型的启发，涌现出一系列企业层面的相关研究。Braunerhjelm 和 Borgman（2004）通过分析瑞典地区制造业和服务业的生产率增长，发现更集中的部门具有更高的生产率增长。Andersson 和 Lööf（2011）利用动态模型对企业层面集聚与生产力关系估计，发现区域规模与单个企业劳动生产率之间存在正相关关系，企业在集聚的过程中会变得更有效率。Desmet 和 Rossi-Hansberg（2014）从知识溢出机制出发，假设制造业部门和服务业部门分布在连续的线性空间上，企业可以通过投资改进自身的技术，企业技术局部溢出且随距离指数衰减。通过均衡分析，研究结果很好地印证了美国在 20 世纪下半叶制造业部门劳动力份额的降低和服务业空间的集中以及服务业生产率的提升。Lychagin（2016）假设企业吸收知识具有异质性能力，实证发现具有较高吸收能力的企业被划分到拥有更多聚集的地区，溢出效应在解释企业的地理分布上起着重要作用。劳动力匹配也是一个重要因素。Brown 和 Rigby（2013）通过实证发现，规模较小和较年轻的企业由于技能匹配的劳动力池和知识溢出效应，生产率提高更强。Forslid 和 Okubo（2017）也发现随着经济发展和运输成本下降，高生产率企业集中在人力资本丰富的较大地区。

三、城市、空间集聚与经济增长

作为一种典型的集聚现象，城市是外部性存在的有力证据和经济增长的发动机（Lucas，1988）。所以城市与经济增长关系的研究也是区位选择与内生增长整合应用研究的一个活跃领域，涌现了一系列文献，主要集中在城市规模、城市内部结构和便利设施等方面。

1. 城市规模、生产率与经济增长

城市规模也是城市与经济增长研究的重要议题（Henderson，2005）。

大量文献致力于明确城市的生产优势或聚集经济外部性，认为城市生产力与城市规模密切相关，进而影响经济活动产出。这种影响机制主要通过集聚效应、选择效应、分类效应和学习效应来体现。Rosenthal 和 Strange 指出城市规模的扩大可以使生产率提高 3%~8%。Combes、Duranton 和 Gobillon（2012）等将 Melitz 和 Ottaviano（2008）的企业选择模型扩展至多个城市，以解释大城市生产力更高的原因，实证显示大城市的生产力优势主要源于集聚外部性。Behrens、Mion 和 Murata（2017）等在一个多城市均衡模型中也考虑了外部集聚经济对大城市生产力优势的影响。Combes、Duranton 和 Gobillon（2012）指出分类效应将更多有才华的员工划分到更大的城市，Melo、Graham 和 Noland（2009）发现大城市的工人生产力更高，且生产率与城市人口规模之间的弹性高达 5%。Desmet 和 Rossi-Hansberg（2013）通过将城市规模分布的决定因素分解为效率、便利设施和摩擦构建了一个多城市模型，通过反事实分析发现效率、便利设施和摩擦对城市规模都产生了重大影响，但对美国的福利影响很小，而对中国则很大。Behrens、Duranton 和 Robert-Nicoud（2014）则把人才分类、企业选择和集聚经济三个主要因素与内生城市相结合，提供了一个解释城市规模与城市生产力关系的有效框架，即大城市选择更具生产力的企业意味着吸引高生产力人才，而高生产力人才反过来又加强了城市对高生产力企业的选择，由此导致高生产力企业支付高工资，从而致使城市规模更大，进而增强了集聚经济；同时在城市静态模型设置中生成了齐夫定律，发现均衡中的城市人口规模依赖于其企业家的生产力。Roca 和 Puga（2017）则从学习效应角度解释大城市的个人收入更高的原因，通过选取西班牙数据实证研究发现大城市的工人最初并没有什么不同，但在进入大城市后获得了静态溢价和更多经验。国内学者刘修岩和李松林（2017）在 Desmet 和 Rossi-Hansberg（2013）研究的基础上将效率、舒适度、迁移摩擦和房价纳入城市规模分析框架中，并通过一系列反事实实验模拟了这些因素的变化对中国城市规模分布的影响。

2. 城市内部结构、便利设施与经济增长

从相对微观的角度看，体现城市效率和质量的城市内部结构、便利设施都是城市集聚收益与集聚成本权衡进而影响经济增长的重要因素，特别是城市在教育、就业、医疗卫生、交通及其他便利设施等方面更具优势，可以通过对人口和企业劳动生产率的影响直接影响经济产出。这方面研究主要包括城市系统内的空间组织（拥挤成本、通勤成本、运输成本等）和城市的功能特征（便利设施、公共服务等）。

空间内部结构方面，Lucas 和 Rossi-Hansberg（2002）较早地开展了城市内部结构模型化研究，通过构建一种均衡算法证明了城市中存在对称均衡的可能性，即商业和住房都可以位于城市的任何地方。在这种均衡状态下，为了降低工人的通勤成本，企业将就近寻找工人。Berliant、Wang 和 Peng（2002）引入通勤成本和知识溢出水平，通过企业和家庭在经济与地理上的交互作用内生地决定了均衡的城市结构。Accetturo（2010）则引入规模经济、运输成本、水平创新和通勤成本构建了一个集聚与内生增长模型，探讨了通勤成本对集聚与增长的影响。许多实证研究也证明了城市空间结构对经济增长的影响，如 Garcia-López 和 Muñiz（2013）选取西班牙巴塞罗那都市区 1986~2001 年数据表明更好的交通基础设施和规划政策促进了城市就业率的增长。Brinkman（2016）在 Lucas 和 Rossi-Hansberg 研究的基础上加入内生拥挤外部性，选取美国的相关数据发现拥挤收费可能会对经济产生负面的影响。Allen、Arkolakis 和 Li（2015）等都做了相关研究。

便利设施方面，城市是共享地方物品和便利设施的空间“俱乐部”。Glaeser、Kolko 和 Saiz（2001）发现“逆向通勤”现象，即郊区工作的人愿意承担中心城市更高的生活成本和通勤成本去接近消费机会，还发现气候、剧院和博物馆的存在与城市发展有积极的联系。Duranton 和 Puga（2013）回顾发现近几十年来拥有更好设施的城市发展得更快。Camagni、Capello 和 Caragliu（2016）通过对 136 个欧洲大城市区域实证分析表明实现城市增长的关键是城市功能的提升。Gerritse 和 Arribas-Bel（2018）实证发现以人口规模为条件的公路密度并不会影响美国大都市地区的生产力，而以旅行为测量基础的公路密度将提高聚集效益。Zhang、Partridge 和 Song（2018）研究了便利设施对塑造中国创新区位的影响，实证表明温度、空气质量、阳光、教育资源和医疗服务相关的设施对创新驱动型增长至关重要，要重视配套设施的作用，注重城市特色的配套设施建设。Ahlfeldt、Redding 和 Sturm（2015）等引入生产力（工人周围密度和生产基础，如地形和接近自然水源）、便利设施（如森林和湖泊的可得性）、刚性土地供应、旅行成本和通勤成本，提出了一个融合城市空间组织和功能特征的综合模型，推进了这一领域新的研究前沿。

第三章　产业平衡充分发展：理论模型

第一节　空间经济增长理论：基础模型

一、模型基本假设

借鉴已有空间经济增长理论研究，假设两个区域分别为东部（E）和西部（W），东部地区为较发达区域，东部地区变量不采用上标标示，西部地区与之对应的变量采用上标（*）标示；三个部门分别为农业部门 A、工业部门 M、资本创造部门 I；两种要素分别是资本（K）和劳动（L）。

效用函数：按照 DCI 框架关于效用函数的假设，代表性消费者都具有双重效用函数，即总效用函数和子效用函数，总效用函数 U 代表消费农产品和多样化工业品效用函数，用柯布–道格拉斯型效用函数表示，C_A 表示农产品的消费量，C_M 表示差异化工业品组合的消费量；子效用函数即工业品消费的效用函数，C_M 为不变替代弹性（CES）效用函数。其中，n^w 表示产品种类总数，μ 表示消费者收入中对工业品的支出份额，（1 – μ）为对农产品的支出份额，c_i 为消费者对第 i 种产品的消费量，σ 表示不同工业品之间的替代弹性，σ 越大表示工业品之间的替代弹性越大，单个企业的市场垄断能力越弱，而 σ 越小则表示工业品之间的替代弹性越弱，单个企业的市场垄断能力越强。

$$U = C_M^{\mu} C_A^{1-\mu},\ C_M = \left(\int_{i=0}^{n^w} c_i^{(\sigma-1)/\sigma} di\right)^{\sigma/(\sigma-1)},\ 0 < \mu < 1 < \sigma \tag{3-1}$$

效用函数跨期性：由于空间经济增长模型是一种长期经济增长模型，所以必然涉及消费者的跨期效用最大化问题。为了讨论的方便，假设消费者的跨期替代弹性为 1，并把各期现值效用函数 u（C）表示为对数形式 lnC，则有：

$$U = \int_{t=0}^{\infty} e^{-t\rho} \ln C dt,\ C = C_A^{1-\mu} C_M^{\mu},\ C_M = \left(\int_{i=0}^{n^w} c_i^{1-1/\sigma} di\right)^{1/(1-1/\sigma)} \tag{3-2}$$

其中，ρ 是消费者的效用折现率。

农业部门：以规模报酬不变和完全竞争为特征，两个区域都只使用劳动生产同质产品，每单位农产品需要 a_A 单位劳动力，单位劳动的名义工资为 w_L，因此单位农产品的成本是 $a_A w_L$。为了简化，本章节暂且不考虑农产品区间和区内运输成本，后续章节会专门就农产品运输成本进行理论分析。

工业部门：以迪克希特–斯蒂格利茨垄断竞争、规模报酬递增为特征；每个企业使用资本和劳动只生产一种差异化的产品，并将一单位资本作为固定投入。以东部地区为例，假设每单位产出需要 a_M 单位的劳动，这样代表性企业的成本函数为 $\pi + w_L a_M x$，其中 π 为东部地区单位资本的收益率，x 为代表性企业的产品产量；工业品在区内和区间交易都存在冰山交易成本，如果东部地区把自己生产的一单位产品出售到区外市场，那么它必须运输 τ（τ≥1）单位产品，在运输过程中 τ－1 单位产品“融解”掉了，只有一单位产品到达目的地。

资本（人力资本、物质资本）创造部门：沿承 LS 模型的假设，两个区域的资本创造部门以完全竞争和规模收益不变为特征，并利用劳动力作为唯一的投入生产资本，东部地区创造一单位的资本需要消耗 a_I 单位的劳动力，即创造成本为 $F = w_L a_I$。同样，西部地区资本的创造成本用 $F^* = w_L^*$

a_I^* 表示，a_I^* 为西部地区单位资本所需要的劳动力数量。这里的资本除了是通常的实物资本外，还有知识或技术附着在它的上面，这种知识或技术可以通过积累来支持新资本的创造并不断降低资本创造成本，并且可以通过传播被其他企业所利用。因此，区域创造资本的成本，既取决于本地区资本存量的大小，又取决于其他地区资本存量（知识、技术存量）的溢出效应。对于东部地区而言，其资本创造成本可表示为 $a_I = 1/(\lambda_I K + \lambda K^*)$，式中 λ_I，$\lambda \in [0, 1]$，称为溢出系数，分别指本地知识或技术和外地知识或技术被本地利用的程度，主要依赖于区域内及区间内的经济开放程度，而经济开放程度又同运输成本密切相关，即有 $\lambda_I = f(\phi_I)$、$\lambda = f(\phi)$，ϕ_I、ϕ 分别表示区内及区间的贸易自由程度；$f(\phi_I)$ 是 ϕ_I 的增函数形式，表示区域内公共知识溢出随着区域内贸易自由度的增大而增大，$f(\phi)$ 是 ϕ 的增函数形式，表示西部对东部的公共知识溢出随着区间贸易自由度的增大而增大。为了增加模型的易操作性，这里我们先采用最简单的线性函数，假设 $f(\phi_I) = \phi_I$、$f(\phi) = \phi$，那么，东部和西部资本创造成本分别为 $a_I = 1/(\phi_I K + \phi K^*)$、$a_I^* = 1/(\phi K + \phi_I^* K^*)$。此外，资本还存在折旧，每个时期资本品 δ 的部分被折旧问题。当达到长期均衡时候，资本增长率 g 为常数。

要素禀赋及其流动性：全社会的劳动力总量为 L^w 且保持不变，劳动力可以在部门间自由流动，但不能跨区域流动；东部和西部地区的劳动力禀赋分别为 L 和 L^*，即 $L^w = L + L^*$，为了研究的方便，令 $L^w = 1$，这样东部地区的劳动力份额为 $s_L = L/L^w = L$，西部地区的劳动力份额为 $s_L^* = L^*/L^w = L^*$，显然 $s_L + s_L^* = 1$。全社会的资本总量为 K^w，每个区域存在资本创造和资本折旧，假设两个区域资本折旧的速度相同，但资本创造的初始速度不同，这就会导致两个区域的资本份额发生变化，由此，可以说存在着广义的资本流动，资本所有者不能跨区域流动，而资本收益要回到资本所有者所在地消费；东部的资本禀赋为 K，西部的资本禀赋为 K^*，从而有 $K^w = K + K^*$；同样令 $K^w = 1$，则东部地区的资本禀赋份额为 $s_K = K/K^w$，西部地区的资本禀赋份额为 $s_K^* = K^*/K^w$，显然 $s_K + s_K^* = 1$，这里假设两个地区拥有的劳动比例等于资本禀赋比例，如果东部地区为较发达地区，则有 $s_L = s_K > s_L^* = s_K^*$。假设每个工业企业只生产一种产品，每种工业品的生产只需要一单位资本作为固定成本，则资本总量 K^w 与工业企业总数 n^w 相等，在资本不存在流动的情况下，东部地区的工业企业数和产品种类数均为 n，西部地区的工业企业数和产品种类数均为 n^*，有 $n^w = n + n^* = K^w$，而且东部地区的工业企业数份额为 $s_n = n/n^w$，西部地区的工业企业数份额为 $s_n^* = n^*/n^w$，显然 $s_n + s_n^* = 1$。

企业生产率：企业产品的生产率会随着运输条件的改善而提高，模型中表示生产效率的变量是产出的边际投入 a_M，它表示生产一单位产品所需要的劳动力数量，a_M 的大小同劳动力的生产效率成反比。

支出份额：假设东部支出（收入）用 E 表示，东部支出占全域总支出份额为 s_E，西部支出（收入）用 E^* 表示，西部支出份额为 s_E^*，总支出（收入）为 E^w。

运输成本：与以往大多数研究不同的是，假设制造业部门产品存在区内和区际交易成本，消费者获得产品需要支付额外费用，这种费用可理解为产品的运输成本、区域制度性、壁垒性成本等。具体来说，对于东部地区消费者而言，其消费东部地区单位产品需要支付 τ_I（$\tau_I \geq 1$）倍的价格，消费西部地区单位产品需要支付 τ（$\tau \geq 1$）倍的价格；同理，对于西部地区消费者，其消费西部地区单位产品需要支付 τ_I^*（$\tau_I^* \geq 1$）倍的价格，消费东部地区单位产品需要支付 τ（$\tau \geq 1$）倍的价格。这样的假设是符合现实的，因为随着现代物流体系的日益完善，产品运输成本大幅度降低，但是区际之间、区域内部各项制度性、壁垒性空间成本依旧存在，区际区内一体化程度依然是影响产业发展的瓶颈障碍。进一步地，东部地区的区内贸易自由度为 ϕ_I，西部地区的区内贸易自由度为 ϕ_I^*，区际贸易自由度为 ϕ。

二、短期均衡分析

首先进行短期均衡分析，短期均衡分析仅需满足消费者实现利润最大化、企业实现最优定价和产品市场完全出清三个条件，下面对经济系统中各部门、各要素和各变量之间关系的短期均衡条件进行一一分析。

（一）消费者均衡

在短期内流动要素的空间分布 s_n 是既定的，在这种情况下来考查产品需求、价格、产量、企业收益等内生变量的决定。通过均衡分析可得（见附录 A.1.1），消费者对农产品的消费量为：

$$C_A = (1-\mu)Y/p_A \tag{3-3}$$

对工业品的消费量为：

$$c_i = \mu Y \frac{p_i^{-\sigma}}{P_M^{1-\sigma}} \tag{3-4}$$

（二）农业部门均衡

农业部门是完全竞争部门，规模收益不变，农产品按边际成本定价，东部为 $p_A = a_A w_L$，西部为 $p_A^* = a_A w_L^*$。两个区域的农产品价格相等，即 $p_A = p_A^*$，进而，东部和西部的工资率相等，即 $w_L = w_L^*$。为方便起见，将农业部门单位劳动投入 a_A 作为计价单位，则有变量关系：$p_A = p_A^* = w_L = w_L^* = w = 1$。

整体经济对农产品的总需求是 $C_A = (1-\mu)(E+E^*)/p_A$，其中，E 和 E^* 分别代表东部和西部的消费支出。在对称情况下，农业生产的非专业化条件可表示为 $(1-\mu)E^w/p_A > L^w/2a_A$，其中 $(1-\mu)E^w$ 为整体经济对农产品的总支出。

（三）工业部门均衡

1. 产量决定

根据式（3-4），可以得出东部消费者对东部生产的第 i 种工业品的需求量 c_i 为：

$$c_i = \mu Y p_i^{-\sigma} P_M^{\sigma-1} = \mu Y p_i^{-\sigma}/\Delta n^w = \mu E p_i^{-\sigma}/\Delta n^w,\ \Delta n^w = \int_{i=0}^{n^w} p_i^{(1-\sigma)} di \tag{3-5}$$

其中，E 为东部总支出，包括劳动力收入和资本收益之和减去资本创造成本，我们假设不存在储蓄，因此收入水平就是支出水平。

同理，可得到：

$$c_i^* = \mu E^* \frac{(p_i^*)^{-\sigma}}{(P_M^*)^{1-\sigma}},\ c_j = \mu E \frac{(p_j)^{-\sigma}}{P_M^{1-\sigma}},\ c_j^* = \mu E^* \frac{(p_j^*)^{-\sigma}}{(P_M^*)^{1-\sigma}} \tag{3-6}$$

其中，下标 i 表示东部企业 i 生产的某种工业品，下标 j 表示西部企业 j 生产的某种工业品，c_i^* 表示西部消费者对东部生产的第 i 种工业品的需求量，c_j^* 表示西部消费者对西部生产的第 j 种工业品的需求量；c_j 表示东部消费者对西部生产的第 j 种工业品的需求量；p_i 表示东部生产东部销售的工业品 i 的价格，p_i^* 表示东部生产西部销售的工业品 i 的价格；p_j 表示西部生产东部销售的工业品 j 的价格，p_j^* 表示西部生产西部销售的工业品 j 的价格；E^* 表示西部地区消费者的消费支出，也即收入水平。

由于在区内和区间产品运输中，都存在"冰山"运输成本，因此企业的最终产出量分别为：

$$x_i = \tau_I c_i + \tau c_i^*,\quad x_j = \tau c_j + \tau_I^* c_j^* \tag{3-7}$$

2. 价格决定

在迪克希特–斯蒂格利茨垄断竞争模型中，均衡时企业的净利润为零。企业根据边际成本加成定价法定价，当实现短期均衡时，各个企业都实现均衡产量和均衡价格。以东部 i 企业为例，企业的利润表达式可以写成 $px_i - (\pi + a_M w_L x_i)$，通过企业利润的拉格朗日方程，可以求解得到东部企业产品成本价 $p = \frac{wa_M}{(1-1/\sigma)}$，由于区域内和跨区域交易都存在"冰山"交易成本，因此，东部产品在东部出售时的价格与出厂成本价格之比为 τ_I，进而得出 $p_i = \tau_I p = \frac{\tau_I wa_M}{(1-1/\sigma)}$。东部产品在西部出售时的价格与出厂成本价格之比为 τ，进而得出 $p_i^* = \tau p = \frac{\tau wa_M}{(1-1/\sigma)}$。同理，对于西部 j 企业，企业的利润表达式可以写成 $p^* x_j - (\pi^* + a_M^* w_L x_j)$，通过企业利润的拉格朗日方程，可以求解得到西部企业产品成本价 $p^* = \frac{wa_M^*}{(1-1/\sigma)}$，由于区域内和跨区间交易都存在"冰山"交易成本，因此，西部产品在西部出售时的价格与出厂成本价格之比为 τ_I^*，进而得出 $p_j^* = \tau_I^* p^* = \frac{\tau_I^* wa_M^*}{(1-1/\sigma)}$，西部产品在东部出售时的价格与出厂成本价格之比为 τ，进而得出 $p_j = \tau p^* = \frac{\tau wa_M^*}{(1-1/\sigma)}$。

（四）资本收益

考虑东部第 i 个企业，它在东部市场的销售量为 c_i，销售价格为 $p_i=\tau_I p$；在西部市场的销售量为 c_i^*，销售价格为 $p_i^*=\tau p$，这样企业的总产出为 $x_i=\tau_I c_i+\tau c_i^*$，企业的销售收入为 $p_i c_i+p_i^* c_i^*=p(\tau_I c_i+\tau c_i^*)=px_i$，而企业的生产成本为 $TC_i=\pi+a_M w_L x_i$，其中 π 为资本收益。垄断竞争市场，企业可以自由进出，超额利润为零。因此销售收入等于生产成本，即 $px_i=\pi+a_M w_L x_i$，又因为 $p=\frac{w_L a_M}{(1-1/\sigma)}$，所以 $\pi=px_i/\sigma$。又因为 $c_i=\mu E\frac{(p_i)^{-\sigma}}{P_M^{1-\sigma}}=\mu E\frac{(\tau_I p)^{-\sigma}}{P_M^{1-\sigma}}$、$c_i^*=\mu E^*\frac{(p_i^*)^{-\sigma}}{(P_M^*)^{1-\sigma}}=\mu E^*\frac{(\tau p)^{-\sigma}}{P_M^*}$，因此有 $px_i=\mu p^{1-\sigma}\left(E\frac{\tau_I^{1-\sigma}}{P_M^{1-\sigma}}+E^*\frac{\tau^{1-\sigma}}{(P_M^*)^{1-\sigma}}\right)$，又因为 $P_M^{1-\sigma}=n^w p^{(1-\sigma)}\left[\phi_I s_n+\phi(1-s_n)\frac{(a_M^*)^{(1-\sigma)}}{(a_M)^{(1-\sigma)}}\right]$、$(P_M^*)^{1-\sigma}=n^w p^{(1-\sigma)}[\phi s_n+\phi_I^*(1-s_n)/\chi]$（见附录 A.1.2），将上面结果代入，可得：

$$\begin{aligned}\pi&=px_i/\sigma\\&=\frac{\mu p^{1-\sigma}}{\sigma}\left[\frac{E^w s_E\phi_I}{n^w p^{1-\sigma}(\phi_I s_n\chi+\phi(1-s_n))}+\frac{E^w(1-s_n)\phi}{n^w p^{1-\sigma}(\phi s_n\chi+\phi_I^*(1-s_n))}\right]\chi\end{aligned}\tag{3-8}$$

其中，$\chi=(a_M/a_M^*)^{1-\sigma}=(\phi_I+\phi)/(\phi_I^*+\phi)$，为了方便起见，本地生产并在本地销售的产品价格可以标准化为 1，定义 $\Delta=\phi_I s_n\chi+\phi(1-s_n)$，$\Delta^*=\phi s_n\chi+\phi_I^*(1-s_n)$，再令 $b=\mu/\sigma$。同时，在模型中的 n^w 表示全域总资本的数量，也就是东部和西部资本数量之和，也是企业数量之和或产品种类之和。这样，东部企业的资本收益率可以写成：

$$\pi=bB\frac{E^w}{K^w},\ B=\left(\phi_I\frac{s_E}{\Delta}+\phi\frac{1-s_E}{\Delta^*}\right)\chi\tag{3-9}$$

同理，西部企业利润函数也可以推导出：

$$\pi^*=p^*x_j/\sigma=\frac{\mu(p^*)^{1-\sigma}}{\sigma}\left[\frac{\phi E^w s_E}{n^w p^{1-\sigma}(\phi_I s_n\chi+\phi(1-s_n))}+\frac{\phi_I^* E^w(1-s_n)}{n^w p^{1-\sigma}(\phi s_n\chi+\phi_I^*(1-s_n))}\right]\tag{3-10}$$

整理可得：

$$\pi^* = bB^* \frac{E^w}{K^w}, \quad B^* = \phi \frac{s_E}{\Delta} + \phi_I^* \frac{1 - s_E}{\Delta^*} \tag{3-11}$$

（五）市场支出份额

市场支出份额也称为市场相对规模，用 s_E 来表示，它是指经济系统达到短期均衡的时候，某个区域消费支出占全域总消费支出的比例①。首先分别计算出东西部区域的支出，每个区域的支出等于该区域的要素收入（包括劳动力的收入和资本的收益）减去该区域创造新资本的支出（包括弥补资本折旧和维持资本的净增长的支出），弥补资本折旧的新资本创造支出为 $-\delta K^w a_I$，维持资本存量以 g 增长的资本创造支出为 $-gK^w a_I$，因此，东部和西部区域支出的表达式为：

对东部经济：

$$E = s_L L^w + s_n bBE^w - (g + \delta) Ka_I \tag{3-12}$$

对西部经济：

$$E^* = (1 - s_L) L^w + s_n^* bB^* E^w - (g + \delta) K^* a_I^* \tag{3-13}$$

东西区域支出相加可得全域总支出：

$$E^w = L^w + bE^w - (g + \delta)(Ka_I + K^* a_I^*) \tag{3-14}$$

三、长期均衡分析

上面讨论的是短期均衡，长期均衡分析则要考虑资本价值和资本成本间的动态变化过程，这个过程是空间区位模式变化的过程，也是经济增长变化的过程。长期均衡是指在一定贸易自由度范围内，经济系统的区位模式保持稳定，即资本的空间分布 s_n 保持长期稳定状态，区域的支出份额 s_E 也保持稳定。由于经济系统总是存在不断的资本创造，该模型始终是一个动态的模型。

① 资料来源：安虎森等：《新经济地理学》（第 2 版），经济科学出版社 2009 年版，第 276 页。

（一）长期均衡条件

要使经济系统的区位模式保持稳定，要么使两个区域的资本增长速度达到相同，形成内部均衡，此时两个区域都有一定的资本分布；要么使资本全部集中到一个区域，形成核心—边缘均衡。由此，长期均衡时满足：

$$\dot{s}_n = (g - g^*) s_n (1 - s_n) \tag{3-15}$$

同时，当经济系统实现内部均衡时，两个区域都以相同的速度创造资本，两个区域的资本成本都等于资本价值，均衡条件如下所示：

$$q = \frac{v}{F} = 1,\ q^* = \frac{v^*}{F^*} = 1,\ 0 < s_n < 1 \tag{3-16}$$

单位资本在当期的价值可以写成：

$$v = \int_0^{\infty} e^{-\rho t} e^{-\delta t} (\pi e^{-gt}) dt = \frac{\pi}{\rho + \delta + g} \tag{3-17}$$

其中，g 是长期均衡时的资本存量 K^w 的增长速度（详细推导见附录 A.1.3）。

（二）长期均衡分析

现实中核心边缘的分布情况极少存在，因此本节主要分析要素禀赋非对称情形下两区域资本增长速度相同的内部均衡，此时 $s_n = s_k = s_L$，内生化运输成本的情形比较复杂，难以得到显性解析解，主要采用数值模拟分析方法。当经济系统达到长期均衡时，经济的总收入 E^w 也达到其稳态水平并保持不变。然而资本的总收益 $\pi s_n K^w + \pi^*(1 - s_n) K^w = bE^w$（这是一个恒等式），在 E^w 不变的情况下，也是一个定值。以东部为例，达到长期对称均衡东部满足 $q = \frac{v}{F} = 1$，所以有 $q = \frac{v}{F} = \frac{\pi}{(\rho + \delta + g) a_I} = 1$，将资本创造成本 a_I 和资本收益 π 代入，再把上面的 E^w 代入并求解出 g 可得：

$$g = s_n bBE^w / a_I - \rho - \delta \tag{3-18}$$

对于西部地区而言，达到长期对称均衡东部满足 $q^* = \frac{v^*}{F^*} = 1$，所以有 $q^* = \frac{v^*}{F^*} = \frac{\pi^*}{(\rho + \delta + g^*) a_I^*} = 1$，将资本创造成本 a_I^* 和资本收益 π^* 代入，代入

E^w 可得：

$$g^* = (1 - s_n) bB^* E^w / a_I^* - \rho - \delta \tag{3-19}$$

第二节　空间经济增长理论：引入企业异质性

一、引入微观企业异质性的理论意义

产业区位本质上是企业区位，没有企业的定位，就没有产业的区位。自 Baldwin 和 Okubo（2006）将异质性企业假设引入到空间经济模型以来，异质性企业区位理论受到广泛关注，也为产业区位研究提供了更为深入的理论视角。大量研究都表明，异质性企业区位的重新配置并不是一个随机过程，高效率企业比低效率企业更容易迁移至集聚性区域。在激烈竞争的市场中，高生产率企业为了占领更多的市场份额和出于节约运输成本的考虑，会选择在核心区；然而低生产率企业则迫于竞争压力，选择布局在边缘区（Asplund et al.，2006；Saito and Gopinath，2009；Venables，2011；Ottaviano，2012）。同时，加大边缘区产业份额的政策只会吸引低生产率企业迁移至边缘区，从而导致两个区域的生产率拉大（Okubo and Tomiura，2011）。与此相反，Okubo（2010）将企业异质性引入 LFE 模型进行拓展分析，认为低生产率企业由于其区位选择上更自由而最先转移出去并选择集聚，而高效率企业的空间排序呈现多样化；Forslid 和 Okubo（2013）扩展了 Baldwin 和 Okubo（2006）的异质性企业定位选择模型，表明高生产率（高资本密集度）企业和低生产率（低资本密集度）企业都倾向于集聚在大市场，而中等生产率企业则倾向于集聚在小市场。国内学者从实证角度做了探索研究，刘颖（2016）等沿用 Baldwin、Melitz 等学者的研究思路，分析企业区位自选择效应的空间差异，并且采用 2002~2007 年的规模以上工业企业面板数据进行检验，研究发现生产率较高的工业企业倾向于选择科技研发水平高、市场潜力大、产业相对集聚的城市，生产率较低的工业企业更容易在同行企业竞争中被挤出。史进和贺灿飞（2018）采用1998~2007年金属制品业企业的市级面板数据，通过Tobit模型实证发现市场化环境好的城市有利于新企业成立，低效率的新企业只是追求劳动力的低成本，但是高效率的新企业还能兼顾劳动力的高质量。

理论上，在传统经济地理理论框架下，由于假定企业是同质的，当贸易成本下降到一定程度后，整个产业就会由最初的区域间均匀分布结构突发性地转变为中心外围结构；然而当贸易成本下降足够低的时候，产业的中心外围分布结构又突然转变为区域间均匀分布模式，如图3-1左图所示（杨开忠等，2016）。这种突变式的企业（或产业）区位动态显然与产业转移过程和经济活动动态分布的现实是不一致的。如果假设企业是具有微观异质性特征的，随着贸易成本下降到一定程度后，尽管单个异质性企业的区位选择是瞬间完成的，但是从部门层面来看，由于不同异质性企业的市场承受能力不同，导致它们之间的区位选择过程是一个循序渐进的过程。具体来讲，假定最初区域间的贸易成本足够高，企业在区域间对称分布。随着贸易成本下降到一定程度后，市场机制会内生出一个决定异质性企业区位再调整的临界生产率，临界生产率两侧的企业会各选择有利于自身的区位；此后贸易成本每次的微小下降都将内生出一个与之相对应的临界生产率，临界生产率的微小变化又使得企业会不断选择有利于自身的区位，因而，引入微观主体的企业（或产业）区位动态是渐进性的，更加符合现实，如图3-1右图所示。

二、微观企业异质性假设

新经济地理学理论假设企业是同质无差异的，但大量的研究证明企业是有差异的，企业规模、组织形式、产品质量、员工技能、企业家才能等最终都集中表现在企业生产率方面的异质性上（Bernard et al.，2003）。因

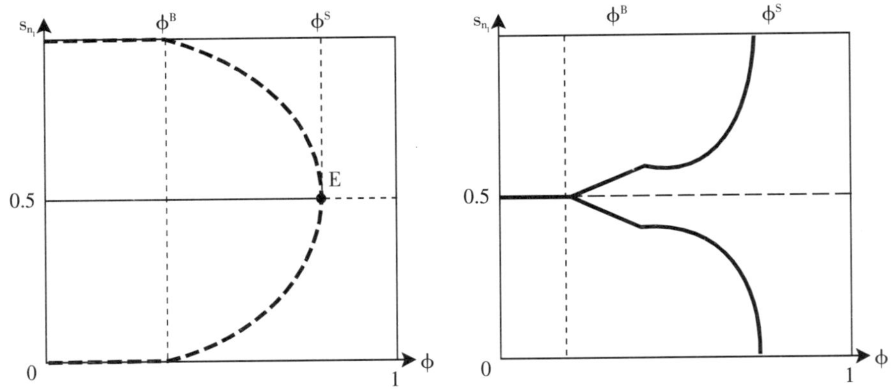

图 3-1 企业/产业区位转移的动态过程

资料来源：杨开忠、董亚宁、薛领等：《"新"新经济地理学的回顾与展望》，《广西社会科学》2016 年第 5 期。

此，将企业异质性引入新经济地理学模型框架之中，其主要策略是改变同质性企业假定，引入异质性生产函数设定。虽然董亚宁等（2018）基于运输成本内生化的溢出增长模型中两个地区的企业生产效率是有差异的，东部和西部地区企业生产率分别为 a_M、a_M^*，但隐含着区域内部所有企业的生产效率是同质的。

Melitz（2003）首次引入异质性企业，假设企业生产成本为线性累计分布函数 $G[a]=a$，$a\in[0,\ a_0]$。Baldwin 和 Okubo（2006）将企业异质性引入到 FC 模型，假设企业生产成本为帕累托累计概率分布函数：

$$G[a_i]=(a_i/a_0)^k \quad 1=a_0\geqslant a_i\geqslant 0,\ k\geqslant 1 \tag{3-20}$$

其中，k 为形状参数，a_i 为个体企业生产的边际劳动投入，显然 a_i 越小表示企业的生产效率越高，a_0 表示效率最低企业的边际劳动投入。这种假设为后续研究所借鉴，如 Baldwin 和 Okubo（2009）、Okubo（2009）等沿用了该假定。本节研究将沿用 Baldwin 和 Okubo（2006）关于企业异质性的假定。图 3-2 所示为初始累计概率分布函数，$G[a]$ 为标准的累计概率分布曲线，$nG[a]$、$n^*G[a]$ 分别为东部和西部考虑资本数量的分布曲线。

根据上一节假设，在引入企业异质性后东部地区 i 企业的边际生产成本为 $a_M a_i$，西部地区 i 企业的边际生产成本为 $a_M^* a_i$。

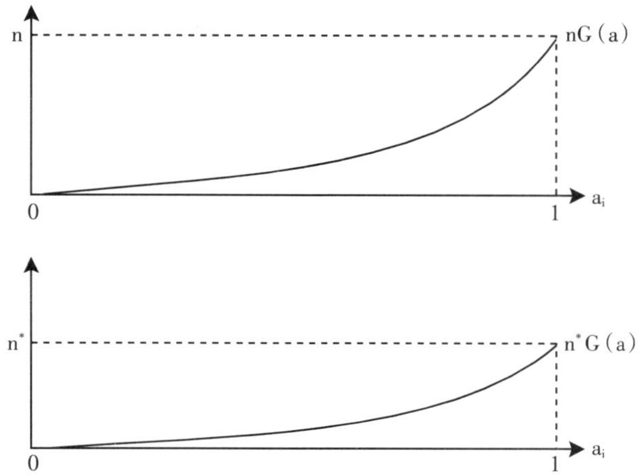

图 3-2　两区域初始企业累计概率分布

资料来源：作者绘制。

三、短期均衡分析

（一）消费者均衡

在异质性企业条件下代表性消费者对农产品的消费量为 $C_A=(1-\mu)Y/p_A$，对差异化工业品的消费量为 $c(a_i)_i=\mu Y\frac{p(a_i)_i^{-\sigma}}{P_M^{1-\sigma}}$。

（二）农业部门均衡

农业部门假设及均衡分析同上节，将农业部门单位劳动投入 a_A 作为计价单位，满足 $p_A=p_A^*=w_L=w_L^*=w=1$。

（三）工业部门均衡

1. 价格决定

以东部边际成本为 a_i 的 i 企业为例，企业的利润表达公式可以写成 $p(a_i)x_i-(\pi+a_i a_M w_L x_i)$，通过企业利润的拉格朗日方程，可以求解得到企业产品成本价 $p(a_i)=\frac{wa_M a_i}{(1-1/\sigma)}$，在东部出售时的价格 $p(a_i)_i=\tau_I p(a_i)=\frac{\tau_I wa_M a_i}{(1-1/\sigma)}$，在西部出售时的价格 $p(a_i)_i^*=\tau p(a_i)=\frac{\tau wa_M a_i}{(1-1/\sigma)}$。同理，对于

边际成本为 a_i 的西部 j 企业来说，企业的利润表达式可以写成 $p(a_i)_i^* x_j - (\pi^* + a_i a_M^* w_L x_j)$，可以得到企业产品成本价为 $p(a_i)^* = \frac{wa_M^* a_i}{(1-1/\sigma)}$，在西部出售时的价格为 $p(a_i)_j^* = \tau_I^* p(a_i)^* = \frac{\tau_I^* wa_M^* a_i}{(1-1/\sigma)}$，在东部出售时的价格为 $p(a_i)_j = \tau p(a_i)^* = \frac{\tau wa_M^* a_i}{(1-1/\sigma)}$。进一步地，可计算得到两地区价格指数分别为（见附录 A.2.1）：

$$P_M^{1-\sigma} = K^w \left(1 - \frac{1}{\sigma}\right)^{\sigma-1} \gamma(a_M)^{(1-\sigma)} [\phi_I s_k + \phi(1-s_k)/\chi] \tag{3-21}$$

$$(P_M^*)^{1-\sigma} = K^w \left(1 - \frac{1}{\sigma}\right)^{\sigma-1} \gamma(a_M)^{(1-\sigma)} [\phi s_k + \phi_I^*(1-s_k)/\chi] \tag{3-22}$$

2. 产量决定

东部消费者对东部边际成本为 a_i 的 i 企业生产的工业品的需求量 $c(a_i)_i = \mu Ep(a_i)_i^{-\sigma} P_M^{\sigma-1}$。其中，E 为东部总支出，包括劳动力收入和资本收益之和减去资本创造成本，因此收入水平就是支出水平。同理，可得到：

$$c(a_i)_i^* = \mu E^* \frac{(p(a_i)_i^*)^{-\sigma}}{(P_M^*)^{1-\sigma}}, \quad c(a_i)_j = \mu E \frac{(p(a_i)_j)^{-\sigma}}{P_M^{1-\sigma}},$$

$$c(a_i)_j^* = \mu E^* \frac{(p(a_i)_j^*)^{-\sigma}}{(P_M^*)^{1-\sigma}} \tag{3-23}$$

其中，下标 i 表示东部边际成本为 a_i 的 i 企业生产的某种工业品，下标 j 表示西部边际成本为 a_i 的 j 企业生产的某种工业品，$c(a_i)_i^*$ 表示西部消费者对东部边际成本为 a_i 的 i 企业生产的工业品需求量，$c(a_i)_j^*$ 表示西部消费者对西部边际成本为 a_i 的 j 企业生产的工业品需求量；$c(a_i)_j$ 表示东部消费者对西部边际成本为 a_i 的 j 企业生产的工业品需求量；E^* 表示西部地区消费者的消费支出，也即收入水平。

由此可得到边际成本为 a_i 的东部 i 企业与西部 j 企业产量分别为：

$$x(a_i)_i = \tau_I c(a_i)_i + \tau c(a_i)_i^* = \tau_I \mu E p_i^{-\sigma} P_M^{\sigma-1} + \tau\mu E^* (p_i^*)^{-\sigma} (P_M^*)^{\sigma-1}$$

$$=\mu E^{w}(\gamma K^{w})^{-1}\left(1-\frac{1}{\sigma}\right)^{1-\sigma}(a_M)^{\sigma-1}$$

$$\left[\frac{s_E\phi_I\left(1-\frac{1}{\sigma}\right)^{\sigma}(a_M)^{-\sigma}}{\phi_I s_k+\phi(1-s_k)/\chi}+\frac{s_E^*\phi\left(1-\frac{1}{\sigma}\right)^{\sigma}(a_M)^{-\sigma}}{\phi s_k+\phi_I^*(1-s_k)/\chi}\right]a_i^{-\sigma} \quad (3-24)$$

$$x(a_i)_j=\tau c(a_i)_j+\tau_I^* c(a_i)_j^*=\tau\mu E\frac{(p_j)^{-\sigma}}{P_M^{1-\sigma}}+\tau_I^*\mu E^*\frac{(p_j^*)^{-\sigma}}{(P_M^*)^{1-\sigma}}$$

$$=\mu E^{w}(\gamma K^{w})^{-1}\left(1-\frac{1}{\sigma}\right)^{-\sigma}(a_M)^{(1-\sigma)}$$

$$\left[\frac{s_E\phi\left(1-\frac{1}{\sigma}\right)^{\sigma}(a_M^*)^{-\sigma}}{\phi_I s_k+\phi(1-s_k)/\chi}+\frac{s_E^*\phi_I^*\left(1-\frac{1}{\sigma}\right)^{\sigma}(a_M^*)^{-\sigma}}{\phi s_k+\phi_I^*(1-s_k)/\chi}\right]a_i^{-\sigma} \quad (3-25)$$

（四）资本收益

考虑东部边际成本为 a_i 的 i 企业利润为（见附录 A.2.2）：

$$\pi(a_i)=\frac{\mu E^w}{\sigma\gamma K^w}\left[\frac{s_E\phi_I}{\phi_I s_k+\phi(1-s_k)/\chi}+\frac{s_E^*\phi}{\phi s_k+\phi_I^*(1-s_k)/\chi}\right]a_i^{1-\sigma} \quad (3-26)$$

为了方便，定义 $\Delta=\phi_I s_k\chi+\phi(1-s_k)$，$\Delta^*=\phi s_k\chi+\phi_I^*(1-s_k)$，再令 $b=\mu/\sigma$。这样，东部企业的资本收益率可以写成：

$$\pi(a_i)=bB\frac{E^w}{\gamma K^w}a_i^{1-\sigma},\ B=\left(\phi_I\frac{s_E}{\Delta}+\phi\frac{1-s_E}{\Delta^*}\right)\chi \quad (3-27)$$

同理，西部边际成本为 a_i 的 i 企业利润也可以推导出：

$$\pi(a_i)^*=\frac{\mu E^w}{\sigma\gamma K^w\chi}\left[\frac{s_E\phi}{\phi_I s_k+\phi(1-s_k)/\chi}+\frac{s_E^*\phi_I^*}{\phi s_k+\phi_I^*(1-s_k)/\chi}\right]a_i^{1-\sigma} \quad (3-28)$$

整理可得：

$$\pi(a_i)^*=bB^*\frac{E^w}{\gamma K^w}a_i^{1-\sigma},\ B^*=\phi\frac{s_E}{\Delta}+\phi_I^*\frac{1-s_E}{\Delta^*} \quad (3-29)$$

（五）市场支出份额

分别计算两个区域的支出，每个区域的支出等于区域的要素收入减去创造新资本的支出，要素收入包括劳动力的收入和资本的收益，资本创造要不断弥补资本折旧和维持资本的净增长，弥补资本折旧的新资本创造支

出分别为 $-\delta Ka_I$ 和 $-\delta K^* a_I^*$，保持资本存量以 g 和 g^* 增长的资本创造支出为 $-gKa_I$ 和 $-g^* K^* a_I^*$。因此，东西区域支出相加可得全域总支出：

$$E^w = L^w + bE^w - \delta(Ka_I + K^* a_I^*) - (gKa_I + g^* K^* a_I^*) \tag{3-30}$$

四、长期均衡分析

（一）长期迁移稳定条件

假设企业的重新布局从生产率最高的企业开始，由于东部地区为发达地区，从而西部地区生产率最高的企业会优先向东部地区转移。假定迁移过程中，两地区的资本收益相等时企业迁移临界边际成本为 a_R，也就是西部地区边际成本小于 a_R 的企业都迁移到东部，这样，在企业可迁移的长期均衡状态下，两地区企业的累计概率分布函数如图 3-3 所示。在此情形下，东西部地区的价格指数分别为（见附录 A.2.3）：

$$P_M^{1-\sigma} = K^w(1-1/\sigma)^{\sigma-1}\gamma(a_M)^{(1-\sigma)}[\phi_I s_k + \phi_I(1-s_k)a_R^{\upsilon} + \phi(1-s_k)(1-a_R^{\upsilon})/\chi] \tag{3-31}$$

$$(P_M^*)^{1-\sigma} = K^w(1-1/\sigma)^{\sigma-1}\gamma(a_M)^{(1-\sigma)}[\phi s_k + \phi(1-s_k)a_R^{\upsilon} + \phi_I^*(1-s_k)(1-a_R^{\upsilon})/\chi] \tag{3-32}$$

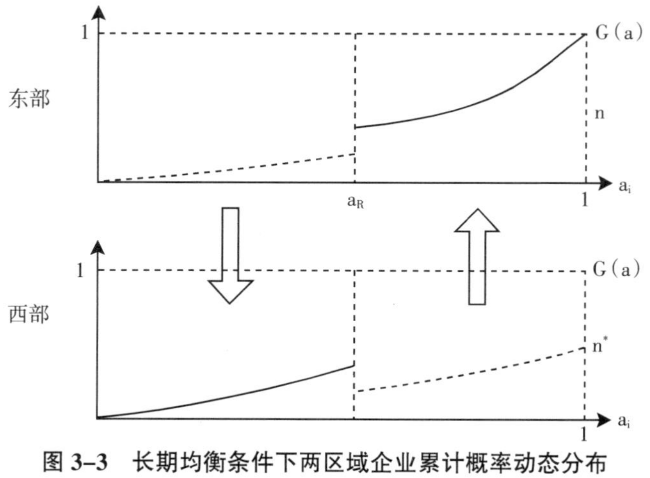

图 3-3　长期均衡条件下两区域企业累计概率动态分布

资料来源：作者绘制。

长期均衡条件下，两区域异质性企业会根据自身收益最大化进行区位选择。在企业迁移过程中，企业的重新布局会从生产率最高的企业开始。如果迁移过程中，两地区资本收益相等时企业边际成本为 a_R，那么边际成本小于 a_R 的企业都将迁移到另一区域，同时满足 $\pi(a_R)=\pi(a_R)^*$。求解可得：

$$a_R^{\upsilon}=\frac{(\phi_I\chi-\phi)s_E(\phi s_k\chi+\phi_I^*(1-s_k))-(\phi_I^*-\phi\chi)(1-s_E)(\phi_I s_k\chi+\phi(1-s_k))}{(\phi_I^*-\phi\chi)(1-s_E)(\phi_I\chi-\phi)(1-s_k)-(\phi_I\chi-\phi)s_E(\phi\chi-\phi_I^*)(1-s_k)} \tag{3-33}$$

进一步可以求得企业在东部地区的空间分布为：

$$s_n=\frac{\int_0^1 KdG(a_i)+\int_0^{a_R}K^*dG(a_i)}{\int_0^1 KdG(a_i)+\int_0^1 K^*dG(a_i)}=s_k+(1-s_k)a_R^{\upsilon} \tag{3-34}$$

当然，为了保证上述分析的可靠性和判断均衡解的科学性，需要对均衡状态进行稳定性分析。通过分析对称均衡被打破时的稳定性条件，满足 $\partial(\pi(a_R)-\pi(a_R)^*)/\partial a_R<0$，因此该经济系统是稳定的。

（二）长期均衡条件

异质性企业条件下资本可以流动，长期均衡要么是两个区域的名义资本收益相等，企业停止迁移，形成一定的资本分布；要么是资本全部集中到一个区域，形成核心—边缘均衡。因此，长期均衡时满足：

$$\dot{s}_n=(\pi(a_i)-\pi(a_i)^*)s_k(1-s_k) \tag{3-35}$$

长期经济增长时资本成本和资本价值的假设在前面部分已经做了详细的论述，当经济系统实现内部均衡时，两个区域企业迁移临界边际成本为 a_R 的企业资本收益相同，同时假设两个区域的资本总成本都等于总资本价值，满足：$q=\frac{v}{F}=1$，$q^*=\frac{v^*}{F^*}=1$，$0<s_n<1$ 东部地区和西部地区资本当期总价值分别为：

$$v=\int_0^{\infty}e^{-\rho t}e^{-\delta t}\left(\int_0^1(K\pi(a_i))dG[a]e^{-gt}\right)dt=\frac{\int_0^1(K\pi(a_i))dG[a]}{\rho+\delta+g} \tag{3-36}$$

$$v^* = \frac{\int_0^{a_R} (K^* \pi(a_i)) dG[a] + \int_{a_R}^1 (K^* \pi(a_i)^*) dG[a]}{\rho + \delta + g^*} \tag{3-37}$$

其中，g、g^* 分别是长期均衡时东部地区和西部地区的资本存量的增长速度。

以东部为例，达到长期对称均衡东部满足 $q = \frac{v}{F} = 1$，所以有 $q = \frac{v}{F} = \frac{\int_0^1 (K\pi(a_i)) dG[a]}{(\rho+\delta+g) a_I} = 1$，代入可得：

$$g = \frac{s_k bBE^w}{a_I} - \rho - \delta \tag{3-38}$$

对于西部地区而言，达到长期对称均衡西部满足 $q^* = \frac{v^*}{F^*} = 1$，代入可得：

$$g^* = \frac{(1 - s_k) bB^* E^w}{a_I^*} - \rho - \delta \tag{3-39}$$

第三节　空间经济增长理论：引入劳动力异质性

一、引入劳动力异质性的理论意义

改革开放以来，中国经济发展先后经历了“要素驱动、投资驱动”的主导方式，进入新时代则开始转向“创新驱动”的主导方式。从空间经济的角度看，不同经济驱动方式下的空间经济活动拥有不同的理论逻辑。在要素驱动发展阶段，廉价土地、劳动力等生产要素是获取竞争优势的途径，基于此，比较优势、要素禀赋等基于空间异质性的理论是解释空间经济活动的理论依据。在投资驱动发展阶段，标准化、规模化是获取竞争优势的方式，因而，基于规模经济与产品多样性偏好之间平衡的新经济地理学、“新”新经济地理学是解释空间经济活动的理论依据。然而，在创新驱动和高质量发展阶段，人力资源是提升区域竞争力和实现区域发展繁荣的决定因素，也是实现区域协调发展战略的关键要素，区域竞争的核心将由传统的追逐投资转向追逐知识、追逐人才，人力资源的汇聚地将成为吸引企业集聚和实现区域创新的战略高地（杨开忠，2017）。

人力资源对于产业平衡充分发展至关重要。但是传统研究大多以代表性主体代表理论模型中微观主体“人”的行为，并且将“人”从生产角度物化为一种要素投入，仅仅从要素收益——工资收入角度考虑人口空间流动，忽视了微观主体“人”的自身因素、需求偏好及其所处区域环境的特征。现实的情况是，随着一个国家经济持续发展，当收入水平不断提高，一般性物质和文化需求已经得到满足时，更好的教育、更高水平的医疗卫生服务、更舒适的居住条件、更丰富的精神文化生活等这些因素将成为影响人口空间流动的因素。由于忽略“人”的异质性假设，传统理论结果是当空间成本下降到一定程度后，劳动力由最初的区间对称分布突发性地转变为中心外围结构，这样的理论结果在解释现实问题时往往显得苍白无力。因此，引入“人”的异质性的研究成了前沿方向。比如，“新”新经济地理学理论认为，微观异质性劳动力会根据个人技能禀赋进行自主区位选择，高技能劳动力倾向于核心区域，而低技能倾向于边缘地区，人才向大城市集中会吸引高效率企业选择大城市（杨开忠等，2016）；国外学者Mori 和 Turrini（2000）较早将异质性劳动力引入新经济地理学模型；国内学者赵伟和李芬（2007）、甄小鹏和凌晨（2017）做了相关研究。引入微观异质性后，人口空间流动就成了循序渐进的动态过程，具有较好的现实解释力。

二、劳动力异质性假设

本节将结合已有研究，假设微观主体劳动力具有异质性偏好与异质性技能，进而探讨不同技能、偏好条件下的劳动力区位及其人力资本积累情况。

（1）劳动力的偏好异质性。设定效用函数为一个包含产业部门产品消费量（C_T）和公共服务部门消费量（C_{NT}）的效用函数。其中，公共服务部门提供多样化公共服务品，采用 CES 效用函数。

以东部为例，消费者效用函数表达为：

$$U = A\left(\frac{C_T}{\alpha_T}\right)^{\alpha_T}\left(\frac{C_{NT}}{1-\alpha_T}\right)^{1-\alpha_T}$$

$$C_{NT} = \left(\alpha_l\left(\int_{i=0}^{n} c_{NTi}^{\rho}\,di\right) + (1-\alpha_l)\left(\int_{i=0}^{n^*} c_{NTi}^{*\rho}\,di\right)\right)^{1/\rho} \tag{3-40}$$

其中，α_T、$1-\alpha_T$ 分别表示产业部门、公共服务部门产品支出份额；α_l 和 $1-\alpha_l$ 分别表示东部消费者面对的东部和西部公共服务品偏好①；c_{NTi} 为消费者对第 i 种公共服务品的消费量。σ 表示差异化公共服务品之间的替代弹性，满足 $\rho=\sigma/(\sigma-1)$，$\sigma>1$。

（2）劳动力的技能异质性。假设产业部门以 D-S 垄断竞争、规模报酬递增为特征，以异质性劳动力与资本为生产要素进行生产，每个企业由异质性劳动力和若干资本只生产一种差异化产品，并将异质性劳动力作为固定投入，异质性劳动力所具有的人力资本 a_i 决定企业效率。这样，产业部门生产结构为：

$$Y_T = f(H,\ K) = H + a_i K \tag{3-41}$$

参照 Baldwin 和 Okubo（2006）的异质性设定，假设人力资本为 a_i，帕累托累计概率分布函数为 $G[a] = a^k/a_0^k$，其中，k 为形状参数，a 为人力资本，表示企业生产的边际劳动投入，显然 a 越小表示人力资本的生产率越高，a_0 表示效率最低异质性劳动力 i 的边际劳动投入。假设初始异质性人力资本 a 在两区域具有对称分布特征。与以往研究不同的是，这里不考虑产业部门产品交易成本，两区域消费者可以相同价格消费任意地区的产业

① 与此相对应，α_f 和 $1-\alpha_f$ 分别表示西部消费者面对的西部和东部不可贸易服务品偏好。本节不考虑劳动力偏好流动前后区域异质性，即假设 α_f 与 α_l 相等。

部门产品①。

（3）人力资本创造部门。假设人力资本创造部门以完全竞争和规模收益不变为特征，两区域利用部分收入作为投入提升人力资本，东部形成一单位人力资本需要消耗 a_{In} 单位资本，即形成成本为 $F_n = w_{Ln} a_{In}$。同样，西部人力资本形成成本用 $F_s = w_{Ls} a_{Is}$ 表示，a_{Is} 为西部单位人力资本所需要资本数量。这里人力资本形成，可以理解为教育部门培育人力资本，这种人力资本可以通过积累来支持新人力资本的形成并不断降低人力资本形成成本。东部人力资本形成效率可表示为 $a_{In} = \eta_n / H_n$，西部人力资本形成效率可表示为 $a_{Is} = \eta_s / H_s$，其中 η_n 和 η_s 分别为东部和西部人力资本形成效率系数。

三、短期均衡分析

（1）产业部门。根据产业部门产品生产函数，以东部生产率为 a_i 的 i 企业为例，其利润可写成 $p(a_i)x_i - (\pi + a_i w_L x_i)$，通过进一步求解异质性劳动力资本 a_i 所在企业产品成本价为 $\bar{p}_{Tn}(a_i) = w_L a_i / (1 - 1/\sigma)$，由于产业部门没有交易成本，在东部和西部出售时价格相等，满足 $p_{Ts}(a_i) = \bar{p}_{Tn}(a_i)$。同理，西部异质性劳动力资本 a_i 所在企业产品成本价为 $\bar{p}_{Ts}(a_i) = w_L a_i / (1 - 1/\sigma)$，满足 $p_{Tn}(a_i) = \bar{p}_{Ts}(a_i)$。

由效用最大化可得，东部和西部消费者对东部 i 企业生产的产品需求量分别为 $c(a_i)_n = \alpha_T E_n (p(a_i)_n)^{-\sigma} / (P^T_n)^{1-\sigma}$、$c(a_i)_s = \alpha_T E_s (p(a_i)_s)^{-\sigma} / (P^T_s)^{1-\sigma}$。其中，$(P^T_n)^{1-\sigma} = (P^T_s)^{1-\sigma} = H^w (1 - 1/\sigma)^{\sigma-1} \theta [s_H + (1 - s_H)/\chi]$，$\theta = k/(1 - \sigma + k) > 0$。

根据产业部门产品市场出清条件，可得边际成本为 a_i 的东部 i 企业异质性劳动力收入为：

---

① 随着交通基础设施和现代物流业的快速发展，传统运输成本对于劳动力区位选择的影响已经越来越小。当然，考虑可贸易品运输成本并不会改变模型结论。

$$\pi(a_i)_n = \frac{\alpha_T E^w}{\sigma\theta H^w} a_i^{1-\sigma} \tag{3-42}$$

在不考虑人力资本投资的情形下，具有相同人力资本水平的异质性劳动力在两区域的名义工资水平相同。

（2）人力资本创造部门。根据“托宾 q 理论”，两区域人力资本创造部门根据人力资本收益和人力资本成本的对比关系决定创造与否，当人力资本收益等于人力资本成本时，人力资本创造将维持一个稳定的速度。人力资本收益就是人力资本未来收益的折现，假设人力资本存量以 g 的速率积累，则单位人力资本收益将以 g 的速率下降，再考虑人力资本收益折现 ρ，可得单位人力资本折现价值为：

$$v = \int_0^\infty e^{-\rho t}(\pi e^{-gt})\,dt = \pi/(\rho + g) \tag{3-43}$$

其中，π 为单位人力资本即期收益，g 为均衡时区域人力资本存量增长率。

四、长期均衡分析

长期均衡条件下，对异质性劳动力来说，总是寻求尽可能获得最大效用的区位，人力资源空间重配决策由区域效用差异所决定。假设异质性劳动力迁移成本满足 $\chi = \gamma G(a_i)$，即异质性劳动力迁移成本与迁移系数 γ 和已迁移总人数成正比。对于西部异质性劳动力 i 而言，当其迁往东部区域所增加的效用恰好抵消其迁移成本时，迁移行为将停止。因此，当经济系统实现长期均衡时，迁移条件为：

$$\dot{s}_H = (\Delta V_H - \chi) s_H (1 - s_H) \tag{3-44}$$

设定此条件下异质性劳动力 i 的人力资本为 a_H，称为迁移临界人力资本，即西部人力资本超过 a_H 的异质性劳动力都将迁移到东部区域。根据人力资本创造部门设定，当经济系统实现均衡时，两区域人力资本成本都等于人力资本收益，均衡条件可表示为：

$$q=v/F,\ q^*=v^*/F^* \tag{3-45}$$

其中，q 表示人力资本收益与人力资本成本比率，即托宾 q 值。v 表示人力资本收益，F 表示人力资本成本，进一步可求得东部与西部人力资本增长率为：

$$g=\frac{[s_H+(1-s_H)a_H^v]bE^w}{\eta_n}-\rho \quad g^*=\frac{(1-s_H)(1-a_H^v)bE^w}{\eta_s}-\rho \tag{3-46}$$

第四节　空间经济增长理论：引入区域异质性

一、引入区域“运输成本”内生异质性

在第一节基础模型和第二节企业异质性基础上，本节考虑区域运输成本的内生异质性，引入交通运输服务部门并以完全竞争和规模收益不变为特征，利用税收收入作为投入要素来改善交通基础设施。假设对两个区域征收收入税，且税率均为 t，根据此前的定义，则东部地区和西部地区税收收入分别为 $G=taxnp_i x_i=tE$、$G^*=tE^*$。这样，总的税收收入为 $G+G^*=tE+tE^*=tE^w$，假设总税收中的一部分 $0\leqslant\beta\leqslant1$ 用于改善区际交通基础设施，而剩余 $1-\beta$ 部分用于改善东部和西部区内交通基础设施，这其中的部分 $0\leqslant\eta\leqslant1$ 用于改善东部区内交通基础设施，而 $1-\eta$ 部分用于改善西部区内交通基础设施。为了简单起见，假设生产技术与本地厂商技术相同，对东部地区区内基础设施而言，每生产一单位交通基础设施需要 a_M 单位税收收入；对西部地区区内基础设施而言，每生产一单位交通基础设施需要 a_M^* 单位税收收入；然而对于区际交通基础设施而言，假定由东部和西部联合建设，每生产一单位交通基础设施需要 $\frac{a_M+a_M^*}{2}$ 单位税收收入，

且东部和西部的建设量相等。这样，东部和西部地区区内交通基础设施投资供给量分别为 $S_I=(1-\beta)t\eta E^w/a_M$ 和 $S_I^*=(1-\beta)t(1-\eta)E^w/a_M^*$，区际交通基础设施供给量为 $S=2t\beta E^w/(a_M+a_M^*)$。设定东部地区区内运输成本 $\phi_I=\phi_{I0}(1+S_I)=\phi_{I0}(1+(1-\beta)t\eta E^w/a_M)$，西部地区区内运输成本 $\phi_I^*=\phi_{I0}^*(1+S_I^*)=\phi_{I0}^*(1+(1-\beta)(1-\eta)tE^w/a_M^*)$，区际运输成本 $\phi_0=\phi_{00}(1+S)=\phi_{00}(1+2\beta tE^w/(a_M+a_M^*))$，区间运输成本 $\phi=\phi_I\phi_0\phi_I^*$。其中，$\phi_{I0}$ 反映东部地区的初始区内运输成本，ϕ_{I0}^* 反映西部地区的初始区内运输成本，ϕ_{00} 反映初始区际运输成本（见图 3-4）。

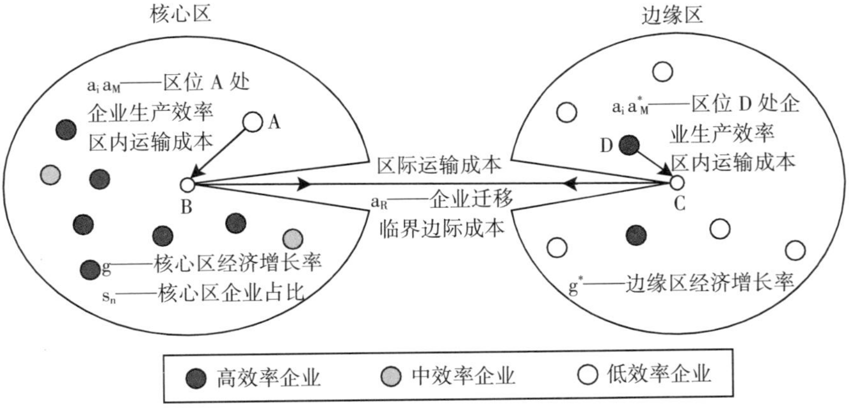

图 3-4 内生动态化“运输成本”概念示意图

资料来源：作者绘制。

由于引入了内生化“运输成本”假设条件，这使得区域收入方程和相对支出规模与第二节单纯引入异质性企业有所不同，而其他表达式基本保持不变。在上述新的假设条件下，得到区域总收入为：

$$E^w=L^w+bE^w+tE^w-\delta\left(\frac{s_k}{\phi_I s_k+\phi(1-s_k)}+\frac{1-s_k}{\phi s_k+\phi_I^*(1-s_k)}\right)-\left(g\frac{s_k}{\phi_I s_k+\phi(1-s_k)}+g^*\frac{1-s_k}{\phi s_k+\phi_I^*(1-s_k)}\right)\qquad(3-47)$$

将东部支出和全域支出相比，可得东部地区相对市场支出规模为：

$$
s_E=\left[\begin{array}{l} s_L L^w+\left(s_n bB+t\eta(1-\beta)+0.5t\beta\right)\dfrac{\left(\begin{array}{l} L^w-\delta\left(\dfrac{s_k}{\phi_I s_k+\phi(1-s_k)}+\dfrac{1-s_k}{\phi s_k+\phi_I^*(1-s_k)}\right)\\ -\left(g\dfrac{s_k}{\phi_I s_k+\phi(1-s_k)}+g^*\dfrac{1-s_k}{\phi s_k+\phi_I^*(1-s_k)}\right)\end{array}\right)}{1-b-t}\\ -\delta\left(\dfrac{s_k}{\phi_I s_k+\phi(1-s_k)}+\dfrac{1-s_k}{\phi s_k+\phi_I^*(1-s_k)}\right)-\left(g\dfrac{s_k}{\phi_I s_k+\phi(1-s_k)}+g^*\dfrac{1-s_k}{\phi s_k+\phi_I^*(1-s_k)}\right)\end{array}\right]\Big/
$$

$$
\left(\frac{L^w-\delta\left(\dfrac{s_k}{\phi_I s_k+\phi(1-s_k)}+\dfrac{1-s_k}{\phi s_k+\phi_I^*(1-s_k)}\right)-\left(g\dfrac{s_k}{\phi_I s_k+\phi(1-s_k)}+g^*\dfrac{1-s_k}{\phi s_k+\phi_I^*(1-s_k)}\right)}{1-b-t}\right)
$$

(3-48)

二、引入区域不可贸易品异质性

（1）消费者偏好。消费者效用函数采用柯布–道格拉斯型表示，包含产业部门产品消费量 C^T 和区域不可贸易品消费量 C^{NT}①。以东部消费者为例，其效用函数表示为：

$$
U_{H,L}=A\left(C^T/\alpha_T\right)^{\alpha_T}\left(\left(q_n\left(\int_{i=0}^{n_n} C_{n\,i}^{NT\,\rho}\,di\right)+q_s\left(\int_{i=0}^{n_s} C_{s\,i}^{NT\,\rho}\,di\right)\right)^{\frac{1}{\rho}}\Big/(1-\alpha_T)\right)^{1-\alpha_T}
$$

(3-49)

其中，α_T 表示总收入中产业部门产品支出份额，$1-\alpha_T$ 表示总收入中区域不可贸易品支出份额；区域不可贸易品消费的效用函数为 CES 效用函数，q_n 和 q_s 分别表示东部和西部不可贸易品质量。C_n^{NT} 为第 i 种产品消费量，n_n 表示东部不可贸易品种类数，n_s 表示西部不可贸易品种类数；满足 $\rho=\sigma/(\sigma-1)$，σ 表示差异化服务品替代弹性，σ 越大表示单个企业的市场

① 借鉴巴拉萨–萨缪尔森效应假说，该假说认为一国的国民经济可划分为可贸易部门和不可贸易部门两大类。可贸易品指区域间的价格差异可以通过套利活动消除的商品；不可贸易品指不可移动的商品，以及套利活动交易成本无限大的商品，其区域间的价格差异不能通过套利活动消除的商品。通常来说，可贸易部门以制造业或工业为研究对象，不可贸易部门则以服务业为研究对象（Officer，1976；Halpern，Wyplosz，2001）。此外，自然禀赋，包括温湿度、绿化率、降水量、光照以及空气质量等地方生态环境也可视作不可贸易品。

垄断能力越弱。

(2) 区域不可贸易品生产。假设区域不可贸易品部门以规模报酬递增和垄断竞争为特征，生产要素为劳动力和资本，生产结构如下：

$$Y_{NT}=f(H,\ K)=H+a_sK \tag{3-50}$$

不可贸易品生产需要劳动力和 a_s 单位资本，假设劳动力的名义工资为 w_H。消费区域不可贸易品存在额外费用，这种成本主要衡量区域不可贸易品消费便捷性（旅行成本、可及性）[①]。东部消费者消费东部区内一单位公共服务品，需要支付 τ_{NTnn}（$\tau_{NTnn}\geqslant 1$）倍的费用，即面临的销售价格为 $\tau_{NTnn}\bar{p}_{NTn}$，$\bar{p}_{NTn}$ 为东部不可贸易品出厂价格，$(\tau_{NTnn}-1)\bar{p}_{NTn}$ 代表获得该服务品额外支付费用；东部消费者消费西部一单位不可贸易品面临的销售价格为 $\tau_{NTns}\bar{p}_{NTs}$，$\bar{p}_{NTs}$ 为西部不可贸易品出厂价格；西部消费者消费西部区内一单位不可贸易品面临的销售价格为 $\tau_{NTss}\bar{p}_{NTs}$；西部消费者消费东部一单位不可贸易品面临的销售价格为 $\tau_{NTns}\bar{p}_{NTn}$。

(3) 区域不可贸易品需求。对于不可贸易品而言，根据效用函数和总支出约束下效用最大化一阶条件，可得东部消费者对东部和西部不可贸易品消费量分别为：

$$C_{nn}^{NT}=\frac{(p_{nn}^{NT})^{-\sigma}(1-\alpha_T)}{(p_{nn}^{NT})^{1-\sigma}n_n+(q_n/q_s)^{-\sigma}(p_{ns}^{NT})^{1-\sigma}n_s}w_{Hn}$$

$$C_{ns}^{NT}=\frac{(p_{nn}^{NT})^{-\sigma}(1-\alpha_T)}{(q_n/q_s)^{\sigma}(p_{ns}^{NT})^{1-\sigma}n_n+(p_{ns}^{NT})^{1-\sigma}n_s}w_{Hn} \tag{3-51}$$

其中，p_{nn}^{NT}、p_{ns}^{NT} 分别表示东部消费者面对的东部和西部区域不可贸易品销售价格。同理，西部消费者对东部和西部代表性区域不可贸易品消费量分别为：

$$C_{sn}^{NT}=\frac{(p_{sn}^{NT})^{-\sigma}(1-\alpha_T)}{(q_s/q_n)^{\sigma}(p_{ss}^{NT})^{1-\sigma}n_s+(p_{sn}^{NT})^{1-\sigma}n_n}w_{Hs}$$

---

① 虽然区域不可贸易品在区域之间不可贸易，但是消费者可以选择跨区域进行不可贸易品的消费。

$$C_{ss}^{NT}=\frac{(p_{ss}^{NT})^{-\sigma}(1-\alpha_T)}{(p_{ss}^{NT})^{1-\sigma}n_s+(q_s/q_n)^{-\sigma}(p_{sn}^{NT})^{1-\sigma}n_n}w_{Hs} \tag{3-52}$$

其中，p_{sn}^{NT}、p_{ss}^{NT} 分别表示西部消费者面对的东部和西部区域不可贸易品销售价格。

在长期均衡条件下，异质性劳动力迁移决策是由微观个体自主决定的，根据前面的分析，异质性劳动力迁移前后的间接效用函数之比为 ΔV。因此，异质性劳动力在比较两区域的间接效用函数后，选择间接效用函数较大的区位，且当满足 $\Delta V=\gamma G(a_i)$ 时停止迁移，设定此条件下异质性劳动力 i 的人力资本为 a_H，称为迁移临界人力资本，即区域人力资本超过的异质性劳动力将迁移到另一区域。对于人力资本为 a_H 的人才而言，在东部与西部的间接效用函数之比为：

$$\Delta V_i\propto\eta\lambda\frac{w_{Hi}}{w_{Hi}^{*}}\left[\frac{\phi^{*}s_n q_n^{\sigma}(a_S)^{1-\sigma}+\phi(1-s_n)q_s^{\sigma}(a_S^{*})^{1-\sigma}}{\phi s_n q_n^{\sigma}(a_S)^{1-\sigma}+\phi^{*}(1-s_n)q_s^{\sigma}(a_S^{*})^{1-\sigma}}\right]^{\frac{1}{1-\sigma}} \tag{3-53}$$

为了简化设定 $a_S=a_S^{*}=1$。进一步求解临界迁移人力资本为：

$$a_H=\gamma^{-1/k}(\Delta V)^{1/k} \tag{3-54}$$

以东部为例，达到长期均衡时满足 $q=v/F=1$，代入求解出创新增长为：

$$g=bE^{w}[s_H+(1-s_H)a_H^{\upsilon}]/\eta-\rho \tag{3-55}$$

对于西部而言，达到长期均衡时满足 $q^{*}=\frac{v^{*}}{F^{*}}=1$，代入可得：

$$g^{*}=(1-s_H)(1-a_H^{\upsilon})bE^{w}/\eta^{*}-\rho \tag{3-56}$$

第五节　小结

本章旨在基于空间区位选择机制和内生增长机制，从动态和异质两个方向考虑时间维度和空间维度，构建了一个综合分析微观异质性主体之间、异质性区域之间的劳动力流动、企业迁移、知识溢出以及产业发展的动态过程，试图进一步揭示产业区位与增长的动态机制，进而提供一个产业平衡充分发展的基础理论框架。首先在局域溢出模型（LS）和知识溢出双增长模型（KSIBI）基础上，考虑区际"运输成本"和区内"运输成本"，将运输成本、消费者偏好、企业生产率、知识溢出以及要素禀赋差异纳入一个统一的分析框架之中，构建一个基于空间经济增长理论的产业平衡充分发展分析框架；其次针对传统同质性企业假设的理论局限性，引入微观企业异质性，即考虑企业在规模、产品质量、组织形式、企业家才能等方面的差异，拓展了空间经济增长理论框架；再次针对传统同质性劳动力假设的理论局限性，引入微观劳动力（消费者）异质性假设，亦即考虑消费者在偏好方面的差异，以及劳动者在技能等方面的差异，并且考虑人力资本投资机制，拓展了空间经济增长理论框架，为后续章节分析奠定了理论基础；最后针对大多研究同质性空间假定，结合中国大国特征，引入区域"运输成本"内生异质性和不可贸易品异质性，拓展了空间经济增长理论框架。

本章附录 数学推导

A.1 基础模型中有关推导

A.1.1 基准模型中消费者均衡分析

消费者效用最大化的约束条件为：

$$p_A C_A + \int_{i=0}^{n^w} p_i c_i \, di = Y \tag{A-1}$$

其中，p_A 为农产品价格，p_i 为第 i 种工业品的价格，Y 为消费者的收入。

消费者效用最大化问题需要分两步分析。第一步，对代表性消费者而言，其对某种工业品的消费量取决于：

$$\begin{cases} \min & \int_{i=0}^{n^w} p_i c_i \, di \\ \text{s.t.} & C_M = \left(\int_{i=0}^{n^w} c_i^{(\sigma-1)/\sigma} \right)^{\sigma/(\sigma-1)} \end{cases} \tag{A-2}$$

对式（3-3）进行最优化处理，并结合式（3-2）则可以得到代表性消费者对差异化工业品的需求函数为：

$$c_i = \frac{p_i^{-\sigma}}{P_M^{-\sigma}} C_M \tag{A-3}$$

其中，工业品价格指数为 $P_M = \left(\int_{i=0}^{n^w} p_i^{(1-\sigma)} \, di \right)^{1/(1-\sigma)}$。

第二步，消费者在农产品和工业品之间的选择依据效用最大化原则，即：

$$\begin{cases} \max & U = C_M^{\mu} C_A^{1-\mu} \\ \text{s.t.} & p_A C_A + p_M C_M = Y \end{cases} \tag{A-4}$$

由消费者效用最大化的一阶条件和消费者收入一定的约束条件可得代表性消费对农产品和工业品的支出为：

$$\begin{cases} C_A p_A = (1-\mu) Y \\ P_M C_M = \mu Y \end{cases} \tag{A-5}$$

消费者对农产品的消费量 $C_A = (1-\mu) Y/p_A$，对工业品的消费量 $c_i = \mu Y \frac{p_i^{-\sigma}}{P_M^{1-\sigma}}$。

价格指数方面，由农产品价格 p_A 所有工业品价格的不变替代函数形式 P_M 共同构成。价格指数的倒数被称为消费者效用指数，也被称为生活成本指数，效用指数同消费支出的乘积可以表示消费者的间接效用。

A.1.2 基准模型中价格指数计算

两个地区工业品价格不同，价格比为 $\frac{p}{p^*} = \frac{a_M}{a_M^*}$。

$$P_M^{1-\sigma} = \int_{i=0}^{n} p_i^{(1-\sigma)} \, di + \int_{j=0}^{n^*} p_j^{(1-\sigma)} \, dj = np_i^{(1-\sigma)} + n^*(\tau p_j^*)^{(1-\sigma)}$$

$$= n^{w} p^{(1-\sigma)} \left[\phi_{I} s_{n} + \phi (1 - s_{n}) \frac{(a_{M}^{*})^{(1-\sigma)}}{(a_{M})^{(1-\sigma)}} \right] \tag{A-6}$$

设 $\frac{(a_{M})^{(1-\sigma)}}{(a_{M}^{*})^{(1-\sigma)}} = \chi$、$\phi_{I} = \tau_{I}^{(1-\sigma)}$、$\phi = (\tau)^{(1-\sigma)}$，则有 $P_{M}^{1-\sigma} = n^{w} p^{(1-\sigma)} [\phi_{I} s_{n} + \phi (1 - s_{n})/\chi]$，同理西部地区价格指数为：

$$(P_{M}^{*})^{1-\sigma} = \int_{i=0}^{n} p_{i}^{*(1-\sigma)} di + \int_{j=0}^{n^{*}} p_{j}^{*(1-\sigma)} dj = n(\tau p)^{(1-\sigma)} + n^{*}(\tau_{I}^{*} p^{*})^{(1-\sigma)}$$

$$= n^{w} p^{(1-\sigma)} \left[\phi s_{n} + \phi_{I}^{*} (1 - s_{n}) \frac{(a_{M}^{*})^{(1-\sigma)}}{(a_{M})^{(1-\sigma)}} \right] = n^{w} p^{(1-\sigma)} [\phi s_{n} + \phi_{I}^{*} (1 - s_{n})/\chi] \tag{A-7}$$

A.1.3　基准模型中长期均衡条件计算①

资本价值和资本成本的对比关系决定了资本的增长与否，当资本价值大于资本成本时，资本创造的动力强劲，资本创造速度很快，最终会实现资本价值等于资本成本，资本增长维持一个稳定的速度。因此，描述资本价值和资本成本关系的“托宾 q 理论”可以作为判断长期均衡的标准。

当经济系统实现内部均衡时，两个区域都以相同的速度创造资本，两个区域的资本成本都等于资本价值，均衡条件可用如下公式表示：

$$q = \frac{v}{F} = 1,\ q^{*} = \frac{v^{*}}{F^{*}} = 1,\ 0 < s_{n} < 1 \tag{A-8}$$

当经济系统实现核心—边缘均衡时，核心区域满足资本成本等于资本价值这一资本创造条件，全域资本都集中于核心区，边缘区域则因为不满足条件而停止资本创造，核心—边缘均衡条件可用如下公式表示：

$$q = 1,\ q^{*} < 1,\ s_{n} = 1,\ 或\ q < 1,\ q^{*} = 1,\ s_{n} = 0 \tag{A-9}$$

其中，q 表示资本价值与资本成本的比率，即托宾 q 值。v 表示资本价值，F 表示资本成本。

在长期均衡条件下，资本存量的增长率 g 和资本的空间分布 s_n 保持稳定状态。由于资本存量以 g 的速率积累，资本存量的增加意味着经济中工业

---

① 资料来源：安虎森等：《新经济地理学》（第 2 版），经济科学出版社 2009 年版，第 208–209 页。

品种类变多，而单位资本的收益以 g 的速率在下降，即 $\pi(t)=\pi e^{-gt}$，$\pi^*(t)=\pi^* e^{-g^*t}$。再者，资本还面临着一个固定的折旧率，单位资本在未来仍可使用的资本量变为 $e^{-\delta t}$，另外，还要考虑资本所有者对未来收益的折现值。综上，单位资本在当期的价值可以写成：

$$v=\int_0^{\infty} e^{-\rho t}e^{-\delta t}(\pi e^{-gt})\,dt=\frac{\pi}{\rho+\delta+g} \tag{A-10}$$

同理可得：

$$v^*=\frac{\pi^*}{\rho+\delta+g^*} \tag{A-11}$$

其中，g^* 是两区域长期均衡时的资本存量的增长速度。

A.2　拓展模型中有关推导

A.2.1　拓展模型中价格指数计算

下面分别计算 P_M 和 P_M^*。两个地区工业品成本价格不同，价格比为 $\frac{p(a_i)}{p(a_i)^*}=\frac{a_M}{a_M^*}$。

$$P_M^{1-\sigma}=\int_{i=0}^{n}p_i^{(1-\sigma)}\,di+\int_{j=0}^{n^*}p_j^{(1-\sigma)}\,dj$$

$$=\left(1-\frac{1}{\sigma}\right)^{\sigma-1}\int_{a=0}^{1}(\phi_I K a^{1-\sigma}(a_M)^{(1-\sigma)}+\phi K^* a^{1-\sigma}(a_M^*)^{(1-\sigma)})\,dG[a]$$

$$=K^w\left(1-\frac{1}{\sigma}\right)^{\sigma-1}\gamma(a_M)^{(1-\sigma)}\left[\phi_I s_k+\phi(1-s_k)\frac{(a_M^*)^{(1-\sigma)}}{(a_M)^{(1-\sigma)}}\right]$$

$$=K^w\left(1-\frac{1}{\sigma}\right)^{\sigma-1}\gamma(a_M)^{(1-\sigma)}[\phi_I s_k+\phi(1-s_k)/\chi] \tag{A-12}$$

其中，$\gamma\equiv\frac{\rho}{1-\sigma+\rho}>0$，设 $\frac{(a_M)^{(1-\sigma)}}{(a_M^*)^{(1-\sigma)}}=\chi$。同理，西部地区价格指数为：

$$(P_M^*)^{1-\sigma}=\int_{i=0}^{n}p_i^{*(1-\sigma)}\,di+\int_{j=0}^{n^*}p_j^{*(1-\sigma)}\,dj$$

$$= \left(1-\frac{1}{\sigma}\right)^{\sigma-1} \int_{a=0}^{1} (\phi K a^{1-\sigma}(a_M)^{(1-\sigma)} + \phi_I^* K^* a^{1-\sigma}(a_M^*)^{(1-\sigma)})\, dG[a]$$

$$= K^w \left(1-\frac{1}{\sigma}\right)^{\sigma-1} \gamma (a_M)^{(1-\sigma)} \left[\phi s_k + \phi_I^* (1-s_k) \frac{(a_M^*)^{(1-\sigma)}}{(a_M)^{(1-\sigma)}}\right]$$

$$= K^w (a_M)^{(1-\sigma)} \left(1-\frac{1}{\sigma}\right)^{\sigma-1} \gamma [\phi s_k + \phi_I^* (1-s_k)/\chi] \tag{A-13}$$

A.2.2 拓展模型中资本收益计算

考虑东部边际成本为 a_i 的 i 企业利润为：

$$\pi(a_i) = p(a_i)x(a_i)_i/\sigma = \frac{\left(1-\frac{1}{\sigma}\right)^{-1} a_i a_M}{\sigma} \mu E^w (\gamma K^w)^{-1} \left(1-\frac{1}{\sigma}\right)^{1-\sigma} (a_M)^{(\sigma-1)}$$

$$\left[\frac{s_E \phi_I \left(1-\frac{1}{\sigma}\right)^{\sigma} (a_M)^{-\sigma}}{\phi_I s_k + \phi(1-s_k)/\chi} + \frac{s_E^* \phi \left(1-\frac{1}{\sigma}\right)^{\sigma} (a_M)^{-\sigma}}{\phi s_k + \phi_I^* (1-s_k)/\chi}\right] a_i^{-\sigma}$$

$$= \frac{\mu E^w}{\sigma\gamma K^w} \left[\frac{s_E \phi_I}{\phi_I s_k + \phi(1-s_k)/\chi} + \frac{s_E^* \phi}{\phi s_k + \phi_I^* (1-s_k)/\chi}\right] a_i^{1-\sigma} \tag{A-14}$$

同理，西部边际成本为 a_i 的 i 企业利润也可以推导出：

$$\pi(a_i)^* = p(a_i)^* x(a_i)_i/\sigma = \frac{\left(1-\frac{1}{\sigma}\right)^{-1} a_i a_M}{\sigma} \mu E^w (\gamma K^w)^{-1} \left(1-\frac{1}{\sigma}\right)^{1-\sigma} (a_M)^{(\sigma-1)}$$

$$\left[\frac{s_E \phi \left(1-\frac{1}{\sigma}\right)^{\sigma} (a_M^*)^{-\sigma}}{\phi_I s_k + \phi(1-s_k)/\chi} + \frac{s_E^* \phi_I^* \left(1-\frac{1}{\sigma}\right)^{\sigma} (a_M^*)^{-\sigma}}{\phi s_k + \phi_I^* (1-s_k)/\chi}\right] a_i^{-\sigma}$$

$$= \frac{\mu E^w}{\sigma\gamma K^w \chi} \left[\frac{s_E \phi}{\phi_I s_k + \phi(1-s_k)/\chi} + \frac{s_E^* \phi_I^*}{\phi s_k + \phi_I^* (1-s_k)/\chi}\right] a_i^{1-\sigma} \tag{A-15}$$

A.2.3 拓展模型中长期均衡条件下价格指数计算

在此情形下，东部地区的价格指数为：

$$P_M^{1-\sigma} = \int_{i=0}^{n} p_i^{(1-\sigma)}\, di + \int_{j=0}^{n^*} p_j^{(1-\sigma)}\, dj$$

$$= \left(1-\frac{1}{\sigma}\right)^{\sigma-1} \left(\int_{a=0}^{1} \phi_I K a^{1-\sigma} (a_M)^{(1-\sigma)} dG[a] + \int_{a=0}^{a_R} \phi_I K^* a^{1-\sigma} (a_M)^{(1-\sigma)}\right.$$

$$dG[a]+\int_{a=a_R}^{1}\phi K^{*}a^{1-\sigma}(a_M^{*})^{(1-\sigma)}dG[a]\Big)$$

$$=K^{w}\left(1-\frac{1}{\sigma}\right)^{\sigma-1}\gamma(a_M)^{(1-\sigma)}[\phi_I s_k+\phi_I(1-s_k)a_R^{\upsilon}+\phi(1-s_k)(1-a_R^{\upsilon})/\chi]$$

(A-16)

其中，$\upsilon\equiv 1-\sigma+\rho>0$，同理，西部地区的价格指数为：

$$(P_M^{*})^{1-\sigma}=\int_{i=0}^{n}p_i^{*(1-\sigma)}di+\int_{j=0}^{n^{*}}p_j^{*(1-\sigma)}dj$$

$$=\left(1-\frac{1}{\sigma}\right)^{\sigma-1}\Big(\int_{a=0}^{1}\phi Ka^{1-\sigma}(a_M)^{(1-\sigma)}dG[a]+\int_{a=0}^{a_R}\phi K^{*}a^{1-\sigma}(a_M)^{(1-\sigma)}$$

$$dG[a]+\int_{a=a_R}^{1}\phi_I^{*}K^{*}a^{1-\sigma}(a_M^{*})^{(1-\sigma)}dG[a]\Big)$$

$$=K^{w}\left(1-\frac{1}{\sigma}\right)^{\sigma-1}\gamma(a_M)^{(1-\sigma)}[\phi s_k+\phi(1-s_k)a_R^{\upsilon}+\phi_I^{*}(1-s_k)(1-a_R^{\upsilon})/\chi]$$

(A-17)

A.2.4　拓展模型中长期均衡条件下迁移临界边际成本计算

分别设定：

$$\Delta=[\phi_I s_k\chi+\phi_I(1-s_k)a_R^{\upsilon}\chi+\phi(1-s_k)(1-a_R^{\upsilon})] \tag{A-18}$$

$$\Delta^{*}=[\phi s_k\chi+\phi(1-s_k)a_R^{\upsilon}\chi+\phi_I^{*}(1-s_k)(1-a_R^{\upsilon})] \tag{A-19}$$

由此可得到边际成本为 a_R 的东部 i 企业与西部 j 企业产量分别为 $x(a_R)_i$ 和 $x(a_R)_j$，参照前面计算方法可以得到边际成本为 a_R 的东部 i 企业与西部j 企业资本收益分别为 $\pi(a_R)$ 和 $\pi(a_R)^{*}$，由 $\pi(a_R)=\pi(a_R)^{*}$，可得 $B=B^{*}$，即：

$$\left(\phi_I\frac{s_E}{\Delta}+\phi\frac{1-s_E}{\Delta^{*}}\right)\chi=\phi\frac{s_E}{\Delta}+\phi_I^{*}\frac{1-s_E}{\Delta^{*}} \tag{A-20}$$

求解可得：

$$a_R^{\upsilon}=\frac{(\phi_I\chi+\phi)s_E(\phi s_k\chi+\phi_I^{*}(1-s_k))-(\phi_I^{*}-\phi\chi)(1-s_E)(\phi_I s_k\chi+\phi(1-s_k))}{(\phi_I^{*}-\phi\chi)(1-s_E)(\phi_I\chi-\phi)(1-s_k)-(\phi_I\chi-\phi)s_E(\phi\chi-\phi_I^{*})(1-s_k)}$$

(A-21)

第四章　产业平衡充分发展：理论路径

第一节　交通一体化与产业平衡充分发展

交通基础设施对产业区位与增长的影响研究由来已久，传统区位理论就十分强调运输成本对经济活动空间分布的作用，认为交通运输费是影响空间区位选择和要素流动的决定性因素。主流经济学更是将运输成本的降低看作是经济长期增长的源泉，认为运输成本的降低有助于促进生产要素和产品在区域之间的流动，提高要素的配置效率，提高企业生产效率，同时还有助于加速知识、技术的溢出，最终能够促进经济增长。然而，这些研究都是以规模收益不变和完全竞争为前提的，一方面由于缺乏处理规模收益递增和不完全竞争的技术工具；另一方面由于缺乏空间结构形成的微观基础和内在机制，运输成本就始终未能纳入主流经济学研究框架。直到1977年D-S框架的出现提供了一个处理运输成本和报酬递增的崭新工具，从而为运输成本纳入主流经济学框架奠定了理论基础，从此运输成本就成了空间经济学理论的三大基石之一，被视为分析产业空间区位与增长的核心变量。

一、交通一体化影响产业区位与增长研究

（一）交通一体化程度影响产业区位分析

通过基础理论框架可以看出，交通一体化程度——“运输成本”对于产业区位影响至关重要，因此在空间经济学模型中具有核心作用，这也使得很多空间集聚研究都是围绕运输成本的变化进行的。以 C-P 模型为例，该模型认为经济活动最终区位格局的形成是由“集聚力”和“分散力”两股力量共同决定的。即使两个区域初始条件完全相同且不存在外力作用，经济系统的内生力量会使区域演化分异，形成核心—边缘结构。演化过程的关键在于“运输成本”的变化，当“运输成本”较高时，产业和要素呈分散布局；在中等水平的“运输成本”条件下，产业和要素向两个区域中的某一个区域集中；当“运输成本”很低时，产业和要素倾向于分散分布（见图 4-1）。

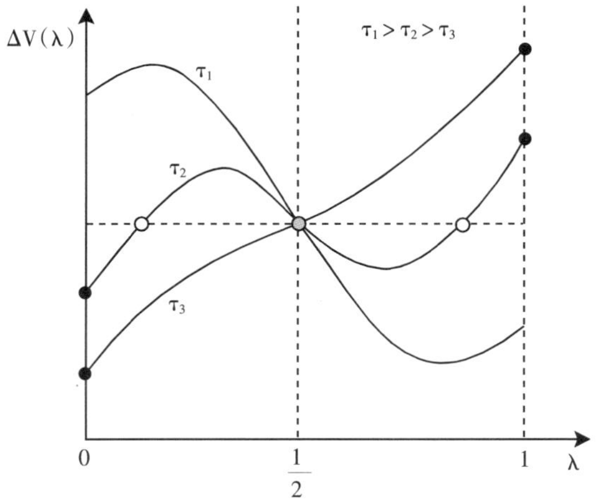

图 4-1　C-P 模型中“运输成本”对产业区位选择影响示意图

资料来源：陈涵波：《基于异质性企业的城市空间结构研究》，博士学位论文，北京大学，2015 年，第 19 页。

核心—边缘垂直联系模型中“运输成本”对产业区位选择影响如图4-2所示。左图中横轴代表东部地区的支出份额 s_E，纵轴代表东部地区的产业份额 s_n，虚线 EE_0 代表运输成本极高时的均衡点，实线 EE 代表运输成本较低时的均衡点，虚线 nn_0 代表运输成本极高时的资本运动标准线，实线 nn 代表运输成本较低时的资本运动标准线，均衡点和资本运动标准线的交点就是对应“运输成本”的均衡点。通过比较两组曲线，随着运输成本的降低，EE 曲线绕中心点顺时针旋转，而 nn 曲线绕中心点逆时针旋转。更重要的是，当运输成本很高时，EE_0 和 nn_0 的交点中心点是稳定的，即存在对称的稳定均衡；当运输成本降低时，EE 和 nn 的交点中心点是不稳定的，根据资本流动方向，核心—边缘均衡是长期稳定的。当然在一定的运输成本范围内，存在多重均衡，右图的战斧图也说明了这一点。

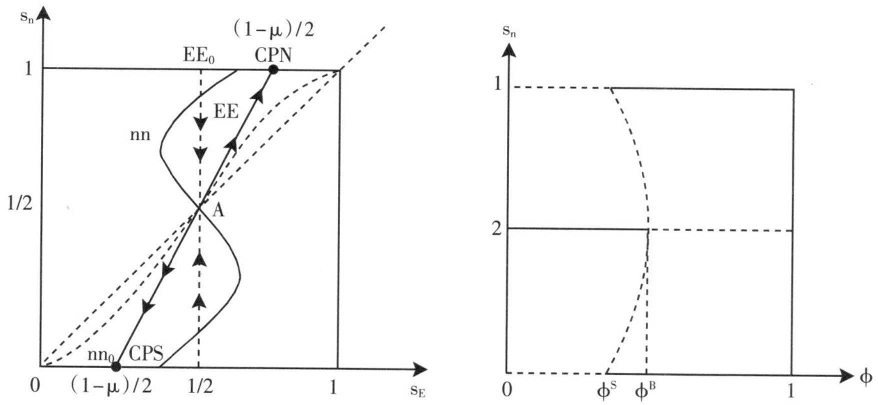

图 4-2　CPVL 模型中“运输成本”对产业区位选择影响示意图

资料来源：Richard Baldwin，Rikard Forslid，Philippe Martin，Gianmarco Otaviano and Frederic Robert-Nicoud，*Economic Geography and Public Policy*，Princeton University Press，2003，p.199.

通过上述分析，可以看出运输成本是产业区位选择的核心因素，随着运输成本的变化，产业空间结构呈现不同的均衡状态，而且在同质性假设下这种均衡状态是一瞬间就完成的，所有企业实现同步转移。

（二）交通一体化程度影响产业增长分析

在空间经济学框架下，研究运输成本对经济增长的模型主要有 GS 模型、LS 模型、KSDIM 模型以及有关拓展研究等。GS 模型首次引入内生经济增长，但其假设资本在空间不能流动，溢出没有区位差异，这样得到的对称均衡情形时的长期经济增长率为：

$$g = bL^{w} - (1-b)\rho - \delta \quad b = \mu/\sigma \tag{4-1}$$

其中，μ 表示消费者收入中对工业品的支出份额，σ 表示工业品之间的替代弹性，ρ 表示消费者的时间偏好率，L^{w} 表示全社会的劳动力总量，δ 表示资本折旧率。

从式（4-1）可以看出，GS 模型中运输成本对长期经济增长率并没有影响，这也就在一定程度上影响了模型的现实意义。为了解决这个问题，LS 模型考虑了资本的区位差异性，同样假设资本在空间不能流动，这样对称均衡情形时的长期经济增长率为：

$$g = \frac{b(1+\lambda)}{2}L^{w} - (1-b)\rho - \delta \tag{4-2}$$

尽管与 GS 模型相比，LS 模型中知识在空间传播的自由度 λ 还会影响长期经济增长，但依旧没有体现出运输成本对经济增长的影响。鉴于此，KSDIM 模型做了进一步研究，模型将 λ 进行了内生化拓展，以贸易自由度作为区际经济联系频度的指标，并将其引入到资本创造成本和产品生产率，进而实现了知识的溢出效应内生化，这样得到对称长期均衡下经济增长率为：

$$g = \frac{bL^{w}(3+\phi)}{4} - (1-b)\rho - \delta \tag{4-3}$$

因此，KSDIM 模型的经济增长率与运输成本呈正相关关系，并且经济增长率同集聚程度正相关，聚集程度越高经济增长就越快。同时，集聚度低的区域同集聚度高的区域相比，降低运输成本更有利于集聚度低的区域加快经济增长。由此可见，新经济地理学模型在不断尝试构建分析运输成本影响经济增长的框架，并已经有了初步的成果。尽管如此，大多数模型中运输成本是外生给定的，这样的假设没有考虑到实际运输成本的决定因素。因此，如何在内生化运输成本条件下，将时间维度上的经济增长与空间维度上的空间区位选择纳入一个统一的框架中，研究交通一体化程度对产业平衡发展的影响就成了理论前沿。

二、交通政策影响产业平衡充分发展分析

政府采取的区域交通政策主要包括区际一体化政策和区内一体化政策两类。由于内生化模型存在反馈机制，难以求得固定的显性解，最佳选择是运用系统论的方法来进行动态模拟，因此，在引入区域“运输成本”内生异质性基础上，下面将基于内生化“运输成本”条件下的空间经济增长模型构建区域交通一体化政策模拟平台（见附录图 B-1、B-2），并分别进行区际一体化政策条件和区内交通一体化政策条件下的模拟分析，着重探讨交通一体化政策分别对企业迁移、东部地区产业增长速度、西部地区产业增长速度等影响关系。结合现实情况作以下参数设定，除特别说明外，设定初始区际贸易成本为 $\phi_{00}=0.3$，东部地区的初始区内贸易成本为 $\phi_{I0}=0.5$，西部地区的初始区内贸易成本为 $\phi^*_{I0}=0.25$，区内投资比例为 $\eta=0.5$，区际投资比例为 $\beta=0.5$，税率 $t=0.05$，东西部初始资本禀赋比为 $s_k=0.7$，东西部初始劳动禀赋比为 $s_L=0.7$，工业品消费份额为 $\mu=0.8$，产品间替代弹性为 $\sigma=3$，资本折旧率为 $\delta=0.01$，资本收益折现率为 $\rho=0.1$，初始劳动力总禀赋为 $L^w=1$。

（一）区际交通政策影响产业区位与增长分析

基于上述均衡分析理论，区际一体化政策分析主要研究区际基础设施对企业迁移临界边际成本、东部地区产业增长速度以及西部地区产业增长速度的影响。从图 4-3 可以看出，较好的区际运输条件将会使企业迁移临界边际成本呈倒 U 形右侧递减趋势，也就是会提高西部地区企业迁往东部地区的条件；同时会降低东部地区产业增长速度并呈 U 形左侧递减趋势，而会使西部地区产业增长速度呈倒 U 形左侧递增趋势，进而会让东部地区相对支出规模以及名义 GDP 份额呈 U 形左侧递减趋势，缩小区域发展差距。税率的增加会让企业迁移临界边际成本及两区域增长速度等四

条滚摆线上移。总而言之，区际交通一体化程度的提高有助于促进产业平衡发展，缩小区域间产业发展差异。

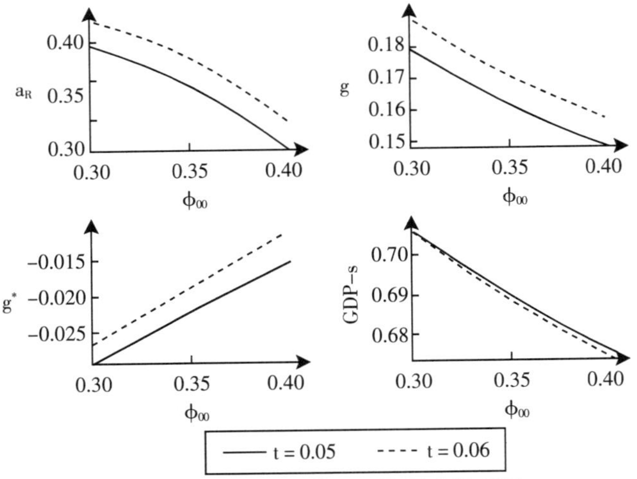

图 4-3　区际交通基础设施影响关系图

资料来源：作者绘制。

（二）区内交通政策影响产业区位与增长分析

下面分析区内一体化政策条件的影响，设定 $\eta \in [0.5, 0.6]$。从图 4-4 可以看出，随着东部地区区内投资比例的提高，企业迁移临界边际成本和西部地区产业增长速度均呈递减趋势，东部地区产业增长速度以及东部地区名义 GDP 份额呈递增趋势。与之相反，加大对西部地区区内基础设施的投资力度，会降低企业迁移条件，提高西部地区产业增长速度，同时会降低东部地区产业增长速度，进而缩小区域差异，税率的增加会让四条线上移。这就说明，提高本地区区内交通一体化水平有助于本地区产业增长。

命题 4-1： 区际交通一体化水平的提高有助于缩小区域产业发展差异，促进产业平衡充分发展；区内交通一体化水平的提高有助于促进本区域产业发展。

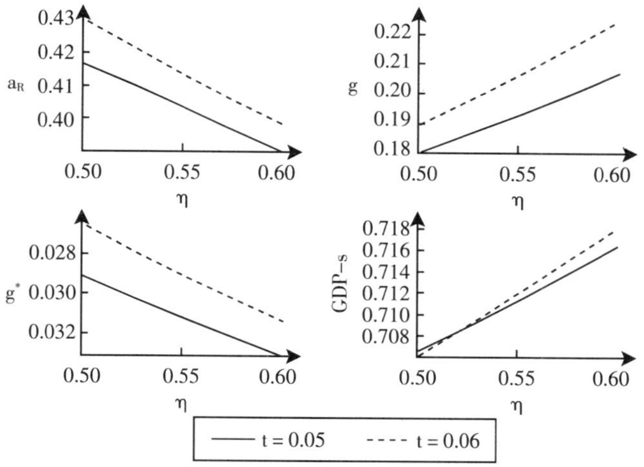

图 4-4　区内交通基础设施投资比例影响关系图

资料来源：作者绘制。

第二节　市场一体化与产业平衡充分发展

基础模型和引入企业异质性的理论结果表明市场一体化对企业迁移和产业区位具有重要影响作用，因此，市场一体化对于产业平衡充分发展至关重要。中央政府宏观区域政策的战略举措之一就是采取一体化发展方法，中国地方保护、市场分割、区域分工滞后的现象也不同程度地存在，要提高经济效益、促进经济高质量发展，根本性的区域方法在于逐步完善和发挥全国统一市场的作用，推动全国范围内的市场一体化。郑长德（2012）指出降低地区间的交易成本和降低地区内部交易成本具有不同影响，前者会提高发达地区的产业集聚度，对不发达地区不利，而后者会促进不发达地区内部经济一体化，有利于不发达地区的发展。金祥荣（2012）等研究发现改善落后地区的基础设施和改善两地间的基础设施都能提高落后地区的绝对福利水平，但当发达地区初始的基础设施水平高于落后地区时，两地间基础设施的改善会扩大地区间的实际收入差距。现实中，市场一体化、比较优势、规模报酬递增对微观异质性企业的空间区位选择和动态增长的作用是协同融合的，王岚（2013）等认为比较优势、规模经济和贸易成本是影响企业生产区位的重要因素，中国目前所处的国际分工地位是在现有贸易成本条件下比较优势和规模经济相互作用的均衡结果，但是该研究未考虑市场一体化的非对称性和差异化问题。为此，本节在引入微观异质性企业和差异化区际区内市场一体化的基础上，将比较优势、规模报酬递增、运输成本等纳入统一框架，进而剖析市场一体化对产业区位和产业增长的影响机制。

一、市场一体化影响产业区位分析

下面具体分析市场一体化程度对企业迁移和产业区位的影响。在假设初始区域市场规模对称的情形下，在考虑区际市场一体化程度影响产业区位时，首先将式（3-33）对 ϕ 求导，可得区际市场一体化程度对企业区位的边际影响，即：

$$\partial(a_R)/\partial\phi \propto \chi(\phi_I\chi^2-\phi_I^*)(\phi_I\phi_I^*-\phi^2)/(\phi-\phi_I\chi)^2(\phi_I^*-\phi\chi)^2 \tag{4-4}$$

由式（4-4）可得，分子中（$\phi_I^*-\phi_I\chi^2$）衡量的是区内一体化程度和劳动力成本优势对企业区位的影响，（$\phi_I\phi_I^*-\phi^2$）衡量的是区内、区际一体化程度的综合影响，将 $\phi_I\phi_I^*$ 称为“区内一体化效应”，将 ϕ^2 称为“区际一体化效应”。当 $\phi=\sqrt{\phi_I\phi_I^*}$ 或 $\chi=\sqrt{\phi_I^*/\phi_I}$ 时，此时满足 $\partial(a_R)/\partial\phi=0$，我们称此条件为“企业迁移临界性条件”。这意味着，当异质性企业面临东部和西部劳动成本优势与区内一体化程度效应满足此关系时，异质性企业空间区位分布趋于稳定状态。

$$\begin{cases}\partial(a_R)/\partial\phi>0,\ \partial s_n/\partial\phi>0 & \phi_I\phi_I^*>\phi^2 \quad \chi>\sqrt{\phi_I^*/\phi_I}\\ \partial(a_R)/\partial\phi=0,\ \partial s_n/\partial\phi=0 & \phi_I\phi_I^*>\phi^2 \quad \chi=\sqrt{\phi_I^*/\phi_I}\\ \partial(a_R)/\partial\phi<0,\ \partial s_n/\partial\phi<0 & \phi_I\phi_I^*>\phi^2 \quad \chi<\sqrt{\phi_I^*/\phi_I}\end{cases} \tag{4-5}$$

从式（4-5）可以看出，当 $\phi_I\phi_I^*>\phi^2$，即“区内一体化效应”大于

"区际一体化效应"时，随着区际一体化效应 ϕ 的增大，更多异质性企业选择具有劳动力成本优势的区域，这是因为随着区际一体化效应的增加，异质性企业更加注重成本优势。这一结论有力地阐释了 20 世纪 50 年代以来，全球范围内经历的 3 次大规模的产业转移，全球制造业中心从美国等发达经济体逐步转向日本和德国，再从日本和德国转向中国东部地区，推动中国成为"世界工厂"，这一转移历程的规律就是劳动密集型制造业率先转移，从经济发达、劳动力成本较高的地区向欠发达、劳动力成本较低的地区转移。

在区域市场规模对称情形下，将式（3-33）分别对 ϕ_I 和 ϕ_I^* 求导，可得：

$$\partial(a_R)/\partial\phi_I \propto \phi\chi/(\phi-\phi_I\chi)^2 \quad \partial(a_R)/\partial\phi_I^* \propto -\phi\chi/(\phi_I^*-\phi\chi)^2 \tag{4-6}$$

不难看出，$\partial(a_R)/\partial\phi_I>0$，$\partial(a_R)/\partial\phi_I^*<0$，这意味着东部地区区内市场一体化程度的提高会吸引更多的异质性企业选择该区域，而改善西部地区区内市场一体化程度则有利于吸引更多异质性企业选择西部地区。进一步地，$\partial(s_n)/\partial\phi_I>0$，表明东部区内市场一体化程度提高会扩大东部区域产业规模；$\partial(s_n)/\partial\phi_I^*<0$，表明西部区内市场一体化程度提高则有利于产业更多布局在西部区域。显然这能够解释改革开放以来中国产业空间重构历程。自改革开放至 21 世纪初，随着商品市场地理分割的打破、生产要素的自由流动和全球化进程的不断推进，在区域地理特征和禀赋资源的支配下，中国产业发展总体上呈现出"东强西弱、南升北降"的特点。近年来，随着中西部地区交通网络的日益通达和市场化体系的完善，加之东部地区用工成本攀升和产业转型升级的迫切需要，东部地区传统产业区位优势逐渐降低，中西部地区大量承接东部的产业迁移，产业重新布局与空间重构正在积极上演。

命题 4-2：在"区内一体化效应"大于"区际一体化效应"的情况下，随着区际一体化程度的增加，更多异质性企业选择布局到具有劳动力成本优势的区位；提高区内一体化程度会促使企业更多地迁至本区域。

根据命题 4-2，改善区内一体化程度有助于吸引更多企业选择本区域。为验证这一命题，取 χ 分别为 1 和 1.01，并设定 $\phi_I^*\in[0.7,\ 0.9]$，模拟结果见图 4–5[①]。可见，随着西部地区市场一体化程度的提升，东部地区异质性企业逐步回流西部地区，因此东部地区产业份额逐步降低，而西部地区产业份额则相应提高。在其他条件相同的情况下，若东部地区更具劳动力比较优势则会在一定程度上抑制企业内迁，当然，若西部地区更具劳动力比较优势则会进一步促进企业内迁。

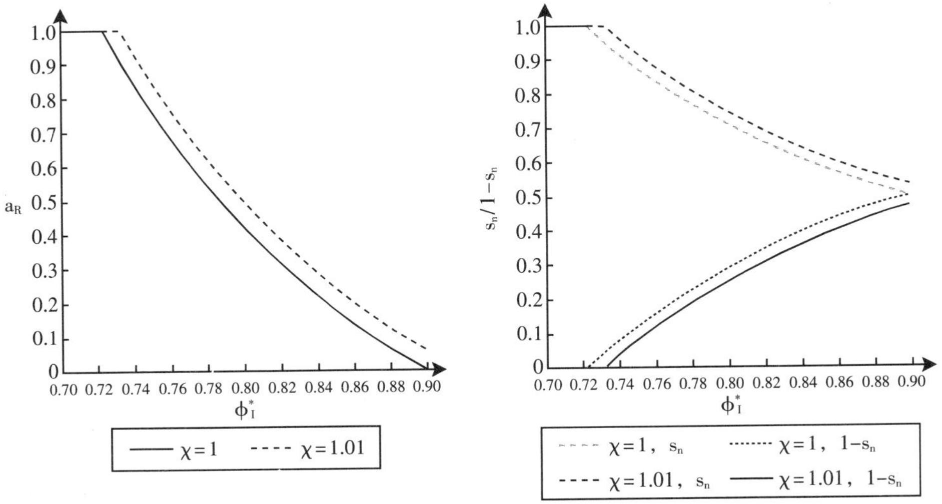

图 4–5　区内一体化程度与产业区位关系图

资料来源：作者绘制。

在其他变量不变的情况下，令 χ 分别为 1 和 1.01，并设定 φ∈[0.1，0.9)，模拟结果见图 4–6。可见，当东部地区更具比较优势时，随着区际一体化条件的提升，西部企业不断迁至东部，在此过程中，东部地区产业份额相应增加，而西部地区产业份额则相应减少；当两区域区内一体化程度相同时，区际一体化程度的提升并不改变企业的区位分布，即产业区位呈现稳定分布态势。同理，当西部地区更具劳动力成本比较优势时，随着

① 本节参数校准主要参考陈晓佳和安虎森（2018）、颜银根（2012）研究中的相关方法，设定产品间替代弹性、东部区内贸易自由度、西部区内贸易自由度、区际贸易自由度、劳动力比较优势、区域市场规模优势。除专门设定外，模型参数以校准参数设定。需要说明的是，在本节理论假设条件下，模型参数设定并不影响结论。

区际一体化条件的提升，东部企业不断迁至西部地区。显然，模拟结果支持命题 4-2 的结论。

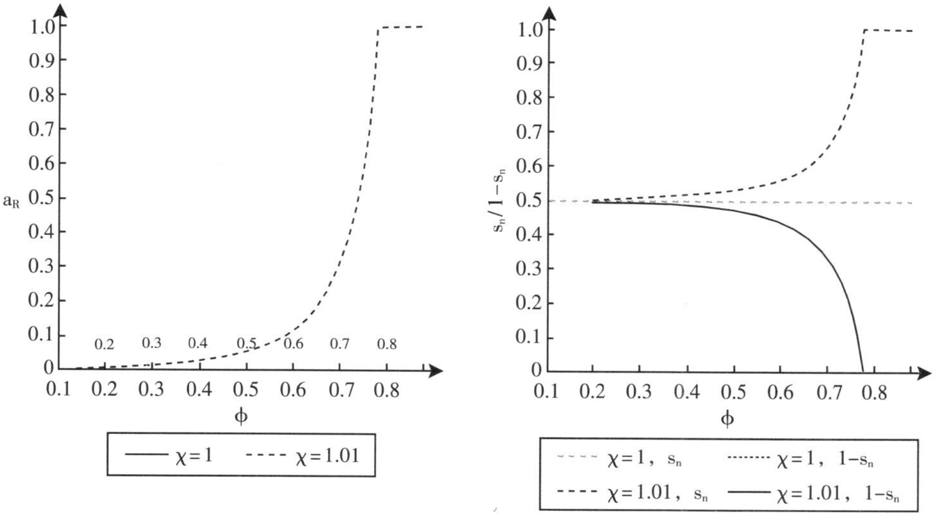

图 4-6　区际一体化程度与产业区位关系图

资料来源：作者绘制。

二、市场一体化影响产业创新增长分析

下面进一步分析市场一体化程度对产业增长的影响。在假设初始区域市场规模对称情形下，首先分析产品市场一体化程度对产业增长的影响，将式（3-38）和式（3-39）求导，可得$\partial g/\partial \phi > 0$，$\partial g^*/\partial \phi < 0$；$\partial g/\partial \phi^* < 0$，$\partial g^*/\partial \phi^* > 0$，这表明产品市场一体化程度越高的区域，产业创新增长率越高。正因如此，国家《"十三五"国家科技创新规划》明确指出要统筹推进高效协同的国家创新体系建设，促进各类创新主体协同互动、创新要素顺畅流动高效配置，形成创新驱动发展的实践载体、制度安排和环境保障。

命题 4-3：市场一体化程度越高的区域，越能吸引高效率企业，进而促进该区域产业创新增长率提高。

为了进一步验证命题 4-3，结合理论模型进行数值模拟分析①。在其他变量不变的情况下，令 μ 分别为 0.7 和 0.8，分别设定 $\phi \in [0.9, 0.91]$、$\phi^* \in [0.9, 0.91]$，模拟结果见图 4-7。可见，本地市场一体化程度的提高有利于本地创新增长，模拟结果有效验证了命题 4-3。

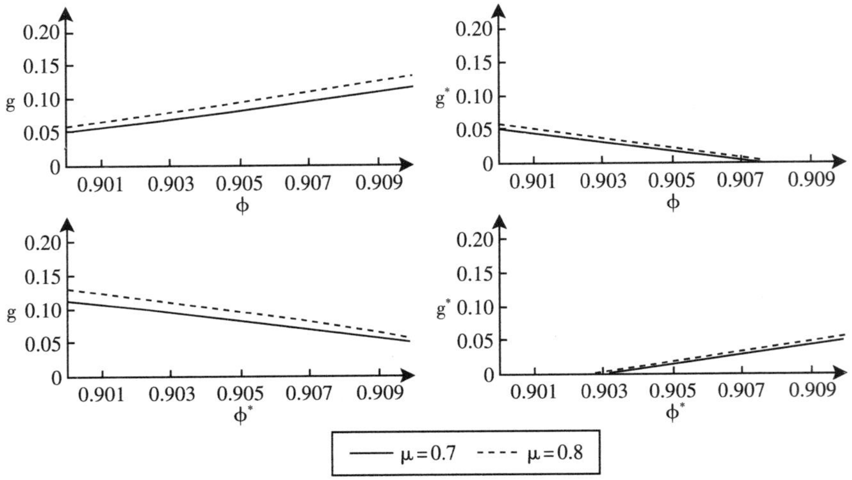

图 4-7　市场一体化与创新增长关系图

资料来源：作者绘制。

接着分析创新一体化程度对产业区位和产业增长的影响，将式（3-38）和式（3-39）对 λ 求导，可得 $\partial g/\partial\lambda > 0$，$\partial g^*/\partial\lambda < 0$，这表明随着创新一体化程度的提高，东部的产业创新增长率不断提高，而西部的产业创新增长率则不断降低。这意味着知识和技术溢出程度越高，越有利于高技术产业创新增长。显然，在这样的逻辑下，近期由美国主导的贸易保护主义抬头，经济逆全球化态势将会不利于知识和技术溢出，不利于中国高技术产业创新发展。知识产权行业作为美国的优势行业，相较于货物贸易巨大逆差，知识产权贸易是其外贸盈余的主要来源，直接影响美国的经济利

① 模拟参数基本设定如下（除特别说明外）：产品间替代弹性为 $\sigma = 3$，东部抵达西部的贸易自由度为 $\phi = 0.9$，西部抵达东部的贸易自由度为 $\phi^* = 0.9$，劳动力比较优势为 $c = 1$，资本比较优势为 $s_k = 0.5$。参数校准主要参考陈晓佳和安虎森（2018）研究中的相关方法。

益，美国对知识产权的保护尤其重视也有其利益价值的原因。2016 年美国知识产权出口 1244 亿美元（对华 79 亿美元，占比仅为 6.3%），进口 444 亿美元，顺差 800 亿美元，其中对华知识产权顺差为 74 亿美元，占比为 9.3%。因此，中国必须要强化自主知识产权研发，促进学科、行业、区域之间的知识溢出。

命题 4-4：创新一体化程度越高，产业创新增长率越高。

第三节 比较优势与产业平衡充分发展

自从大卫·李嘉图在其代表作《政治经济学及赋税原理》中提出比较优势以来，比较优势理论对于产业区位与增长的影响的研究一直不断。其中主要理论观点是，贸易的基础是生产技术的相对差别以及由此产生的相对成本的差别，每个国家都应根据“两利相权取其重，两弊相权取其轻”的原则，集中生产并出口其具有“比较优势”的产品，进口其具有“比较劣势”的产品，由此比较优势在产业地理格局变化过程中就发挥着关键作用。诸多实证研究也检验了这一影响机制，李超（2011）等发现产业空间分布主要取决于要素丰裕程度，要素禀赋和溢出效应的区域差异在很大程度上能够解释产业空间分布不均的现象；贺灿飞和谢秀珍（2006）发现经济全球化、比较优势和规模经济等导致产业地理集中；李燕和贺灿飞（2013）通过实证分析珠三角制造业的空间迁移机制，发现在考虑产业异质性和空间异质性时，要素比较优势、产业特征和区域特征都会影响制造业空间转移。一些研究也注意到比较优势、要素禀赋和市场一体化条件对产业区位的综合影响，发现贸易自由度增加有利于产业向要素禀赋丰富和具有比较优势的国家转移，且要素禀赋优势和比较优势在不同贸易自由度水平下作用强度不同（刘军辉等，2018）；陈晓佳和安虎森（2018）分析了比较优势、贸易自由度和市场份额对产业份额的影响。因此，本节在考虑区际、区内市场一体化基础上，着重探讨劳动力成本优势与资本比较优势对产业平衡充分发展的影响。

一、比较优势影响产业区位分析

在考虑差异化区内一体化程度和区际一体化程度的情况下，劳动力成本优势对产业区位的影响机制是非常复杂的，不能一概而论。这里作进一步简化分析，即假设两区域区内一体化程度很高，设定 $\phi_I = \phi_I^* = 1$，将式（3-33）对 χ 求导，得到：

$$\partial(a_R)/\partial\chi \propto \phi((\phi\chi - 1)^2 + (\chi - \phi)^2)/(\phi - \chi)^2(1 - \phi\chi)^2 \tag{4-7}$$

从式（4-7）可以看出，在仅考虑区际一体化程度的情况下，劳动力成本优势对异质性企业迁移的边际影响恒为正，即异质性企业总是倾向于迁移到具有劳动力比较优势的区位。这也能够解释近年来中国制造业面临的“内移”“外迁”境遇。伴随着人口结构变化，中国劳动力成本快速上涨，劳动密集型产业的比较优势逐步削弱，中国区域之间发生了显著的产业转移现象，一些制造业企业逐步从东部地区向劳动力和能源成本较低的中西部地区转移，形成了环环相扣的产业转移“雁行矩阵”。此外，劳动力优势的逐步消失也驱使一些低端制造业向东南亚等地区陆续转移。

资本比较优势也会对异质性企业收益产生影响，进而影响异质性企业空间流动方向，但其作用机制需要进一步分析。在 $s_E = s_k$ 的情况下，将式（3-33）对 s_k 求导得到：

$$\partial(a_R)/\partial s_k \propto \phi\chi/(\phi_I^* - \phi\chi)(s_k - 1)^2 \tag{4-8}$$

根据式（4-8），可得 $\partial(a_R)/\partial s_k > 0$、$\partial(s_n)/\partial s_k > 0$。显然，区域资本优势与产业规模成正比。这也就不难理解改革开放以来，外商直接投资的不断流入，对中国产业空间区位的变动产生了重大的影响。也正基于此，2018 年中央政治局会议提出了“稳外资”，2019 年政府工作报告强调要“加大吸引外资的力度”，并通过了《中华人民共和国外商投资法》，将为新形势下进一步扩大对外开放、积极有效地稳外资，提供更加有力的制度保障。

命题 4-5：劳动力比较优势和资本比较优势的提高均有助于提高本区域企业收益，降低异质性企业迁移门槛，吸引更多高效率企业迁入。

考虑到理论机制的复杂性，下面通过数值模拟直观验证分析结论。根据命题 4-5，劳动力比较优势和资本比较优势均有利于吸引异质性企业迁入。取 ϕ_I^* 分别为 0.8 和 0.9，并设定 $\chi \in [1, 1.5]$，模拟结果见图 4-8（左图），令 ϕ 分别为 0.5 和 0.6，并设定 $\chi \in [1, 1.5]$，模拟结果见图 4-8（右图）。

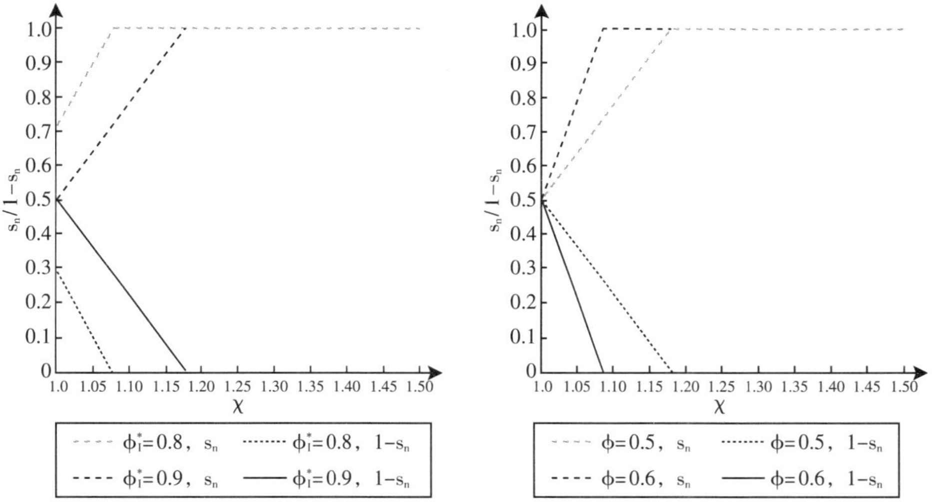

图 4-8　劳动力比较优势与产业区位关系图

资料来源：作者绘制。

从结果来看，随着 χ 的增大，也就是随着东部地区劳动力比较优势的增加，企业选择东部区域收益更高，异质性企业迁移门槛逐渐降低。这说明当提高东部区域劳动力成本比较优势时，会有更多企业迁往东部，并且较高的区际一体化程度会强化这一迁移决策。当然，当改善西部地区劳动力比较优势时，会有更多的企业迁往西部地区，并且较高的西部地区区内一体化程度会更加强化这一迁移决策。显然，保持区域劳动力成本优势无疑是吸引企业有益的政策选择。

在其他变量不变情况下，令 ϕ_I^* 分别为 0.8 和 0.9，并设定 $s_k \in [0.5, 1]$，模拟结果见图 4-9（左图），令 ϕ 分别为 0.5 和 0.6，并设定 $s_k \in [0.5, 1]$，模拟结果见图 4-9（右图）。

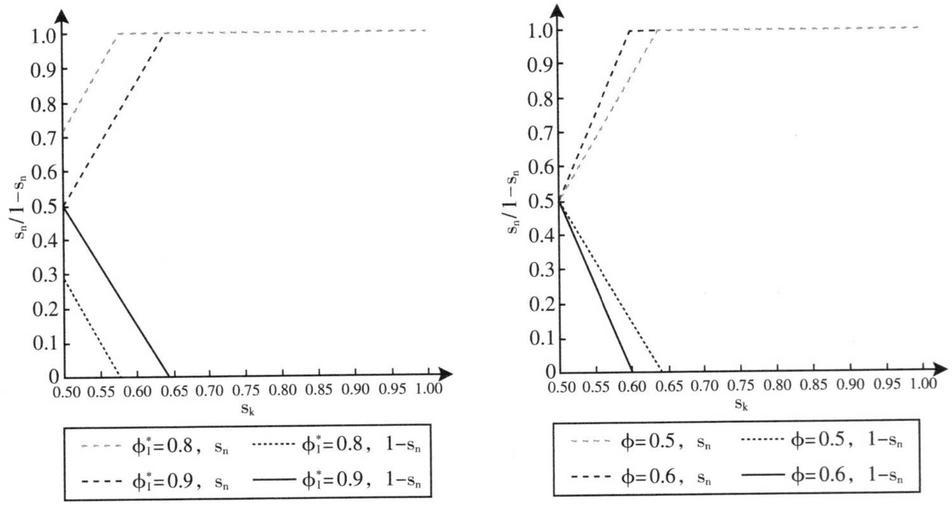

图 4-9 资本比较优势与产业区位关系图

资料来源：作者绘制。

从图 4-9 可以看出，随着资本比较优势的提高，本区域企业收益增大，逐步有利于吸引异质性企业迁入，从而验证了命题 4-5 的结论，并且较高的区内一体化程度会更加强化这一迁移决策。根据图 4-9 右图，在资本比较优势提高的过程中，更多企业迁往该区域，并且较高的区际一体化程度会更加强化这一迁移决策。从以上分析不难看出，数值模拟很好地支撑了模型命题结论，模拟结果也更具政策意义。

二、比较优势影响产业创新增长分析

首先，分析劳动力比较优势对产业增长的影响，进一步将式（3-38）和式（3-39）求导，可得 $\partial g/\partial \chi > 0$，$\partial g^*/\partial \chi < 0$，这表明随着技术比较优势的提高，东部的产业创新增长率不断提高，而西部的产业创新增长率则不

断降低。这一结论有力地阐释了中国高技术产业集聚区与中国人才资源丰富区重叠的现象。2016 年东部高技术产业有 R&D 活动的企业数为 10555 个，全国占比为 71.17%；东部高技术产业 R&D 人员数量为 71.6 万人，全国占比为 72.46%，中国有研发活动的高技术企业聚集于东部地区，集中分布在长三角、珠三角和环渤海三个东部区域，这也是科研人员集聚地。

其次，资本（规模）比较优势也是影响产业增长的关键因素之一。将式（3–38）和式（3–39）对 s_n 求导，可得 $\partial g/\partial s_n > 0$，$\partial g^*/\partial s_n < 0$，这表明随着规模比较优势的提高，东部的产业创新增长率不断提高，而西部的产业创新增长率则不断降低。显然这能够解释中国高技术产业空间分布不均衡及产业产出区域差距扩大的事实。截至 2016 年，中国东部高技术企业数量为 2.02 万个，占全国比重的 65.72%，约为中部、西部和东北三地区之和的 1.91 倍；东部高技术企业利润总额为 7190.4 亿元，占全国比重的 69.79%；东部高技术企业出口交货值为 41222.7 亿元，占全国比重的 78.60%，东部地区的高技术企业数量与产业产出远远大于其他三地区之和。

命题 4–6：产业创新增长率会随着技术比较优势或资本（规模）比较优势的提高而提高。

为了进一步验证命题 4–6，在其他变量不变情况下，令 μ 分别为 0.7 和 0.8，并设定 $\chi \in [1, 1.005]$，模拟结果见图 4–10。可见，随着技术比较优势的提高，更多企业选择更具技术比较优势的地区，并且产业创新增长率不断提高。

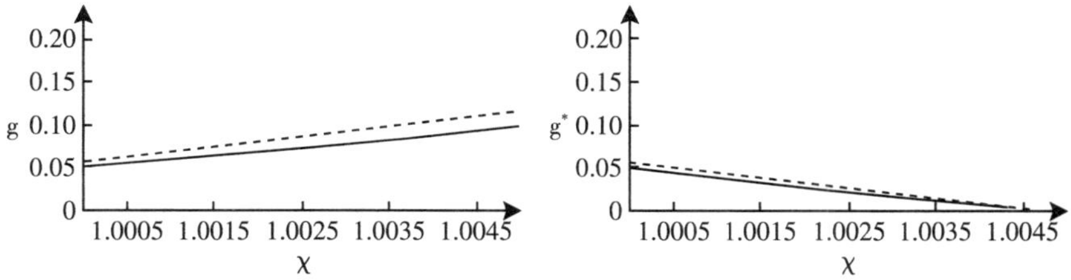

图 4–10 技术比较优势与产业创新增长关系图

资料来源：作者绘制。

在其他变量不变情况下，令 μ 分别为 0.7 和 0.8，并设定 $s_n \in [0, 1]$，模拟结果见图 4-11。可见，随着规模比较优势的提高，产业创新增长率不断提高。

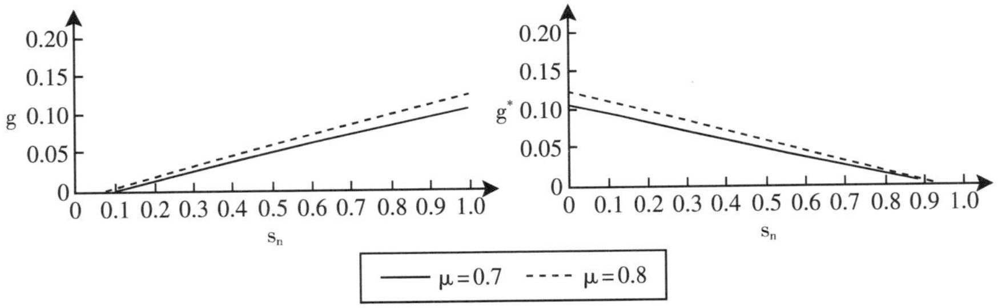

图 4-11　资本（规模）比较优势与产业创新增长关系图

资料来源：作者绘制。

第四节　创新研发与产业平衡充分发展

创新是引领发展的第一动力，是建设现代化经济体系的战略支撑，也是影响产业平衡充分发展的重要因素。党的十九大报告提出要坚定实施创新驱动发展战略，明确了中国到 2035 年要跻身创新型国家前列的发展目标。自 20 世纪初奥地利经济学家熊彼特开启“创新理论”研究以来，创新与经济发展问题就成了一个重要理论议题，这其中一个重要的研究维度便是时间维度的创新增长问题，实际上就是回答“创新怎么来”这个问题。关于这一理论问题的研究，先后经历了两大发展阶段——新古典增长理论和新增长理论。新古典增长理论认为，经济增长来源于要素的增长率和外生的技术进步，特别强调了政府对于技术创新干预的重要性。但是新古典增长理论假定了外生的技术进步，因而就无法对影响技术进步的因素作进一步的分析解释。新增长理论弥补了新古典增长理论的不足，将创新与技术进步作为促进经济增长的内生性因素，并且认为创新研发是实现创新增长的关键因素，从创新“效益”视角给出了科学回答，即厂商根据利润最大化原则进行生产与创新决策，当创新的长期收益大于生产收益时，厂商愿意对新知识、新技术进行投资，从而保证了企业的有效供给，也保证了市场上的有效需求。增长理论从创新研发角度科学解释了创新发生的内生必然性，揭示了持久创新的动力机制，能够解释长期创新增长问题，但它通过假定同质空间忽视了空间作用，给人的印象是创新活动发生在针尖上，这样就难以解释创新在空间维度的分异问题。因此，本节将基于基础理论研究，在引入创新投入的基础上，通过构建包含“创新投入+空间分割→创新收益/增长→创新投入”机制的内生性创新增长整合框架，力求为分析创新研发对产业平衡充分发展的影响提供一个理论框架。

一、创新研发假设

（1）现代农业部门。现代农业部门以规模报酬不变和完全竞争为特征，两区域都以技能劳动力生产同质产品，每单位农产品需要 a_A 单位技能劳动力，单位技能劳动的名义工资为 1，因此单位农产品成本为 a_A，假设农产品不存在交易成本。

（2）高技术产业部门。高技术产业部门以 D-S 垄断竞争、规模报酬递增为特征，企业具有微观异质性，每个企业使用一单位专利技术和若干技能劳动者只生产一种差异化的产品，并将专利技术作为固定投入，每个企业雇用数量不同的技能劳动力，假设生产结构为：

$$Y_{Mjt} = f(T,\ L) = T + a_i L \tag{4-9}$$

其中，a_i 表示高技术企业边际劳动投入。借鉴 Baldwin 和 Okubo（2006）异质性设定，假设 a_i 服从帕累托累计概率分布函数：

$$G[a_i] = (a_i / a_0)^k \quad 1 = a_0 \geqslant a_i \geqslant 0,\ k \geqslant 1 \tag{4-10}$$

其中，k 为形状参数，a_0 表示效率最低高技术企业的边际劳动投入。这样代表性 i 企业的成本函数为 $\pi_i + w_L a_i x_i$，其中 π_i 为高技术企业收益，w_L 为技能劳动力的工资，x_i 为高技术企业产品产量。

这里需要说明的是，随着现代物流体系的日益完善，产品运输成本大幅降低，但是制度成本和其他空间壁垒性成本造成的区域之间市场分割问题仍然存在，区际市场一体化程度依然是影响高技术产业发展的瓶颈之一。因此，假设高技术产业部门产品存在跨区域交易成本，消费者跨区域获得产品需要支付壁垒成本，并且与以往研究不同的是，本节考虑了“运输成本”的空间双向不对称性。具体来说，东部地区消费者消费西部地区单位高技术产品需要支付 τ^*（$\tau^*\geq1$）倍的价格；同理，西部地区消费者消费东部地区单位高技术产品需要支付 τ（$\tau\geq1$）倍的价格。

（3）创新研发部门。高技术企业利用创新劳动力和资本作为投入研发新的专利。从成本角度，假设东部地区形成一单位新专利需要消耗 a_T 单位货币化投入，即形成成本为 $F=a_T=\eta/(s_n+\lambda(1-s_n))$，西部地区专利成本为 $F^*=a_T^*=\eta^*/(\lambda s_n+(1-s_n))$。其中，$\eta$、$\eta^*$ 分别是两区域要素投入系数，λ 是知识空间溢出系数，指外地创新专利成果被本地借鉴利用的程度，主要依赖于区内及区际的创新开放程度。这里的创新专利生产，可以理解为创新研发部门通过投入 R&D 研发人员和专利经费进行专利研发，这种专利研发可以通过自身积累来支持新专利开发并不断降低专利开发成本，并且专利开发还具有空间溢出效应，一旦新专利开发形成后就可以创办成立新的高技术企业。因此，区域专利开发形成成本，既取决于本地区专利存量的大小，又取决于其他地区专利存量（知识、技术存量）的溢出效应。创新资本内生决定于经济活动中创新专利收益与创新成本系数。从生产角度，新专利生产函数为 CES 生产函数，即：

$$Y_T=f(H,K)=[\eta_H H^\rho+\eta_k K^\rho]^{1/\rho} \tag{4-11}$$

其中，η_H、η_k 分别是创新劳动力投入成本系数与创新资本投入成本系数，与 η 相一致。两区域要素投入系数假设专利技术能够在两区域自由流动，但专利技术收益归专利研发地所有。

二、创新研发区位与增长分析

按照主流经济学创新研发理论，厂商根据利润最大化原则进行生产与创新决策，当创新的长期收益大于生产收益时，厂商愿意对新知识、新技术进行投资。由此，这里依据"托宾 q 理论"，研发部门根据创新收益与成本决定创造与否。以东部地区为例，创新收益就是开发专利未来所有收益折现，如果创新专利存量以 g 的速率增长，再考虑创新产品收益折现 ρ，可设定单位专利折现价值为：

$$v=\int_0^{\infty} e^{-\rho t}(\pi e^{-gt})dt=\pi/(\rho+g) \tag{4-12}$$

其中，π 为单位专利即期收益，g 为均衡时创新专利存量增长率。

长期均衡条件下，东部地区和西部地区异质性高技术企业会根据收益最大化进行区位选择，并且生产率最高的企业会率先由收益较低的西部地区迁移至收益较高的东部地区，满足 $\dot{s}_n=(\pi(a_i)-\pi(a_i)^*)s_n(1-s_n)$。在高技术企业区位选择过程中，只有当高技术企业在两区域收益相等，即满足 $\pi(a_R)=\pi(a_R)^*$ 时，高技术产业区位呈现稳定分布态势。此时的高技术企业迁移临界边际生产率为 a_R，即西部地区边际成本小于 a_R 的企业都将迁移至东部地区。基于短期均衡分析结论，高技术企业也即创新活动的空间区位选择动态方程满足：

$$\pi(a_R)-\pi(a_R)^*=\frac{\mu E^w}{\sigma\gamma K^w}\left[\left(\frac{s_E}{\Delta}+\phi\frac{1-s_E}{\Delta^*}\right)-\left(\phi^*\frac{s_E}{\Delta}+\frac{1-s_E}{\Delta^*}\right)\right]a_R^{1-\sigma} \tag{4-13}$$

其中，$s_E=E/E^w$；$\phi=(\tau)^{1-\sigma}$ 表示高技术产品由东部地区抵达西部地区的空间分割程度，$\phi^*=(\tau^*)^{1-\sigma}$ 表示高技术产品由西部地区抵达东部地区的空间分割程度；$\Delta=s_H\chi+(1-s_E)a_R^{\nu}+\phi^*(1-s_E)(1-a_R^{\nu})$、$\Delta^*=\phi s_H\chi+\phi(1-s_H)a_R^{\nu}+(1-s_H)(1-a_R^{\nu})$。

稳定状态下东部地区高技术企业分布份额为：

$$s_n=s_H+(1-s_H)a_R^{\nu} \tag{4-14}$$

进一步地，对于东部地区而言，达到长期均衡时满足 $q=v/F=1$，求解可得，创新动态增长率为：

$$g=s_n b(s_E/\Delta+\phi(1-s_H)/\Delta^*)E^w/a_T-\rho \tag{4-15}$$

对于西部地区而言，创新动态增长率为：

$$g^*=(1-s_H)b(\phi^* s_E/\Delta+\phi(1-s_H)/\Delta^*)E^w/a_T^*-\rho \tag{4-16}$$

式（4-15）和式（4-16）反映了创新增长分异的形成机制。可以看出，创新成本、空间分割是影响创新增长分异的决定因素。为了揭示影响创新增长的各种力量，还需对上述均衡状态进行稳定性分析。通过运算发现，满足$\partial(\pi(a_R)-\pi(a_R)^*)/\partial a_R<0$，因此该创新增长经济系统是稳定的。

基于上述均衡分析，下面从创新研发视角探讨创新增长分异问题，即创新成本对高技术产业空间分布与创新增长的影响。通过计算，$\partial g/\partial\eta_H<0$，$\partial g^*/\partial\eta_H^*<0$，这表明随着创新劳动力成本的提高，更多的高技术企业会减少创新投入，产业创新增长的速度会降低。同理，满足$\partial g/\partial\eta_k<0$，$\partial g^*/\partial\eta_K^*<0$。从这个角度看，创新成本对于创新决策的影响是非常敏锐的。在完全竞争市场和大多数企业追逐短期利益的条件下，企业长期投入大量自有资金开展创新活动是比较困难的。因此，要发挥政府的作用，通过设立创新基金、创新补贴等举措来鼓励支持创新活动。

命题 4-7：创新成本越高越会阻碍区域创新增长，创新成本越低越有助于产业创新增长。

第五节　地方公共服务与产业平衡充分发展

改革开放以来，中国经济发展先后经历了由要素驱动和投资驱动的主导阶段，新时代以来则开始稳步转向创新驱动和高质量发展阶段。从空间经济学角度看，不同驱动方式下的空间经济活动具有不同的理论逻辑。在创新驱动和高质量发展阶段，创新活动是提升区域竞争力和实现区域发展繁荣的决定因素，也是实现区域协调发展的战略关键，区域竞争的核心将由传统要素禀赋和物质资本转向知识技术与人力资源（杨开忠，2017）。从这个角度讲，人力资源的时空分布对于未来中国产业平衡充分发展至关重要。那么，未来人力资源区位又取决于什么呢？随着人民对美好生活的更加向往，人力资源在进行区位选择时更加注重区域内在的以实体环境、知识溢出、公共服务、个人服务以及服务消费便捷性为代表的地方品质（杨开忠，2018）。其中公共服务对人力资源流动决策的重要作用在很多国家和地区也被证实存在（Nechyba and Strauss，1998；Bayoh et al.，2006；Dahlberg et al.，2012；Shilpi et al.，2014；Diamond，2016）。大量中国经验研究同样验证了公共服务对劳动力空间流动的显著正向影响作用（侯慧丽，2016；李一花等，2017；刘修岩、李松林，2017；赵方、袁超文，2017）。因此，本节将构建一个基于地方公共服务影响人力资源空间配置进而驱动产业平衡充分发展的理论框架。基于 Duranton 和 Puga（2005）等多区域区位决策理论，引入公共服务品数量、质量及其消费便捷性，以此建立一个更加符合实际的劳动力城市选择模型。考虑一个封闭经济体 R：由 N 个城市组成，且 N 个城市对 R 构成一个连续性分割（R_1，…，R_N），初始总劳动力为外生$\overline{M}=\sum_{r=1}^{N}M_{i,t-1}$。

一、流动劳动力偏好

流动劳动力效用函数用柯布-道格拉斯型效用函数表示，设定为一个包含可贸易品消费量（C_T）、公共服务品消费量（C_{NT}）和地方环境气候（A）的效用函数。其中，公共服务部门提供多样化公共服务品，采用 CES 效用函数。消费者从其他城市迁移到城市 r 的效用表达为：

$$U_r=A_r\left(\frac{C_{Tr}}{\mu_T}\right)^{\mu_T}\left(\frac{C_{NTr}}{1-\mu_T}\right)^{1-\mu_T}\quad C_{NTr}=\left(\sum_{r=1}^{N}\alpha_r\int_{j=0}^{n}c_{NTs}^{\rho}ds\right)^{1/\rho}\tag{4-17}$$

其中，μ_T、$1-\mu_T$ 分别表示可贸易品部门、公共服务品部门产品支出份额；α_r 表示 r 城市公共服务品质量；c_{NTs} 表示消费者对第 s 种公共服务品的消费量。σ 表示公共服务品之间的替代弹性，满足 $\rho=\sigma/(\sigma-1)$，$\sigma>1$。在劳动力持续迁入城市的过程中，城市生活成本也随之增长，设为 $c_r=P_r^{\lambda}/\phi_{rr}$。其中，$\phi_{rr}$ 是城市生活便捷性，λ 反映了外部规模不经济程度。通常劳动力在城市工作也存在外部规模经济，这里借鉴康博斯（Combes）等的研究，假定均衡工资取决于城市生产率（$\bar{w}_r$）与城市就业规模（P_r），即满足 $w_r=\bar{w}_r P_r^{\theta}$。其中，$P_r$ 是城市劳动力规模，θ 反映了外部规模经济的大小。

求解消费者效用最大化问题，将产品需求代入式（4-17）可得 r 城市消费者间接效用函数：

$$V_r \propto A_r((w_r-c_r)/P_{Tr})^{\mu_T}((w_r-c_r)/P_{NTr})^{1-\mu_T} \tag{4-18}$$

其中，P_{Tr} 为消费者面临的可贸易品部门产品价格；P_{NTr} 为 r 城市消费者面临的所有城市公共服务品部门产品价格指数。为了计算方便，假设可贸易工业产品不存在交易成本，并且消费者可以消费任何城市生产的可贸易产品[①]，这样就将各城市的可贸易品价格指数可以指数化为 1。

二、公共服务品供给

假设公共服务品部门以规模报酬递增为特征，每个区域都由本地非流动劳动力来生产[②]，即生产公共服务品需要劳动力作为固定成本，若干单位资本作为可变成本。与可贸易品部门不同的是，公共服务品在区间不可直接贸易，获得公共服务品需要支付额外旅行成本[③]。例如，r 城市消费者消费区内公共服务品需要支付 τ_{rr}（$\tau_{rr} \geq 1$）倍的价格，面临的价格为 $\tau_{rr}\bar{p}_{NTr}$；消费 s 区域一单位公共服务品则需要支付 τ_{rs}（$\tau_{rs} \geq 1$）倍的价格。对于公共服务品部门而言，通过均衡分析，城市公共服务品价格指数具有如下形式：

$$P_{NTr}=\left[\sum_{r=1}^{N}\phi_{rr} n_r \alpha_r^{\sigma}(\bar{p}_{NT,r})^{1-\sigma}\right]^{1/(1-\sigma)} \tag{4-19}$$

---

① 随着交通基础设施和现代物流业的快速发展，传统运输成本对于人口区位选择的影响已经越来越小。当然，考虑可贸易品运输成本并不会改变模型结论。

② 根据我国第五次、第六次全国人口普查数据，我国人口流动以务工经商为主，占据流动原因的一半以上；从事于公共服务部门的工作调动仅占流动人口的 3%左右，分配录用占 1%左右。

③ 这里的旅行成本可理解为消费公共服务品所要花费的时间成本、制度成本、旅行成本，亦可理解为公共服务可及性。

其中，n_r 是 r 城市公共服务品种类数，$\phi_{rr}=(\tau_{rr})^{1-\sigma}$ 表示消费城市 r 公共服务品的便捷性（可及性）程度。

三、劳动力区位选择

遵循已有文献做法，假设劳动力从 j 城市迁移到 r 城市的概率服从 ρP_r 的泊松分布，P_r 是 r 城市的劳动力规模。同时假设城市 r 和 j 距离为 d_{rj}，两城市之间劳动力迁移成本 x 服从密度函数为 $f(x)=1/(d_{rj}x)$ 的分布。由此，从城市 j 到城市 r 的迁移规模满足：

$$M_{r,j}=\dot{P}_{r,j}=\rho(1/d_{rj})\ln(V_r/V_j)P_rP_j \tag{4-20}$$

其中，V_r、V_j 分别是 r 和 j 城市代表性消费者的效用水平。将式（4-18）、式（4-19）代入式（4-20），化简可得：

$$M_{r,j}=\rho(1/d_{rj})\ln\left[\frac{A_r(\bar{w}_rP_r^{\theta}-P_r^{\lambda}/\phi_{rr})\left(1/\left[\sum_{r=1}^{R}\phi_{rr}n_r\alpha_r^{\sigma}(\bar{p}_{NT,r})^{1-\sigma}\right]^{1/(1-\sigma)}\right)^{1-\mu_T}}{A_j(\bar{w}_jP_j^{\theta}-P_j^{\lambda}/\phi_{jj})\left(1/\left[\sum_{j=1}^{R}\phi_{jj}n_j\alpha_j^{\sigma}(\bar{p}_{NT,j})^{1-\sigma}\right]^{1/(1-\sigma)}\right)^{1-\mu_T}}\right]P_rP_j \tag{4-21}$$

式（4-21）描述了城市劳动力区位选择的动态过程，城市内生态环境因素、公共服务品消费数量、质量、城市生活成本（区内消费便捷性、通勤成本）以及城市生产率、城市劳动力规模等因素共同影响着劳动力迁移。进一步可以得到：

$$\frac{dM_{r,j}}{dA_r}>0,\ \frac{dM_{r,j}}{d\bar{w}_r}>0,\ \frac{dM_{r,j}}{d\phi_{rr}}>0,\ \frac{dM_{r,j}}{dn_r}>0,\ \frac{dM_{r,j}}{d\alpha_r}>0 \tag{4-22}$$

式（4-22）描述了城市劳动力迁移流动的决策机制。

命题 4-8： 城市内收入水平、生态环境、公共服务品种类、质量及其便捷条件都正向影响劳动力迁移流动。

四、劳动力产业间配置与增长

借鉴 Grossman 和 Helpman（1991）的研究，假设城市 r 中可贸易品产业部门包括现代产业部门（T_{Yr}）和传统产业部门（T_{Zr}），分别生产高技术产品 Y 和传统产品 Z。关于产业部门生产要素，这里仅以劳动力要素做出简单分析。假设代表性消费者对于可贸易品消费的效用函数如下：

$$U_t = \int_t^{\infty} e^{-\rho(\tau-t)}[\mu_{TY}\log C_{TY}(\tau) + (1-\mu_{TY})\log C_{TZ}(\tau)]d\tau\ (0<\mu_{TY}<\mu_T)$$

$$C_{TYr} = \left(\int_0^{n_T} c_{TY}(j)^{\alpha} dj\right)^{\frac{1}{\alpha}} \tag{4-23}$$

其中，α 为多样化现代产业部门产品偏好程度，消费者将支出的 μ_{TY} 部分用于 Y 产品消费，$1-\mu_{TY}$ 部分用于传统产品 Z 的消费。这样，对产品 Y 和 Z 的需求分别为 $\mu_{TY}E_r/p_Y$、$(1-\mu_{TY})E_r/p_Z$。

对于传统产业部门（T_{Zr}），假设竞争性厂商按照规模收益不变的技术生产产品 Z。完全竞争意味着按边际成本定价，满足 $p_z = c(w_r)$。对于现代产业部门（T_{Yr}），假设劳动力从事两种不同的活动：一种是生产已经开发出来的各种产品，另一种是研究新产品或者提升产品质量的设计方案（专利）。假设产品生产以 D-S 垄断竞争为特征，以劳动力为生产要素进行生产，每种差异化产品被一家企业独立生产。每个企业雇用一单位劳动力作为固定投入和若干劳动力作为可变成本，通过选择适当的单位可以使投入产出系数等于 1。设定某一差异化产品的边际生产成本等于工资水平 $w_r(t)$。根据生产商面对的需求函数式（4-23），产品 j 的定价 $p(j) = w_r/\alpha$，高技术产业生产部门利润为：

$$\pi(j) = p(j)x(j) - w_r x(j) \tag{4-24}$$

研发部门通过发行股票为处在科技前沿的产品开发筹集资金。企业会根据生产成本和创新效益对比进行创新决策，当满足 $w_r a \geq v$ 时，企业停止创新。其中，v 为每一种新技术的市场价值，a 为单位新技术创新成本。

考虑到静态均衡下区域劳动力市场必须出清，当 r 区域每一时间人力资源空间重配后为 M_r 时，这些人力资源既可从事于研究与开发活动，也可从事于差异产品生产。假设现代产业部门新产品流量为 $\dot{n}_r$，则在研究与开发活动中对劳动力的总雇用量为 $a\dot{n}_r$。

当经济系统实现均衡时，城市内劳动力市场出清条件和研发部门无套利条件满足：

$$\frac{(1-\mu_{TY})}{w_r}+ag_r+\frac{\mu_{TY}\alpha}{w_r}=M_r \quad \frac{(1-\alpha)\mu_{TY}}{aw_r}=g_r+\rho \tag{4-25}$$

进一步可求得城市 r 产业创新增长率为：

$$g_r=(1-\alpha)\mu_T M_r/a-\alpha\rho \tag{4-26}$$

命题 4-9：①$\partial g_r/\partial\mu_{TY}>0$，意味着传统产业部门对研发资源具有挤出效应，进而会阻碍创新，政府“促进消费升级”的着力点可以放在扩大高技术产品的消费上，这样会促进创新；②$\partial g_r/\partial\alpha<0$，意味着多样化程度对于创新增长具有促进作用（α 越小意味着替代弹性越小，消费者更喜欢多样化），如果消费者只满足于单一产品偏好，则企业难有创新效益，这样也会阻碍创新；③$\partial g_r/\partial p>0$，意味着企业为了短期利益，通过降低产品价格的方式“薄利多销”会阻碍创新增长；④$\partial g_r/\partial\rho<0$，意味着对未来没有耐心时也会导致创新动力不足；⑤只有满足 $M_r>a\left(\frac{\rho}{(1-\alpha)\mu_{TY}}-\rho\right)$时，创新才会发生，也就是存在创新门槛效应，并不是有了人力资源就能够导致内生创新增长。

第六节　小结

根据新时代中国区域协调发展战略要求，区域平衡发展的关键之一在于产业平衡充分发展。因而如何把握中国产业空间重构和创新增长规律，促进产业空间优化配置和持续稳定增长是一个重要课题。本章基于第三章节空间经济增长理论基础模型和异质性理论，通过构建空间均衡模型，从交通一体化、市场一体化、比较优势、创新研发以及地方公共服务五个方面开展了异质性企业、人力资源空间迁移和产业区位以及创新增长的数理分析，并对数理结果进行了模拟分析，力争为新时代产业空间重构和创新增长提供科学理论依据。主要结论有：①区际交通一体化水平的提高有助于缩小区域产业发展差异，促进产业平衡充分发展；区内交通一体化水平的提高有助于促进本区域产业发展。②在“区内一体化效应”较高时，随着区际一体化程度的增加，更多异质性企业倾向于布局到具有劳动力成本优势的区位；区内一体化程度的提高会促使企业更多地布局在本区域，提升本区域产业份额；创新一体化程度越高，产业创新增长率越高。③劳动力比较优势和资本比较优势的提高均有助于提高本区域异质性企业收益，进而吸引更多企业布局该区域。市场一体化程度越高的区域，越能吸引高效率企业，进而促进该区域产业创新增长率提高；产业创新增长率会随着技术比较优势或资本（规模）比较优势的提高而提高。④创新成本越高会阻碍区域创新增长，创新成本越低有助于产业创新增长。⑤揭示了劳动力空间适配、创新与生产结构适配影响产业创新增长的理论机制，公共服务与收入水平影响劳动力空间配置，较低的创新产品消费、较高的创新成本、预期耐心不足和较低需求多样性程度会抑制产业创新增长。

本章附录　交通政策模拟平台

B.1　交通政策模拟平台界面

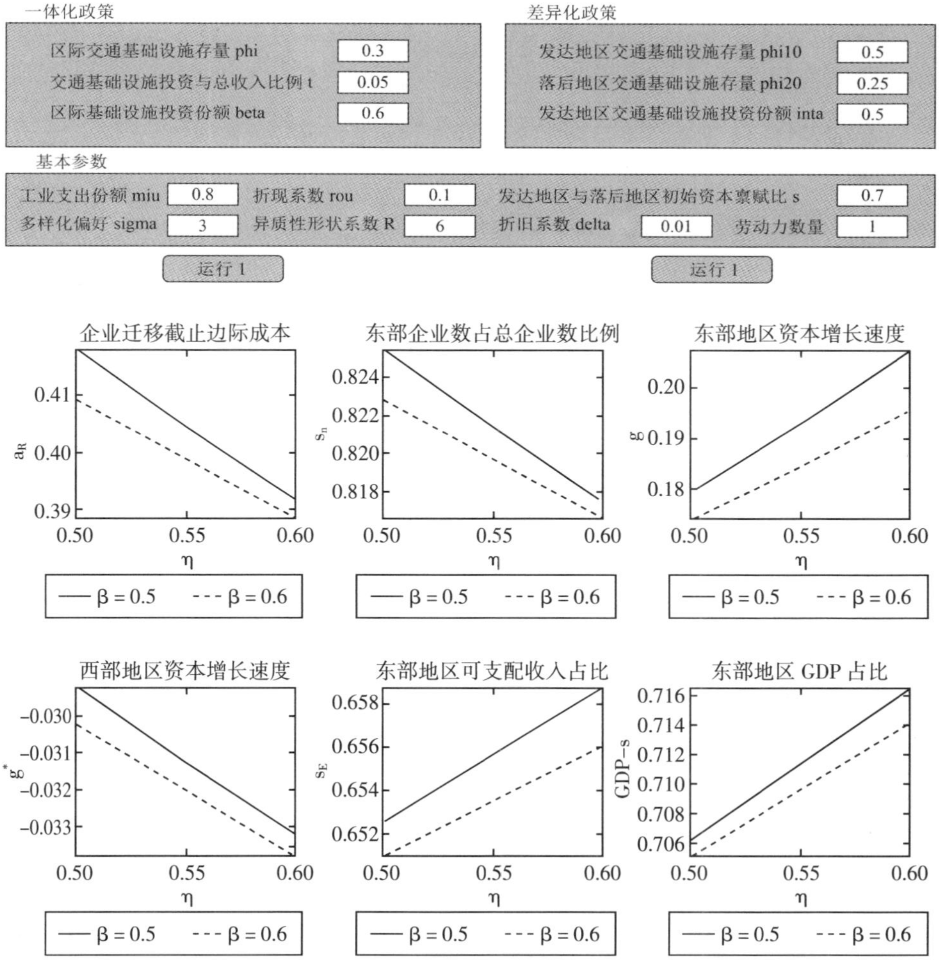

图 B-1　区域交通政策模拟平台界面

资料来源：作者绘制。

B.2　交通政策分析模型

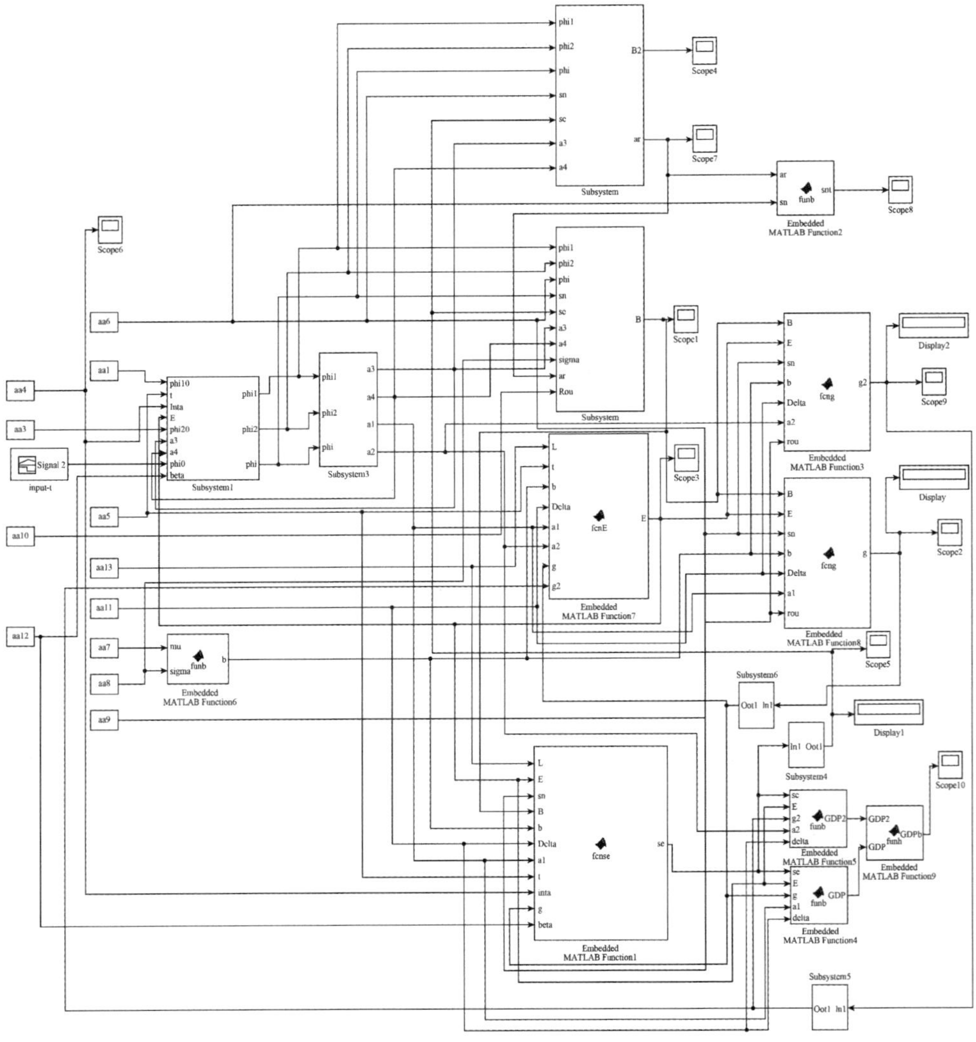

图 B-2　区域交通政策分析模型

资料来源：作者绘制。

第五章　中国农业平衡充分发展：以农产品品牌为例

第一节　农产品品牌与农业发展

“十二五”以来，中国农业生产持续稳定增长，水稻、小麦、玉米三大谷物自给率超过98%，农产品总体供应充足，农民收入持续增长，农民生活水平明显改善。随着经济发展和居民生活水平的提高，人们对农产品的消费需求开始更多地追求质量安全、品种多样和特色优质，中国的农产品品牌建设也已经取得积极进展。截至2016年底，中国“三品一标”总数接近10.8万个，无公害农产品、绿色食品、有机食品和农产品地理标志[①]分别达到7.8万个、2.4万个、3844个和2004个。

农产品品牌作为无形资产能够建立稳定的消费群体、形成稳定的市场份额，进而有效促进农业收入增长。然而，中国农产品品牌建设面临的发展不平衡不充分问题也日益凸显，逐步成为制约人民日益增长的农产品消

① 地理标志是一种特殊的集体知识产权，其设立的初衷是保护名优土特产品，主要的地理标志产品为农产品。

费新需求的影响因素。不平衡方面，从中国农产品地理标志[①]分布情况来看，除部分城市数值缺失以外，地级市尺度上农产品地理标志呈现明显的空间差异。从三大区域[②]来看，总体上东部区域农产品品牌分布较多，中西部地区相对稀疏。以2016年为例，东部、中部和西部地区农产品地理标志占比分别为46%、23.5%和30.5%。从城市层面来看，农产品地理标志高的城市主要集中在长三角、珠三角和环渤海三大经济圈以及四川、重庆和东北三省，三大经济圈作为中国经济发展核心区，拥有优越的区位优势、良好的农业基础，四川、重庆、东北三省作为农业特色资源分布较为集中的地区，农产品地理标志数量分布较多。不充分方面，根据《中国农产品品牌发展研究报告》分析，中国农产品品牌影响力相对停留在局部和有限的时期，农产品品牌数量与质量、规模与效益的"不充分"特征还比较明显，农产品滞销卖难的现象依然常见，农业品牌建设任务依然艰巨繁重。基于此，2018年中央一号文件提出质量兴农之路，突出农业绿色化、优质化、特色化、品牌化，全面推进农业高质量发展。

农村在中国改革进程中最早引入市场机制，市场一体化对于促进农业收入增长起到了重要作用[③]。图5-1显示了以泰尔指数刻画的中国省级农产品品牌、市场一体化程度[④]以及农业收入增长差异变动特征。从地区间差距的总体变化趋势来看，以地理标志为代表的农产品品牌与农业收入差异呈现一定相关关系；从时间趋势来看，2012年之前，市场一体化程度

---

① 中国地理标志的申报认证工作由国家工商行政管理总局、国家质量监督检验检疫总局和农业部3个部委各自展开，工商行政管理总局数据来自《中国商标年鉴》；质量监督检疫总局数据来自地理标志产品保护政府网；农业部数据来自中国农产品质量安全网。考虑到数据质量和统计口径因素，本书数据主要采用《中国商标年鉴》中的地理标志数据。当然，作者也采集了来自3个部委网站的加总数据进行分析，并未改变结论。

② 东部地区包括北京、天津、河北、辽宁、上海、江苏、浙江、福建、山东、广东以及海南；中部地区包括山西、吉林、黑龙江、江西、安徽、湖南、湖北以及河南；西部地区包括四川、广西、云南、贵州、内蒙古、陕西、甘肃、青海、宁夏、新疆、重庆以及西藏。

③ 习近平：《中国农村市场化建设研究》，博士学位论文，清华大学，2001年。

④ 本书使用樊纲和王小鲁的方法测算国内市场一体化程度，该市场一体化程度包括产品市场的发育程度、要素市场的发育程度、市场中介组织的发育和法律制度环境等多个维度，比较契合农产品市场一体化的范畴。

组间差异保持相对稳定，但农产品品牌地区间差异却在扩大，地区间农业增长差异同步呈现扩大趋势；2012 年以来，地区间农业增长差异和农产品品牌差异呈现同步缩小趋势。那么，农产品品牌、市场一体化究竟是如何影响农业增长差异的呢？

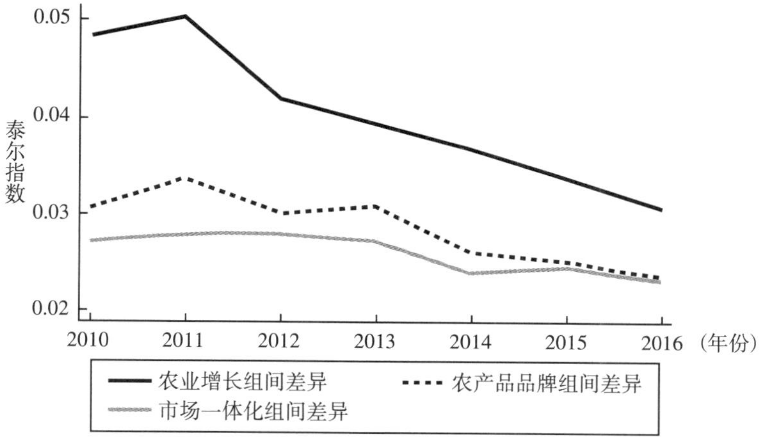

图 5-1　农产品品牌、市场一体化与农业增长差异

资料来源：作者绘制。

本章将在空间视角下探讨农产品品牌、市场一体化程度影响农业收入增长的理论机理，进而为促进中国农业高质量发展提供一定的理论借鉴。具体来说，尝试将农产品品牌和市场一体化程度纳入综合理论框架，通过构建空间一般均衡模型，分析农产品品牌、市场一体化程度对农业收入增长差异的影响。

第二节　相关文献回顾

农产品品牌和市场一体化程度是影响农业收入增长和高质量发展的重要因素。在农产品品牌方面，推进农产品品牌建设是解决落后地区农业发展滞后问题和农产品滞销难题的一个重要手段，也是促进农业收入增长的有效方式。通过梳理相关文献，由于地理标志能够反映一个区域自然禀赋、地理气候、文化技术等特有属性，因此常被用作衡量区域农产品品牌，比如贝拉尔和马切内（Bérard and Marchenay，1995）认为地理标志可以提升本区域农产品品牌知名度并促进农业产出增加。国内关于地理标志的研究早期主要集中于法律层面（王莲峰和黄泽雁，2006；于金葵，2006），近年来陆续有学者从地理标志角度研究农产品品牌的经济意义。刘华军（2011）等开展了地理标志的空间分布与品牌溢出效应研究。夏龙（2014）等实证考查了地理标志农产品对农业产出的促进作用。李辉（2018）基于国内 30 个绿色品牌的 288 份有效问卷实证发现绿色品牌正向影响顾客的购买意愿。崔剑峰（2019）概述了发达国家农产品品牌建设的做法并提出了对中国农产品品牌建设的启示。

在市场一体化方面，已有研究大多从贸易便利化水平、贸易成本、运输成本和农产品信息化角度进行研究。费利佩和古玛（Felipe and Kumar，2012）通过引力模型实证发现提高贸易便利化程度可以促进农产品贸易。佩尔松（Persson，2013）研究发现出口时间每下降 1%，同质化和差异化农产品出口量将分别提升 0.4%和 0.7%。国内学者大多认为贸易便利化可以促进农产品贸易，例如谭晶荣和潘华曦（2016）测算了中国与“一带一路”沿线 58 个国家的贸易便利化水平，发现贸易便利化是影响中国与“一带一路”沿线国家农产品贸易的重要因素。崔鑫生（2019）等采用引力模型并基于中国省域贸易便利化调查数据检验了省域贸易便利化对省级层面农产品贸易的影响。陈秀兰（2019）等针对中国农产品流通难题，提出了农产品批发市场提档升级的模式与路径。总的来看，农产品贸易与物流成本影响农产品市场价格，使得农产品市场竞争力下降，进而影响农业发展的整体水平。农产品信息化方面，韩海彬和张莉（2015）提出农业信息化将先进的信息技术在农业生产过程中进行推广和应用，同时有助于新技术和新知识在农村地区的传播和扩散，从而加快农业技术进步。刘德刚（2019）认为在传统农业模式中融入现代化技术，可以通过产品流通信息把握市场需求，提高产品市场均衡发展。隋博文（2019）等通过对跨境农产品供应链脆弱性的分析，也提出中国要加强政策、价格、供求等市场信息的搜集和研判。

上述研究从农产品品牌、市场一体化程度方面阐述了影响农业发展的因素，为促进农业平衡充分发展做出了有益探索，但也存在诸多局限：一是大量研究已经探讨了农产品品牌对于农业发展的影响，但是多数研究往往侧重描述性定性化研究，鲜有理论机制和经验事实层面的深入探讨，相关理论开拓空间很大；二是多数研究从单一维度开展研究，实际上农产品品牌和市场一体化对于农业发展的影响作用是协同融合的；三是多数研究假设消费者只消费本地农产品，进而基于单区域局部均衡的描述性定性研究，并没有基于一般均衡框架开展多区域研究，更没有建立完整的分析解释性理论模型。实际上，尽管大多农产品销售范围有限，但随着市场一体化条件的完善，跨区域农产品消费问题将成为常态。因此，如何在多区域空间视角下，将农产品品牌和市场一体化的影响机制纳入统一框架系统分析农业收入增长差异问题就成了一个重要理论议题。鉴于此，本章结合已有学者研究，基于第三章基础模型，尝试将农产品品牌和市场一体化纳入一个综合框架。本章的主要贡献是：从影响农业发展的农产品品牌、贸易成本等综合维度出发探讨农业产业平衡充分发展，提供了一个分析农业产业发展的综合理论框架。

第三节 农产品品牌、一体化与农业发展理论分析

基于空间经济增长理论基本框架，在多区域空间视角下将农产品品牌和市场一体化纳入统一框架构建理论模型。假设一个多区域经济体 R 由 N 个区域组成，且 N 个区域对 R 构成一个连续性分割（R_1，…，R_N）；在空

间关系上农产品消费地与生产地可以分离，每个区域在农产品品牌、市场一体化程度方面存在差异性；农业部门由农民以土地（L）和资本（K）为要素进行农产品生产。

一、农产品品牌与市场需求

每个区域内农业部门提供多样化农产品，以区域 r 农产品代表性消费者为例，他可以选择多区域农产品消费，将消费者效用函数表达为 CES 效用函数：

$$U_r = \left(\sum_{R=1}^{N} b_R \int_{j=0}^{n} c_{Aj}^{\rho} dj \right)^{1/\rho} \tag{5-1}$$

其中，n 表示消费者消费区域 R 农产品数量（抑或种类），b_R 表示消费者面临的区域 R 农产品品牌化程度，区域农产品品牌具有典型的不可贸易特征，是区域异质性的一种体现。c_{Aj} 表示消费者对区域 R 第 j 种农产品的消费量，σ 表示区域间农产品替代弹性。消费者最大化效用面临的预算约束为：

$$P_R \times \left(\sum_{R=1}^{N} b_R \int_{j=0}^{n} c_{Aj}^{\rho} dj \right)^{1/\rho} = Y_r \tag{5-2}$$

其中，Y_r 为区域 r 代表性农产品消费总支出，P_R 为消费者面临的 R 区域农产品价格指数。对于区域 r 代表性消费者而言，通过支出最小化，可得消费者对区域 r 和区域 R 多样化农产品消费量分别为：

$$C_{Ar} = \frac{p_r^{-\sigma} b_r^{\sigma}}{\sum_{R=1, R \neq r}^{N} b_R^{\sigma} p_R^{1-\sigma} n_R + b_r^{\sigma} p_r^{1-\sigma} n_r} Y_r$$

$$C_{AR} = \frac{p_R^{-\sigma} b_r^{\sigma}}{\sum_{R=1, R \neq r}^{N} b_R^{\sigma} p_R^{1-\sigma} n_R + b_r^{\sigma} p_r^{1-\sigma} n_r} Y_r \tag{5-3}$$

其中，p_r、p_R 分别表示消费者面临的区域 r 和区域 R 农产品“地头”价格。

二、农产品供给与均衡分析

对于农业部门，假设以规模报酬递增和不完全竞争为特征，每个区域由农民（农业企业、农户）利用当地土地资源和物质资本进行农产品种植，即种植地方差异化农产品需要单位农业土地作为固定成本，a_S 单位物质资本作为可变成本，单位资本的名义收益为 w_K，并将其作为计价单位，即 $w_K=1$。由此，区域 r 农业部门成本函数为：

$$c_{Ar}=f(L_r,\ K_r)=L_r+a_{Sr}K_r \tag{5-4}$$

假设消费者消费农产品存在运输成本（抑或贸易成本），这种成本主要衡量农产品的运输费用和空间可获得性。对于区域 r 消费者而言，消费农产品需要支付 τ_A^{rr}（$\tau_A^{rr}\geqslant 1$）倍的价格，消费 R 区域农产品需要支付 τ_A^{rR}（$\tau_A^{rR}\geqslant 1$）倍的价格。这样，对于农业部门而言，通过均衡分析，区域农产品“地头”价格为：

$$p_r=w_r a_{Sr}/(1-1/\sigma) \tag{5-5}$$

根据农产品生产函数，区域 r 和区域 R 农产品企业（农户）收益分别为：

$$\pi_r=\frac{\phi_{rr}Y_r}{\sigma L^w\left(\phi_{rr}s_r+\sum\limits_{R=1,R\neq r}^{N}\phi_{rR}s_R(b_r/b_R)^{-\sigma}\right)} \tag{5-6}$$

$$\pi_R=\frac{\phi_{rR}Y_r}{\sigma L^w\left(\phi_{rr}s_r+\sum\limits_{R=1,R\neq r}^{N}\phi_{rR}s_R(b_r/b_R)^{-\sigma}\right)} \tag{5-7}$$

其中，$\phi_{rr}=(\tau_A^{rr})^{1-\sigma}$、$\phi_{rR}=(\tau_A^{rR})^{1-\sigma}$ 分别表征区域 r 消费者消费区域 r 和区域 R 农产品的市场一体化程度，主要指消费者跨区域消费农产品的可及性，可以理解为运输成本、贸易成本、信息成本等，这里我们统称为市场一体化程度。

进一步地，两个区域农业部门总收益分别为：

$$E_r = s_r \pi_r, \quad E_R = s_R \pi_R \tag{5-8}$$

三、农产品品牌、一体化影响分析

通过理论分析发现，消费者总是寻求自身效用最大化的消费决策，农产品品牌和市场一体化程度共同影响农业收入增长。下面分别从直接影响效应和空间溢出效应两个维度探讨农产品品牌和市场一体化程度影响农业企业（农户）和农业产业总收益分析。

直接影响效应方面，首先分析区域 r 农产品品牌 b_r 对区域 r 农业从业人员收入水平的影响，将式（5-6）对 b_r 求导：

$$\partial \pi_r / \partial b_r \propto \phi_{rr} \sum_{R=1, R \neq r}^{N} \phi_{rR} s_R > 0 \tag{5-9}$$

可以看出，区域 r 农产品品牌化程度 b_r 对区域 r 农业从业人员收入水平具有显著正向影响，即提高本地区农产品品牌化程度有助于吸引更多农业消费者，进而提高农业从业人员收入水平。同理将式（5-7）对 b_R 求导可得 $\partial \pi_R / \partial b_R > 0$，这意味着对于其他区域 R 而言，提升区域自身农产品品牌化程度有利于本区域农业收入增长。

接着分析区域 r 农产品品牌 b_r 和其他区域 R 农产品品牌 b_R 对区域农业收入增长的影响，将式（5-8）分别对 b_r、b_R 求导，满足 $\partial E_r / \partial b_r > 0$，$\partial E_R / \partial b_R > 0$。可以看出，提升本地农产品品牌化程度能显著促进本区域农业收入水平，是提升区域农业核心竞争力、实现农业跨越发展的制胜之道。

进一步分析区域 r 和其他区域 R 农产品市场一体化程度 ϕ_{rr} 和 ϕ_{rR} 对农业从业人员（农户）收入水平的影响，将式（5-6）对 ϕ_{rr} 求导可得：

$$\partial \pi_r / \partial b_{rr} \propto \sum_{R=1, R \neq r}^{N} \phi_{rR} s_R > 0 \tag{5-10}$$

由式（5-10）可以看出，提升区域 r 本地农产品市场一体化程度 ϕ_{rr} 能够明显促进区域农业收入增长；将式（5-7）对 ϕ_{rR} 求导可得 $\partial \pi_R / \partial \phi_{rR} > 0$，意味着提升本区域农产品市场一体化程度能够有效促进农业收入增长。

同样，将式（5-8）分别对 ϕ_{rr}、ϕ_{rR} 求导，满足 $\partial E_r/\partial\phi_{rr}>0$，$\partial E_R/\partial\phi_{rR}>0$，即提升农产品市场一体化程度 ϕ_{rr} 和 ϕ_{rR} 也能显著促进本区域农业总体收入水平。

空间溢出效应方面，首先分析区域 r 农产品品牌 b_r 对区域 R 农业从业人员收入水平的影响，通过求导满足 $\partial\pi_R/\partial b_r<0$、$\partial\pi_r/\partial b_R<0$，即提高本地区农产品品牌化程度对其他区域农业收入水平呈现负向影响关系。同理，将式（5-8）分别对 b_R、b_r 求导，满足 $\partial E_r/\partial b_R<0$，$\partial E_R/\partial b_r<0$。可以看出，本地农产品品牌对于外地农业从业人员收入具有负向的空间溢出效应。进一步分析农产品市场一体化程度对于外地农业从业人员收入水平的空间溢出效应，可以得到 $\partial\pi_r/\partial\phi_{rR}<0$、$\partial\pi_R/\partial\phi_r<0$、$\partial E_r/\partial\phi_{rR}<0$、$\partial E_R/\partial\phi_r<0$。通过上述数理分析，得出如下命题：

农产品品牌、市场一体化程度是影响农业收入增长的重要因素；直接效应方面，农产品品牌化程度和市场一体化程度对于农业收入增长具有显著正向促进效应；空间溢出效应方面，农产品品牌化程度和市场一体化程度对于农业收入增长具有负向空间溢出效应。

第四节　农产品品牌、一体化与农业发展实证检验

一、实证策略与指标选择

根据命题结论，农产品品牌和市场一体化程度对于农业收入增长具有显著正向促进效应。为检验这一直接效应，设定固定效应模型表达式如下：

$$\ln GROW_{i,t}=\alpha+\beta_1\ln Z_{i,t}+\beta_2\ln X_{i,t}+\mu_i+\varepsilon \tag{5-11}$$

其中，GROW 表示被解释变量，Z 和 X 分别表示核心解释变量和控制

变量，μ 和 ε 分别表示个体固定效应和随机误差项。为了更有效地进行检验，本章采用稳健标准无误的固定效应模型。

根据命题结论，农产品品牌化程度和市场一体化程度对于农业收入增长具有空间溢出效应，借鉴相关研究（顾芸等，2019）选择空间动态面板杜宾模型进行估计分析：

$$Y_{it} = \tau Y_{it-1} + \alpha X_{it} + \beta WX_{it} + \mu_i + \varepsilon \tag{5-12}$$

其中，τ 为被解释变量的时间滞后项系数；α 为解释变量的直接影响系数，衡量解释变量对经济增长的影响程度；β 为解释变量的空间滞后项系数，衡量解释变量对经济增长的空间溢出作用；W 为空间权重矩阵；WX_{it} 表示解释变量的空间溢出项。为了更有效地解决被解释变量与解释变量之间的内生性问题，采用阿雷亚诺-博弗（Arellano-Bover，1995）和布伦德尔-邦德（Blundell-Bond，1998）的系统线性动态面板回归法进行模型估计。

基于变量选取，设定如下计量模型：

$$\ln GROW_{i,t} = \tau \ln GROW_{it-1} + \alpha_1 \ln geo_{jt} + \alpha_2 \ln segm_{jt} + \alpha_3 \ln inv_{jt} + \alpha_4 \ln popr_{jt} + \alpha_5 \ln open_{jt} + \alpha_6 \ln GDPfir_{jt} + \beta_1 \sum_{j=1}^{N} w_{ij} \ln geo_{jt} + \beta_2 \sum_{j=1}^{N} w_{ij} \ln segm_{jt} + \beta_3 \sum_{j=1}^{N} w_{ij} \ln inv_{jt} + \beta_4 \sum_{j=1}^{N} w_{ij} \ln popr_{jt} + \beta_5 \sum_{j=1}^{N} w_{ij} \ln open_{jt} + \beta_6 \sum_{j=1}^{N} w_{ij} \ln GDPfir_{jt} + \mu_{it} + \varepsilon_{it} \tag{5-13}$$

其中，w_{ij} 为空间权重矩阵。事实上，不同空间单元农产品之间的相关性除了受距离因素影响之外，可能还会受到经济因素的影响。基于此，这里构建了经济特征空间权重矩阵 w_{ij}，表达为：

$$w_{ij} = \begin{cases} (E_i \times E_j)/d_{ij} & i \neq j \\ 0 & i = j \end{cases} \tag{5-14}$$

其中，E_i 表示 i 地区第一产业 GDP；d_{ij} 表示 i 地区与 j 地区之间的距离；i 和 j 分别表示不同的地区。该矩阵兼顾了地区之间的经济联系和地理联系。

1. 被解释变量（GROW）

被解释变量是农业收入增长水平，本章选取第一产业从业人员人均增加值（记作 GDPc）和第一产业增加值（记作 GDP）来衡量，并做了不变价处理。其中，第一产业从业人员人均增加值作为基准回归时的被解释变量，第一产业增加值则作为稳健性检验分析的被解释变量。

2. 核心解释变量(z)

根据理论设定，农产品品牌和市场一体化程度是影响农业收入增长的关键因素，这也是实证检验的核心解释变量。地理标志农产品认证是农产品的品牌化表现，本章将选取区域农产品地理标志（记作 geo）来衡量农产品品牌。市场一体化程度方面，巴西利和卫（Parsley and Wei，1996）以及陆铭和陈钊（2009）等基于各省份商品零售价格分类指数测算中国国内市场一体化程度，王小鲁等从产品市场的发育程度、要素市场的发育程度等多个维度测算中国国内市场一体化程度。结合本章理论模型，再考虑到数据的可得性，本章参考樊纲和王小鲁（2019）的研究测算市场一体化指标（记作 segm）。

3. 控制变量（X）

固定资产投资、城镇化率、对外开放程度以及农业产业结构也是影响农业收入增长的重要因素。其中，农业固定资产投资反映农业资本投入，选取农业固定资产投资由农、林、牧、渔业固定资产投资（百万元）除以农作物总播种面积（千公顷）计算所得（记作 inv），并做了不变价处理；根据经验事实，城镇化率越高，本地农业收入水平也越高，城镇化率由城镇常住人口数（万人）除以年末人口总数（万人）计算而得（记作 popr）；对外开放程度用经营单位所在地进出口总额（千美元）表示（记作 open）；农业产业结构用第一产业产增加值占 GDP 比重（%）表示（记作 GDPfir）。具体指标见表 5-1。

关于数据来源，所有数据均来自历年《中国统计年鉴》《中国农业统计年鉴》和《中国商标年鉴》，由于《中国商标年鉴》更新以及新疆数据缺失，选取最新时间跨度为 2010~2016 年 30 个省（自治区、直辖市）数据

表 5-1 指标刻画与变量定义

变量类型	刻画指标	变量符号	变量定义
被解释变量	π	GDPc	农业企业（农户）农业收入增长水平
	E	GDP	区域农业收入增长水平
核心解释变量	b_r，b_R	geo	农产品品牌
	ϕ_{rr}、ϕ_{rR}	segm	市场一体化程度
控制变量	inv		农业固定资产投资
	popr		城镇化率
	open		对外开放程度
	GDPfir		产业结构

资料来源：作者绘制。

进行经验分析。为保证数据平衡性和最大限度利用数据，对第一产业从业人员指标的个别缺失值进行补缺。此外，为了消除变量间量纲关系，所有数据经过了对数化处理，表 5-2 为变量的描述性统计结果。

表 5-2 变量描述性统计结果

指标	均值	方差	最小值	最大值	样本量
lnGDPc	0.649	0.441	-0.646	1.578	210
lnGDP	7.034	1.142	4.230	8.513	210
lngeo	3.741	1.002	1.386	6.192	210
segm	6.260	2.061	-0.300	10.460	210
lninv	2.314	1.223	0.149	7.889	210
lnpopr	3.970	0.258	3.120	4.495	210
lnopen	17.475	1.649	13.570	20.819	210
lnGDPfir	2.081	0.856	-0.946	3.264	210

资料来源：作者绘制。

二、直接效应检验结果

为了进行全面系统分析，分别从全国层面和不同区域角度进行直接效应检验分析（见表 5-3）。经过 Hausman 检验，实证模型选择固定效应模型。表 5-3 第（1）列显示了全国层面的结果，可以看出农产品品牌和市场一体化程度显著促进了农业收入增长，这与理论命题完全一致；农业固定资产投资水平、城镇化率、对外开放和农业产业结构也都显著促进农业收入增长。第（2）列和第（3）列分别显示了东部和中西部区域回归结果，发现农产品品牌和市场一体化程度对于东部地区农业发展的促进作用远大于中西部地区，这也解释了图 5-1 所示的尽管区域农产品品牌化程度和市场一体化程度差异与区域农业收入差异同步缩小，但是东部和中西部区域存在农业收入绝对差异依旧较大的现象，因此中西部地区更应该强化提升本地区农产品品牌建设和农业市场化体系建设。东部地区农业固定资产投

表 5-3 直接效应检验基准回归结果

	(1)	(2)	(3)
	全国	东部	中西部
lngeo	0.112** (2.45)	0.180*** (5.00)	0.095** (2.21)
segm	0.086*** (3.98)	0.090*** (3.68)	0.048** (2.17)
lninv	0.081* (1.99)	0.161*** (10.02)	-0.039 (-0.59)
lnpopr	1.097** (2.47)	-0.137 (-0.65)	2.419*** (4.14)
lnopen	0.108*** (4.14)	0.101 (1.49)	0.120*** (3.50)
lnGDPfir	0.492*** (3.32)	0.363*** (3.93)	0.881*** (5.23)
_cons	-7.755*** (-3.85)	-2.696* (-1.92)	-13.52*** (-5.75)
R^2	0.833	0.897	0.860
AIC	-471.9	-224.7	-300.7
BIC	-451.8	-210.7	-283.3

注：①括号内为 t 值；②* 表示 $p<0.10$，** 表示 $p<0.05$，*** 表示 $p<0.01$。

资料来源：作者绘制。

资和中西部地区城镇化率与农业收入增长呈显著正相关，而东部地区城镇化率和中西部地区农业固定资产投资与农业发展呈负相关，但未通过显著性检验。这可能与两区域的不同发展阶段和农地特征有关，即东部地区的城镇化率已达到较高的水平，而中西部地区城镇化率相对较低，西部地区城镇化水平能够显著提升农业收入水平，但由于西部气候条件和农地特征，农业固定资产投资条件也要求更高。东部地区和中西部地区对外开放程度与农业发展均呈正相关，尽管东部地区未达到显著性水平，但中西部地区则非常显著；东部地区和中西部地区的第一产业比重与农业收入增长均具有显著的正向关系，这体现了农业发展的规模经济效应。

为保证回归结果的稳健性，进一步选取第一产业增加值作为因变量进行稳健性检验（见表 5-4）。从结果来看，第（1）列显示了全国层面的结果，农产品品牌和市场一体化程度显著促进农业收入增长，与基准回归结果基本一致，控制变量结果也与基准回归结果基本一致。第（2）列和第（3）列分别显示了东部和中西部区域回归结果，我们发现农产品品牌和市场一体化程度对于东部地区农业发展的促进作用远大于中西部地区，这与基准回归结果基本一致。

表 5-4 直接效应检验稳健性回归结果

	（1）	（2）	（3）
	全国	东部	中西部
lngeo	0.121*** (4.58)	0.154*** (11.09)	0.114*** (4.00)
segm	0.072*** (4.11)	0.071** (2.81)	0.031 (1.61)
lninv	0.038 (1.29)	0.070*** (4.29)	-0.026 (-0.55)
lnpopr	1.265*** (3.75)	0.374 (1.65)	2.201*** (4.65)
lnopen	0.098*** (4.25)	0.203*** (3.63)	0.105*** (4.34)

续表

	(1)	(2)	(3)
	全国	东部	中西部
lnGDPfir	0.584*** (4.52)	0.380*** (4.11)	0.939*** (6.81)
_cons	-1.910 (-1.21)	-0.345 (-0.26)	-5.947*** (-3.00)
R^2	0.893	0.923	0.924
AIC	-620.4	-280.0	-408.7
BIC	-600.4	-265.9	-391.4

注：①括号内为 t 值；②* 表示 $p<0.10$，** 表示 $p<0.05$，*** 表示 $p<0.01$。
资料来源：作者绘制。

三、空间溢出效应检验结果

表 5-5 报告了基于经济地理矩阵的空间动态面板杜宾模型回归结果。从检验结果看，动态空间模型中 F 值和 Wald 值均显著，全国范围内的空间 Moran's I 值显著，反映出存在空间相关性关系。以全国为例来具体分析：①被解释变量的时间滞后项系数为 0.44，且在 1%水平下显著，这表明农业收入增长受上期基数影响较大，这一项既解决了内生性问题，也使得回归结果更具现实。显然，对于农业收入增长而言，前期的积累具有重要决定作用。②农产品品牌和市场一体化程度对农业收入增长的直接效应显著为正，相关系数分别为 0.07 和 0.03，显然符合理论命题预期。③城镇化率、对外开放度和第一产业占比等控制变量对农业收入增长的直接效应与农业收入增长均呈正相关，除农业固定资产投资外，其他控制变量都达到显著性要求。④周边市场一体化程度对本地农业收入增长产生显著抑制作用，而周边农产品品牌对本地农业收入增长的影响未达到显著性要求，这验证了市场一体化程度对农业收入增长的空间溢出效应，而农产品品牌化程度的空间溢出效应尚未体现，这从计量理论层面验证了《中国农产品品牌发展研究报告》中中国农产品品牌影响力相对停留在局部的观

点。⑤此外，周边城镇化率和第一产业占比对本地农业收入增长也存在正向溢出效应。与全国范围不同，分区域的实证结果呈现出分异特征，这也体现了中国的大国特征对农业收入增长的复杂机制。

表 5-5　空间溢出效应检验的基准回归结果（经济地理矩阵）

	(1)	(2)	(3)
	全国	东部	中西部
L.lngdpp	0.436*** (5.86)	0.419*** (3.92)	0.300*** (5.52)
lngeo	0.065** (2.47)	0.162*** (3.28)	0.048** (2.02)
segm	0.032** (2.19)	0.034 (1.12)	0.011 (0.70)
lninv	0.000 (0.01)	0.022 (0.98)	−0.004 (−0.20)
lnpopr	0.947*** (5.18)	0.533 (1.31)	1.079*** (4.16)
lnopen	0.059** (2.57)	−0.098 (−1.25)	0.044* (1.93)
lnGDPfir	0.158*** (3.22)	0.123* (1.88)	0.420*** (7.51)
W × lngeo	0.026 (0.54)	0.098 (1.44)	−0.004 (−0.07)
W × segm	−0.093*** (−2.84)	−0.043 (−0.70)	0.003 (0.10)
W × lninv	−0.068 (−1.05)	0.170* (1.91)	−0.176*** (−2.89)
W × lnpopr	1.309** (2.16)	−1.998* (−1.96)	2.368*** (4.21)
W × lnopen	0.018 (0.39)	−0.072 (−0.42)	−0.039 (−1.13)
W × lnGDPfir	0.381** (2.53)	0.497* (1.69)	0.352** (2.44)
_cons	−10.870*** (−4.42)	7.279 (1.00)	−14.840*** (−8.14)

续表

	(1)	(2)	(3)
	全国	东部	中西部
Wald	2209.097	496.336	3121.136
F	169.931***	38.180***	240.087***
R^2	0.930	0.904	0.969
Log-L	282.713	113.114	185.832
Moran	0.081**	-0.024	0.025

注：①括号内为t值；②* 表示 $p<0.10$，** 表示 $p<0.05$，*** 表示 $p<0.01$。

为保证回归结果的稳健性，在此采用地理邻接空间权重矩阵进行稳健性检验。表5-6报告了基于邻接矩阵的空间动态面板杜宾模型回归结果。大多数结果与采用经济距离矩阵时的基本一致。具体来看：①被解释变量的时间滞后项系数为0.43，且在1%水平下显著；②农产品品牌和市场一体化程度对农业收入的直接增长效应显著为正，相关系数分别为0.09和0.05，与采用经济距离矩阵时的结果基本一致；③农业收入增长与农业固定资产投资、城镇化率、对外开放和第一产业占比与采用经济距离矩阵时的结果基本一致；④周边农产品品牌和市场一体化程度对本地农业收入增长产生抑制作用，但尚未达到显著性要求；⑤周边城镇化率对本地农业收入增长产生显著促进作用，原因在于周边越来越多的非农人口需要购买农产品，使得农产品市场总体需求扩大，有利于本地农产品销售。东部地区和中西部地区的空间Moran's I值并不显著，未反映出空间相关性特征，故在此不再做具体分析。

表5-6 空间溢出效应检验的稳健性回归结果（邻接矩阵）

	(1)	(2)	(3)
	全国	东部	中西部
L.lngdpp	0.431*** (6.59)	0.475*** (4.65)	0.444*** (6.60)
lngeo	0.091*** (3.46)	0.100*** (2.80)	0.098*** (3.40)

续表

	(1)	(2)	(3)
	全国	东部	中西部
segm	0.051*** (3.65)	0.030 (1.09)	0.031* (1.90)
lninv	0.027 (1.48)	0.038* (1.77)	−0.032 (−1.20)
lnpopr	0.900*** (4.74)	1.356*** (4.21)	1.437*** (5.66)
lnopen	0.050* (1.94)	0.151 (1.67)	0.065*** (3.03)
lnGDPfir	0.188*** (4.53)	0.095 (1.50)	0.421*** (5.28)
W × lngeo	−0.064 (−1.33)	−0.133** (−2.17)	−0.091 (−1.26)
W × segm	−0.034 (−1.08)	−0.148*** (−3.13)	−0.016 (−0.44)
W × lninv	−0.053 (−1.58)	−0.148** (−2.65)	−0.015 (−0.23)
W × lnpopr	0.662* (1.68)	3.501*** (3.88)	0.425 (1.05)
W × lnopen	−0.021 (−0.57)	0.205* (1.92)	−0.050 (−1.37)
W × lnGDPfir	0.157 (1.64)	0.004 (0.03)	0.144 (0.74)
_cons	−7.168*** (−4.78)	−25.230*** (−4.82)	−8.496*** (−4.72)
Wald	2050.381	588.356	2213.987
F	157.722***	45.258***	170.307***
R^2	0.925	0.917	0.956
Log-L	287.683	118.749	182.827
Moran	0.085**	−0.013	0.013

注：①括号内为 t 值；②* 表示 $p<0.10$，** 表示 $p<0.05$，*** 表示 $p<0.01$。

第五节　小结与政策启示

本章通过构建空间一般均衡理论模型，分析了农产品品牌和市场一体化对农业收入增长的直接影响效应和空间溢出效应。研究发现提高农产品品牌化程度和市场一体化程度对本地农业收入增长具有正向促进作用；农产品品牌和市场一体化程度对于周边区域具有负向空间溢出效应。通过选取中国省级层面数据进行实证检验发现，除农产品品牌的空间溢出效应尚未体现，全国层面的实证分析验证了理论命题；分区域的检验呈现分异特征，农产品品牌和市场一体化程度对于东部地区农业发展的促进作用大于中西部地区。

上述结论的启示是：一要全面推进品牌强农战略，按照乡村振兴战略的部署要求，立足资源禀赋，着力塑造品牌特色，提升农产品品质，加快构建现代农业品牌体系，充分释放农产品品牌的空间溢出竞争力；同时加强农产品品牌保护、品牌营销和区域协作，严格控制地理标志农产品质量，强化农产品地理标志使用监管。二要着力提高农产品市场一体化程度，科学规划农产品流通布局，加大农产品运输基础设施和装备投入，大规模发展农产品批发市场；打破农产品区域市场分割，加快农产品区域市场一体化体系建设，不断扩大农产品市场范围；建立科学系统的农产品物流成本核算体系，降低农产品物流、人力和技术成本。三要加快提升农业信息化水平，在中国大力提倡农业信息化的政策推动下，构筑完善全国农产品信息化平台，持续推进农业电子商务和农业物联网建设，提高农产品物流信息化程度，强化对相关技术的开发和人才的培养。

第六章　中国工业平衡充分发展：以高技术产业为例

第一节　高技术产业创新区位与增长现状

改革开放以来，中国经济发展先后经历了要素驱动和投资驱动的主导阶段，新时代以来则开始稳步转向创新驱动和高质量发展阶段。在创新驱动和高质量发展阶段，创新活动是提升产业竞争力和实现产业繁荣发展的决定因素，产业竞争的核心将由传统要素禀赋和物质资本转向知识技术与人力资本。从这个角度讲，创新活动对于中国未来产业平衡充分发展至关重要。

高技术产业作为由高技术的研究、开发、生产、推广和应用等所形成的产业，是创新活动的重要载体。随着中国创新驱动战略的推进，高技术产业日益成为区域竞争力的重要体现，是建设现代化经济体系的重要支撑。然而，进入21世纪以来，中国高新技术产业的不平衡问题也日益凸显。值得关注的一个特征事实是：尽管中国东部与中西部地区间高新技术产业创新成本差异在逐步缩小，但是地区间创新增长差异却在扩大。图6-1是以泰尔指数刻画的中国区域之间创新成本与创新增长差异变动图[①]。

① 关于“创新增长”“创新成本”指标刻画，详见实证部分说明。

可以发现，自 2005 年以来中国区域间创新成本差异在持续缩小，组间差异贡献率从 62.5%下降到了 2016 年的 8.1%；与此同时，区域间创新增长差异基本呈现持续扩大态势，组间差异贡献率从 11.5%上升到了 2016 年的 35.0%。为什么创新成本差异缩小而创新增长在区域之间呈现持续背离的走势呢？我们可以称这一问题为区域创新增长分异之谜[①]。

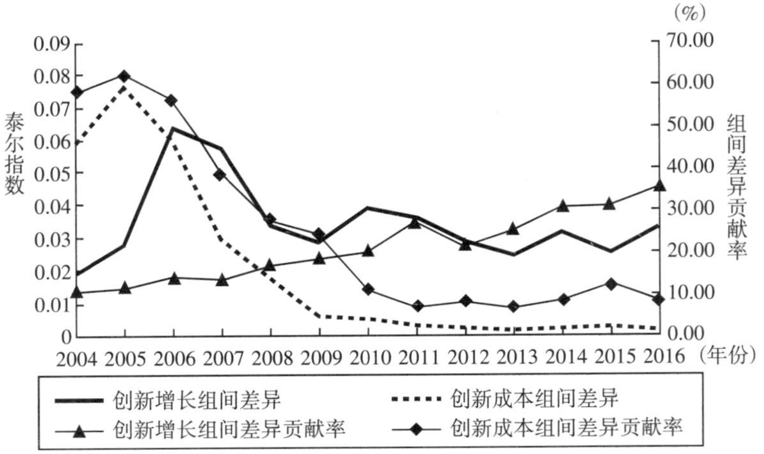

图 6-1 高技术产业创新成本与创新增长区间差异变动图

资料来源：作者绘制。

第二节 创新区位与增长相关文献回顾

自 20 世纪初奥地利经济学家熊彼特开启“创新理论”研究以来，创新增长分异问题一直是一个重要理论议题，其中涉及的两个重要研究维度便是创新增长与创新分布问题，实际上就是回答“创新怎么来”与“创新在哪儿”的问题。关于创新增长维度的研究，先后经历了两大发展阶段——新古典增长理论和新增长理论。新古典增长理论认为，经济增长来

① 所谓创新增长分异，就是随时间变化创新活动在空间上呈现分化趋势。

源于要素的增长率和外生的技术进步，特别强调了政府对于技术创新干预的重要性。但是新古典增长理论假定了外生的技术进步，因而就无法对影响技术进步的因素做进一步的分析解释。新增长理论弥补了新古典增长理论的不足，将创新与技术进步作为促进经济增长的内生性因素，并且认为创新研发是实现创新增长的关键因素，从创新“效益”视角给出了科学回答，即厂商根据利润最大化原则进行生产与创新决策，当创新的长期收益大于生产收益时，厂商愿意对新知识、新技术进行投资，从而保证了企业的有效供给，也保证了市场上的有效需求（Romer，1986；Aghion and Howitt，1992；Hanusch and Pyka，2007）。大量实证研究也验证了创新研发创新增长的影响作用。Hu 和 Jefferson（2004）通过三方程系统实证发现，企业用于技术创新的研发投资对于创新增长具有显著正影响作用，孙晓华和王昀（2014）、刘建翠（2007）、戴魁早（2011）、李若曦（2018）等、刁秀华（2018）等也都定量分析了 R&D 对中国高技术产业创新增长的影响，得到了一致结论。

关于创新分布维度的研究，其实与新古典增长理论同期，创新的空间问题就引起了地理学家的关注，比如 1953 年 Hagerstrand 提出了创新三阶段空间扩散的观点，1977 年 Pred 解释了创新通过城市体系的等级扩散，认为大城市在这个过程中占据循环优势，但当时这些并没有成为地理学研究的主流领域。直到 20 世纪 80 年代以来，伴随着知识经济的发展，创新、创意成为区域发展的决定性因素，特别是自弗里德曼提出创新地理学以来，创新地理学成了一个重要的研究方向，国内外学者进行了深入研究，将创新与技术进步作为促进经济增长的内生性因素，总的看法是知识溢出、技术关联、集聚效应、创新环境、网络系统等都是影响创新区位的重要因素。大量实证研究也验证了空间因素对产业创新时空分异的影响作用。从知识溢出角度，周明（2008）等认为空间知识溢出效应对区域技术创新起正向推动作用并且效果显著。刘军（2010）等也发现产业集聚对区域创新有正向推动效应并且效果显著。也有不少学者发现产业集聚对区域技术创新的影响并不显著（史修松，2008；吕承超，2016）。已有的实证研究也表明，产品市场角度的空间分割也是影响产业创新增长的重要因素。张军和施少华（2003）基于DEA的Malmquist指数法研究，发现对外开放度与TFP增长率呈显著正相关。赵永亮和刘德学（2009）以中国12个城市六大类商品价格为样本，研究市场一体化对创新效率的影响，发现地方保护壁垒导致的市场化程度下降，造成创新效率的降低。孙早（2014）等对R&D溢出效应进行分析，得出市场一体化对创新效率有正向影响，即市场化改革通过提高R&D溢出对中国工业TFP增长有显著促进效应。贺灿飞（2007）、孙英隽和高泽坤（2016）以及袁茜（2019）等的研究也证实了一体化有利于提升高技术产业研发效率，从区域一体化的视角为中国高技术产业创新发展提供了参考依据。

上述研究主要依据主流经济增长理论或创新地理理论对创新活动空间差异问题进行解释，为科学把握创新增长分异问题做出了有益探索，但也各有其局限性：①增长理论研究者从创新研发角度科学解释了创新发生的内生必然性，揭示了持久创新的动力机制，能够解释长期创新增长问题，但它通过假定同质空间忽视了空间作用，给人的印象是创新活动发生在针尖上，这样就难以解释创新在空间维度的分异问题；②创新地理研究者从空间维度揭示了创新的分布与空间作用机制，但是并未从生产角度考虑创新的“来源”问题，给人的感觉是空间作用能让创新活动“从天而降”；③目前实证研究多集中于探讨R&D活动、空间壁垒对于TFP的影响，而就创新投入成本、空间分割对于创新时空分异的机制研究较为少见。事实上，创新活动的动态产出与区位分布代表了创新发展的时间属性和空间属性，是同一问题的两个方面，而早期关于这两个问题的研究却缺乏有效的联系。为此，国内外学者就尝试开始基于创新的增长与分布的整合模型研究（Martin and Ottaviano，1999；Baldwin and Forslid，2001；Hirose and Yamamoto，2005；董亚宁等，2018）。然而这些研究，要么忽略微观主体异质性假设，当运输成本下降到一定程度后，流动要素由最初的区间对称分布突发性地转变为中心外围结构，这样的理论结果在解释现实问题时往往显得苍白无力（杨开忠等，2016）；要么假设“运输成本”双向同质性，而现实中“运输成本”存在明显的空间双向非对称性。

因此，本章试图基于基础理论研究，探究“创新成本+空间分割→创新增长分异”影响机制，提出解释创新增长分异的内生性创新增长理论框架（见图 6-2）①。具体而言，本节针对传统研究忽视创新动态增长与空间分布整合的局限，首先从“成本—空间”视角引入创新成本与空间分割，构建了包含微观异质性企业的空间经济增长整合模型；其次运用数理方法探讨了创新成本、空间分割对创新增长分异的影响机制；最后以中国高技术产业为例，从全国和区域尺度检验创新投入、空间分割对于创新增长分异的影响机制，力图揭示高技术产业创新地理增长的现实逻辑，进而为促进中国高技术产业平衡充分发展提供科学理论依据。本章主要有两个方面的贡献：一是从创新成本和空间因素综合维度探讨创新增长分异问题，构建了一个包含时间维度和空间维度的空间内生创新增长理论框架，整合并发展了传统创新增长理论和空间经济学理论关于这一问题的分析机制；二是结合中国高技术产业相关数据，实证检验理论分析所得基本假设，为创新研发、空间壁垒对中国高技术企业空间分布及其创新发展的影响机制提供现实依据。

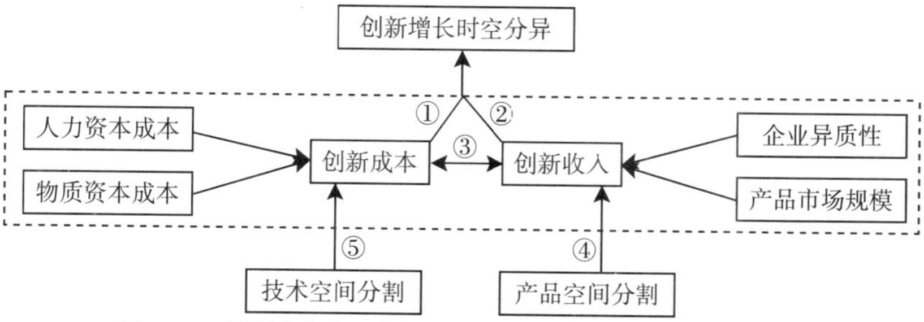

图 6-2　“创新成本—空间分割—创新增长分异”影响机制

资料来源：作者绘制。

① 图 6-2 中，①表达的是基于传统新古典生产函数的创新增长问题研究；①+②表达的是包括内生创新增长机制的创新增长研究；④反映的是地理空间视角的创新问题研究；①+②+③+④+⑤表达的是本节的综合框架。

第三节 高技术产业创新区位与增长理论分析

一、模型构建

基于空间经济增长理论，在引入空间因素的基础上，构建一个更加符合实际的多区域、三部门、三要素内生创新增长模型。整个经济体 R 由 N 个区域组成，且 N 个区域对 R 构成一个连续性分割（R_1，…，R_N）；三部门分别为传统产业部门、高技术产业部门和专利创新部门。高技术产业部门生产多样化产品，区域 r 的高技术产业部门产品种类为 n_r，产品种类由创新部门创造决定。三种生产要素分别为创新劳动力（H）、技能劳动力（L）以及资本（K）；创新劳动力可在任意区域自由流动，技能劳动力在多区域均衡分布。每个区域的技能劳动力总量为 L = 1，且在各区域名义工资 w 相同；区域初始创新劳动力（H）为外生 $\overline{H}=\sum_{r=1}^{N} H_{r,t-1}$，区域 r 拥有的创新劳动力禀赋为 H_r，且服从相同异质性分布。

产品需求方面，消费者效用函数用柯布–道格拉斯型效用函数表示，设定为包含传统产品消费量（C_A）和高技术产品消费量（C_H）的效用函数。区域 r 代表性消费者效用函数为：

$$U_r=\left(\frac{C_{Ar}}{\mu_T}\right)^{\mu_T}\left(\frac{C_{Hr}}{1-\mu_T}\right)^{1-\mu_T}\quad C_{Hr}=\left(\int_{i=0}^{n_r} c_{Hri}^{\ \rho}\,di+\sum_{s=1,s\neq r}^{N}\int_{i=0}^{n_r} c_{Hsi}^{\ \rho}\,di\right)^{1/\rho} \tag{6-1}$$

其中，μ_T、$1-\mu_T$ 分别表示传统产品和高技术产品支出份额，c_{Hi} 为消费者对第 i 种高技术产品的消费量。r 区域消费者面临的预算约束为：

$$P_{Ar}C_{Ar}+P_{Hr}C_{Hr}=E_r \tag{6-2}$$

其中，E_r 为 r 区域总收入，P_{Ar}、P_{Hr} 分别为传统产品和高技术产品价格指数。

产品供给方面，假设传统产品部门完全竞争，单位传统产品需要单位技能劳动力生产。每个异质性高技术企业 i 使用一单位专利和 a_i 单位技能劳动力只生产一种差异化产品，并将专利技术作为固定投入，高技术企业异质性体现在每个企业雇用数量不同的技能劳动力。借鉴 Baldwin 等的设定，假设 a_i 服从帕累托累计概率分布函数为 $G[a_i]=(a_i/a_0)^k$，其中，$a_0 \geqslant a_i > 0$，$k \geqslant 1$，k 为形状参数，a_0 表示高技术企业劳动投入上限。高技术专利创新部门利用创新劳动力和资本作为投入研发新的专利。从专利创新角度，每个区域都有吸收其他区域专利知识的能力，假设区域 r 吸收所有区域专利知识的能力为 $\lambda_r(0 \leqslant \lambda_r \leqslant 1)$，依赖于区域技术一体化程度，这样区域 r 创新专利成本满足 $c_{Tr}=f(\eta_{Hr}H, \eta_{Kr}K)/\sum_{s=1}^{R}\lambda_r s_r$，并满足 $\partial c_{Tr}/\partial\eta_{Hr}>0$，$\partial c_{Tr}/\partial\eta_{Kr}>0$，$\partial c_{Tr}/\partial\lambda_r<0$。这里的创新专利生产，可以理解为创新研发部门通过投入 R&D 研发人员和专利经费进行专利研发，这种专利研发可以通过自身积累来支持新专利开发并不断降低专利开发成本，并且专利开发还具有空间溢出效应，一旦新专利开发形成后就可以创办成立新的高技术企业。高技术专利创新部门根据创新成本和专利收益进行内生创新决策，设定区域 r 专利创新增长速度为 g_r，创新决策满足：

$$v=\int_0^{\infty} e^{-\rho t}(\pi_r e^{-g_r t})dt=\pi_r/(\rho+g_r) \tag{6-3}$$

二、均衡分析

基于上述理论假设，在空间均衡条件下，消费者实现效用最大化，异质性高技术企业 i 会根据收益最大化进行区位选择，即对于高技术企业而言，如果其选择迁移到区域 r，那么必定有 $\pi_r \geqslant \pi_{s\neq r}$。在高技术企业区位选择过程中，当高技术企业在各区域收益相等，即满足 $\pi_r(a_R)=\pi_s(a_R)$ 时，此时高技术企业迁移临界边际生产率为 a_R，即区域 s 边际成本小于 a_R 的企业将迁移至区域 r。通过短期均衡求解，区域 r 高技术企业收益为：

$$\pi(a_R)=\frac{\mu E^w}{\sigma\gamma K^w}\left(\left(\sum_{s=1}^{R}\phi_s s_{Es}\right)\Big/\left(s_r\phi_r+(1-s_r)\phi_r a_R^v+\sum_{s=1,s\neq r}^{N}s_s\phi_s(1-a_R^v)\right)\right)a_R^{1-\sigma} \tag{6-4}$$

其中，$s_{Er}=E_r/E^w$，表示区域 r 支出份额；ϕ_r 表示区域 r 高技术产品的市场一体化程度。在长期均衡条件下，对于任意区域 r 满足 $\dot{s}_r=(\pi_r(a_i)-\pi_s(a_i)^*)\prod_{s=1}^{R}s_s$。对于创新活动，长期均衡条件下满足 q = v/F = 1，求解可得区域 r 创新动态增长率为：

$$g_r=s_r b\left(\left(\sum_{s=1}^{R}\phi_s s_{Es}\right)\Big/\left(s_r\phi_r+(1-s_r)\phi_r a_R^v+\sum_{s=1,s\neq r}^{N}s_s\phi_s(1-a_R^v)\right)\right)E^w/c_{Tr}-\rho \tag{6-5}$$

其中，ρ 为动态时间优先选择率。下面进行比较静态分析，分析空间一体化对于创新增长的影响机制。产品市场一体化程度方面，将式（6-5）对 ϕ_r 求导，可得 $\partial g_r/\partial\rho>0$，这表明产品市场一体化程度越高的区域，产业创新增长率越高；然后分析技术创新一体化程度对高技术产业增长的影响，将式（6-5）对 λ 求导，可得 $\partial g_r/\partial\lambda_r>0$，说明随着创新一体化程度的提高产业创新增长率也不断提高。通过对式（6-5）求导，分别得到 $\partial g_r/\partial\eta_{Hr}<0$，$\partial g_r/\partial\eta_{Kr}<0$，这意味着创新成本的提高，会使更多的高技术企业减少创新投入，产业创新增长的速度会降低。

通过上述分析，得出如下命题：

命题 6-1： 效益维度，较高的创新成本会阻碍区域创新增长；空间维度，较高的产品空间一体化程度和技术一体化程度有利于创新增长。

第四节　高技术产业创新区位与增长实证检验

上述理论分析揭示了创新成本、空间分割对产业创新增长的影响机理，下面将选取中国省级层面高技术产业数据进行实证检验，试图验证创新成本、空间分割对创新增长的影响事实，进而揭示高技术产业创新增长的现实逻辑。

一、计量模型设定与变量选取

考虑到要探讨创新成本、空间分割对高技术产业创新增长的影响，由于大多数研究因忽视创新增长的空间相关性、动态性以及模型内生性问题而导致估计结果有偏。这里需要强调的是，由于创新增长与创新投入可能存在双向反馈作用，即通过促进创新增长，创新发达的地区可能倾向于投入更多的要素开展创新活动。因而，模型内生性的存在使得上述结论可能存在偏误。为此，参照现有文献对工具变量进行选取，这里采取创新增长的滞后 1 期作为对应的工具变量。由于上一期创新增长一般与当期创新增长密切相关，满足相关性规定；同时，由于滞后 1 期创新增长的决策与当期创新投入无关，这样就满足与误差项不相关假定。综上分析，本节将选取空间滞后模型，以期得到更加可信的实证结果，表达式为：

$$Y_{it\_SAR} = \alpha Y_{it-1} + \rho WY_{it} + \gamma WY_{it-1} + \beta X_{it} + \varepsilon_{it} \tag{6-6}$$

其中，WY_{it-1} 表示被解释变量的空间—时间滞后项，γ 表示其对应系数；α 和 ε_{it} 分别表示被解释变量的空间—时间滞后项系数和误差项。

根据理论分析，高技术产业创新增长（g）主要取决于创新劳动力成本（η_H）、创新资本成本（η_K）、空间分割程度（ϕ、ϕ^*）以及创新一体化程度（λ）。为此变量选取如下：①高技术产业创新增长用高技术企业平均专利申请数量（patf）来刻画，作为被解释变量。②创新劳动力成本用高技术产业主营业务收入与高技术产业 R&D 人员数比值（incrd）来衡量，创新资本成本以每单位高技术产业专利申请数的 R&D 经费投入（patrd）来刻画。③产品市场分割程度用商品市场分割指数（segm）表示，该指数与市场一体化程度呈负相关，这里借鉴桂琦寒（2006）等、陈红霞和李国平（2009）的价格法进行计算。首先，计算相邻省（市、自治区）i 和 m 的

相对价格绝对值为 $|P^{Z}_{imt}|=|\ln(P^{Z}_{it}/P^{Z}_{mt})-\ln(P^{Z}_{it-1}/P^{Z}_{mt-1})|$，z 表示第 z 类商品；其次，消除与特定商品相关的固定效应导致的系统偏差；最后，计算方差，将计算得到的方差按省（自治区、直辖市）合并求均值可得市场分割程度指标。④创新空间溢出程度则体现在因变量的空间溢出系数 γ，考虑到知识空间溢出的时滞性，这里采取滞后 1 期变量。⑤除了上述影响因素，产业创新增长还受产品市场规模影响，因此以各省高技术产业主营业务收入占比（incop）表示。基于上述变量选取，设定如下计量模型：

$$\ln patf_{it\_SAR}=\alpha\ln patf_{it-1}+\rho\sum_{j=1}^{N}w_{ij}\ln patf_{it}+\gamma\sum_{j=1}^{N}w_{ij}\ln patf_{it-1}+\beta_1\ln incrd_{jt}+\beta_2\ln incop_{jt}+\beta_3\ln segm_{jt}+\beta_4\ln patrd_{jt}+\varepsilon_{it} \tag{6-7}$$

其中，w_{ij} 为空间权重矩阵。不同空间单元高技术产业活动之间的相关性除了会受到距离因素影响之外，还会受到经济因素的影响。基于此，本节构建了经济特征空间权重矩阵 w_{ij}，表达为：

$$w_{ij}=\begin{cases}(E_i\times E_j)/d_{ij} & i\neq j\\ 0 & i=j\end{cases} \tag{6-8}$$

其中，E_i 表示 i 地区 2003~2016 年平均真实 GDP 占所有地区真实 GDP 比重（真实 GDP 以 1978 年为基期）；d_{ij} 为 i 地区与 j 地区之间的距离；i 和 j 分别表示两个不同的地区。本节将分别选取地理邻接空间权重矩阵、地理距离空间权重矩阵和经济特征空间权重矩阵进行稳健性对比分析。

二、数据来源与描述性统计

选取 2003~2016 年中国 30 个省级面板数据，不包括西藏、香港、澳门和台湾，所需数据来源于历年《中国高技术产业统计年鉴》和《中国统计年鉴》。其中，部分年份个别数据存在缺失值，为有效利用数据信息，采用前一年数据补缺失值。通过对数据进行描述性统计分析得到表 6-1，表 6-1 为各变量的基本情况。

表 6-1　变量描述性统计结果

刻画指标	变量表示	均值	标准差	最小值	最大值
g	patf	2.317	2.364	0.011	13.121
η_H	incrd	0.270	0.389	0.019	4.433
η_K	patrd	220.564	189.845	1.086	2280.000
ϕ、ϕ^*	segm	0.000	0.000	0.000	0.003
s_E	incop	3.333	6.021	0.017	31.264

资料来源：作者绘制。

三、基于全国尺度的结果分析

基于以上研究设计，通过选取空间面板动态模型，讨论创新成本、空间分割对高技术产业创新增长的影响。首先采用稳健标准误 OLS 模型进行回归（见表 6-2 第 2 列），从 OLS 回归结果可知，R^2 低于 0.7，表明模型的拟合度相对较低；然而 SAR 模型的拟合度则较好（R^2 接近 1），即解释变量对被解释变量的解释较为充分。从 SAR 模型回归结果（见表 6-2 第 3~5 列）可知，在采用三种不同空间权重矩阵时，SAR 模型回归系数相差不是很大；空间自回归系数（rho）皆在 1%水平上显著为正，存在空间自回归效应。但是从 Moran 指数检验看，邻接矩阵与经济矩阵显著，其空间依赖性很明显，验证了空间自相关性的存在；与其他两种矩阵相比，经济矩阵的拟合优度均有提高，且 AIC 和 SC 均有所降低，LIK 有所增加，各种检验值均有显著改善，因此基于经济矩阵的模型结果更优。

表 6-2　OLS 和 SAR 回归结果

变量	OLS	SAR		
		邻接矩阵	距离矩阵	经济矩阵
C	-1.446^{***} (−2.730)	1.697^{***} (5.610)	1.713^{***} (5.450)	2.006^{***} (6.890)
lnpatf_{-1}		0.181^{***} (6.920)	0.168^{***} (6.030)	0.123^{***} (4.730)

续表

变量	OLS	SAR		
		邻接矩阵	距离矩阵	经济矩阵
$W \times lnpatf_{-1}$		0.563*** (15.710)	0.556*** (14.650)	0.690*** (17.770)
lnincrd	−0.577*** (−10.900)	−0.670*** (−15.070)	−0.649*** (−13.930)	−0.631*** (−14.890)
lnpatrd	−0.806*** (−12.640)	−0.742*** (−22.930)	−0.737*** (−21.960)	−0.733*** (−23.880)
lnsegm	−0.560*** (−11.760)	−0.126*** (−4.230)	−0.126*** (−4.070)	−0.073** (−2.530)
lnincop	0.301*** (11.200)	0.926*** (11.120)	0.942*** (10.940)	0.834*** (10.410)
rho		0.563***	0.556***	0.690***
R^2	0.523	0.909	0.904	0.919
F	120.590	642.568	600.709	722.826
Wald		3855.410	3604.256	4336.957
Moran's I		0.121***	0.031	0.107***
AIC		0.136	0.142	0.108
LLF		−157.969	−165.596	−112.722

注：* 表示 $p<0.1$；** 表示 $p<0.05$；*** 表示 $p<0.01$。

下面着重以基于经济矩阵的结果进行分析。具体来看，高技术产业创新增长的时间滞后项系数和空间溢出项系数皆在1%显著性水平下为正，说明上一年高技术产业创新对于当年创新增长具有正向促进效应；同时，创新活动具有明显的空间溢出效应，即周边创新活动能够显著促进本地创新增长，这体现了创新空间溢出对于创新增长的作用。创新劳动力成本与创新资本成本对高技术产业创新增长的影响显著为负，这说明创新成本依旧是制约高技术产业创新增长的关键因素。产品空间分割程度对创新增长的影响也是显著为负，尽管由于指数刻画系数小，导致其影响系数较小，但是绝不能忽视产品空间分割对创新增长的抑制作用，特别是在创新成本区域趋同的情形下。显然，创新产品市场规模也是影响创新增长的重要因素，地区高技术企业主营业务收入占比越大，该地区高技术企业平均专利申请量越高。实证结果有效验证了理论命题。

四、稳健性检验

为了对上述分析的可靠性进行确认，下面进行稳健性检验。根据理论模型创新研发部门理论假设，这里从创新投入角度把被解释变量替换成单位高技术企业 R&D 从业人员，即以高技术企业 R&D 从业人员衡量创新增长。表 6-3 基于邻接矩阵、距离矩阵和经济矩阵的空间 SAR 模型，估计了创新成本、空间分割对替换后创新增长的影响结果。依据模型判别法则，依旧选择基于经济矩阵的结果进行分析。可以看出，研究结论具有很强的稳健性，唯独需要说明的是创新资本成本系数为正，因为这里衡量创新增长的变量是创新投入角度的创新劳动力投入，而劳动力要素和资本要素作为创新投入两个不可替代的方面，应该具有同向关系。

表 6-3　稳健性检验结果

变量	OLS	SAR		
		邻接矩阵	距离矩阵	经济矩阵
C	-2.756^{***} (−9.100)	-1.832^{***} (−13.100)	-1.884^{***} (−13.530)	-1.931^{***} (−17.030)
$lnpatf_{-1}$		0.122^{***} (7.960)	0.118^{***} (7.710)	0.098^{***} (7.890)
$W \times lnpatf_{-1}$		0.602^{***} (24.820)	0.627^{***} (25.070)	0.803^{***} (34.420)
lnincrd	-0.832^{***} (−25.960)	-0.969^{***} (−48.310)	-0.943^{***} (−47.140)	-0.949^{***} (−58.330)
lnpatrd	0.086^{**} (2.470)	0.036^{**} (2.200)	0.041^{**} (2.520)	0.046^{***} (3.560)
lnsegm	-0.371^{***} (−12.760)	-0.077^{***} (−5.320)	-0.079^{***} (−5.500)	-0.023^{*} (−1.870)
lnincop	0.214^{***} (13.620)	0.871^{***} (20.490)	0.817^{***} (18.530)	0.682^{***} (17.970)

续表

变量	OLS	SAR		
		邻接矩阵	距离矩阵	经济矩阵
rho		0.603***	0.627***	0.803***
R^2	0.740	0.951	0.952	0.969
F	344.620	1235.905	1267.309	1994.646
Wald		7415.432	7603.853	11967.873
Moran's I		0.127***	0.192***	0.163***
AIC		0.043	0.036	0.025
LLF		68.125	103.261	173.216

注：* 表示 $p<0.1$；** 表示 $p<0.05$；*** 表示 $p<0.01$。

全国层面的经验研究理论与理论命题完全吻合，看来创新成本、空间分割对于创新增长具有决定性作用。然而，中国幅员辽阔，区域异质性特征明显，为了更加精准把握不同区域影响创新增长的瓶颈制约，科学回答前面提到的区域创新增长分异之谜，下面分别按照东、中、西部三大区域进行分析，实证结果见表 6-4。考虑到篇幅限制，这里仅列出空间距离矩阵和邻接矩阵估计结果，并且根据模型检验结果，基于空间距离矩阵的模型拟合优度均显得更高，因此下面主要基于空间距离矩阵结果进行区域对比分析。从空间自回归系数看，三大区域均存在显著的空间自回归效应；从 Moran's I 检验结果看，东部和中部区域创新存在显著的空间相关性，西部区域创新空间相关性并不显著。这说明尽管区域创新具有明显的空间溢出效应，但是东部区域内部创新空间异质性较小，而西部区域内部各个省份创新活动在空间上表现为异质性特征明显，空间相关性不强。就核心解释变量系数而言，东部和中部区域的系数相差不大，且都低于全国层面的系数值；西部区域的系数均超过全国层面系数，这也从理论上回答了图 6-1 所示的中国创新增长区域差异的成因。从创新成本角度来分析，尽管中国区域间创新成本差异在持续缩小，但是西部区域创新成本对创新增长影响依然是东部区域的 1.5 倍左右；从空间分割角度来分析，产品市场分割方面，东部和中部区域产品市场化程度已经较高，对于创新增长的制约作用已经不太明显；然而对西部地区来说，产品市场分割依旧是制约其创新增长的重要因素，其影响系数是东部区域的 30 倍之大。产品市场规模方面，西部地区产品市场规模系数是东部的 3 倍之多。这说明西部区域产品市场一体化程度亟待提高，产品市场分割程度对创新增长的抑制作用还相当明显，并且对于西部区域而言，创新产品的最终“销路”问题也是关键。基于上述分析，我们科学回答了为什么创新成本差异在区域间逐步缩小，但创新增长差异却在区域间持续扩大，看来空间因素是重要原因。

表 6-4 基于区域尺度的估计结果

变量	距离矩阵			邻接矩阵		
	东部地区	中部地区	西部地区	东部地区	中部地区	西部地区
C	1.824***	1.844***	1.354**	1.988***	2.154***	1.589***
$lnpatf_{-1}$	0.291***	0.278***	0.238***	0.308***	0.287***	0.238***
W × lnpatf	0.515***	0.599***	0.476***	0.496***	0.523***	0.580***
lnincrd	−0.511***	−0.577***	−0.887***	−0.508***	−0.595***	−0.823***
lnpatrd	−0.590***	−0.593***	−0.841***	−0.621***	−0.642***	−0.811***
lnsegm	−0.013	−0.021	−0.329***	−0.019	−0.017	−0.274***
lnincop	0.399***	0.410***	1.075***	0.401***	0.537***	0.916***
rho	0.515***	0.599***	0.476***	0.496***	0.523***	0.581***
R^2	0.959	0.944	0.824	0.955	0.941	0.852
F	539.607	276.774	106.615	483.387	261.218	131.206
Wald	3237.639	1660.647	639.691	2900.320	1567.310	787.236
Moran's I	0.104**	0.070*	0.000	0.105*	−0.065	0.034
AIC	0.068	0.096	0.195	0.076	0.106	0.172
LLF	−3.930	−18.778	−79.054	−11.786	−23.832	−70.228

注：* 表示 $p<0.1$；** 表示 $p<0.05$；*** 表示 $p<0.01$。这里，东部地区包括北京、天津、河北、辽宁、上海、江苏、浙江、福建、山东、广东、海南；中部地区包括山西、吉林、黑龙江、江西、安徽、湖南、湖北、河南；西部地区包括四川、广西、云南、贵州、内蒙古、陕西、甘肃、青海、宁夏、新疆、重庆。

第五节　小结与政策启示

本章从“成本—空间”视角对传统创新研究理论进行时空维度的整合扩展，提出了““创新成本+空间分割’→创新增长分异”影响机制，构建了解释创新增长分异的内生性创新增长理论框架。理论研究发现，创新成本越高越会阻碍区域创新增长；产品空间分割程度越低的区域，越有利于促进该区域产业创新增长；产品市场份额越大的区域，越有助于促进创新增长。实证研究表明，空间分割成了影响创新增长分异的决定因素，东部地区会因更低的产品市场分割程度、技术空间分割程度以及较大的空间市场规模促进创新增长；西部地区只有打破各类空间分割才能缩小创新时空差异。随后通过中国高技术产业数据，运用空间动态面板杜宾模型从全国层面和区域层面分别验证了理论命题。

基于以上研究结论，提出如下建议：一是强化创新持久积累。深刻认识创新工作的持久性、艰巨性特征，建立健全鼓励、考核以及评价创新工作的长效机制，避免急功近利、急于求成。二是强化创新效益提升。在加大政府对创新经费投入和创新人员培养力度的同时，要全面提高创新要素生产率，避免大量无效、低效投入。三是强化创新开放竞争。加大创新产品市场开放度，破除区域间创新产品地方保护政策和措施，让创新产品在公平机制下赢得市场规模，提高创新竞争力。四是强化创新协作共享。充分发挥公共部门统筹作用，结合各地优势开展全国创新力布局规划，支持建设全国性、区域性、地方性技术创新区（创新带、创新圈、创新中心），疏通知识和技术溢出渠道，引导高技术产业由东部地区向中、西部地区梯度转移，完善高技术产业市场化机制，促进创新投资和研发的空间平衡性。五是强化创新体制改革。破除各类体制机制壁垒，完善以创新和质量为导向的科研激励与评价机制，健全知识产权保护机制，有效激发各类创新要素活力，不断释放出巨大的“创新”改革红利。

需要说明的是，受数据限制，本章的实证研究仅在省级层面对高技术产业创新增长进行了分析。实际上，创新活动的相互作用在更小区域尺度（如市级）会更加明显，下一步将开展更加微观尺度的创新增长相关研究。

第七章　中国服务业平衡充分发展：以旅游业为例

第一节　旅游业平衡充分发展现状

旅游业作为一项综合性产业，是拉动经济发展的重要动力。近年来，中国陆续出台了一系列促进旅游产业发展的政策措施，有力促进了旅游产业的快速发展。2017 年全年国内游客达到 50.01 亿人次，比上年增长 12.8%，全年实现旅游总收入 5.40 万亿元，增长 15.1%。随着全面建成小康社会持续推进，旅游已经成为人民群众日常生活的重要组成部分，中国旅游业已经进入大众旅游时代。然而，尽管中国旅游业在很多方面已经进入世界前列，随着中国社会主要矛盾的转化，中国旅游业面临的发展不平衡不充分问题也日益凸显。根据《中国国内旅游发展年度报告（2017)》的分析，中国国内旅游产业发展仍然呈现区域发展不均衡的局面，从旅游发展指数看，东、中、东北、西部四大区域分别为 0.56、0.47、0.28、0.23，呈现从东向西、从南向北递减趋势。与此同时，旅游发展数量与质量、规模与效益的"不平衡不充分"特征也非常明显，比如 2016 年云南省国内旅游收入年增率 44%，接待国内游客年增率 34%，分别居全国第一、第二位，但同年"旅游服务质量指数"为 7.0，位于全国末位，这足以说明数量增长与质量提升的"不平衡"。因此，如何破解旅游业发展不平衡不充分问题就成为了一个重要理论议题。

第二节　旅游业发展相关文献回顾

理论方面，通过梳理相关文献，可以发现已有学者主要从产品数量和质量两个维度开展了旅游业发展的机理研究。数量维度可以梳理为旅游资源禀赋和旅游形象差异化。旅游资源禀赋方面，典型的研究是所谓“资源诅咒”问题。比如孙根年（2009）开展了中国旅游“景观资源—名牌产品—旅游业绩”的空间错位研究，认为尽管中国西部地区景观资源丰富，但是由于旅游投资不足、可进入性差等，需要克服旅游“资源诅咒”的现象。韩春鲜（2009）、王玉珍（2010）、方法林（2012）以不同省份为例分析了旅游资源禀赋与经济发展的关系，都发现旅游业确实存在“资源诅咒”现象；左冰（2013）更是提出“中国旅游能打破资源诅咒吗”，似乎在暗示旅游业“资源诅咒”本身已是一个存在的事实。与上述研究不同的是，李文静和张朝枝（2019）认为现有资源诅咒假说主要基于一些关键要素。因此，旅游资源究竟是不是旅游业发展的“诅咒”还有待系统性分析，这样才能为中国旅游业发展政策方向提供有力支撑。旅游形象差异化方面，旅游形象[①]差异化也是研究的一个热点，它是决定旅游地能否取胜的重要因素。从动因角度，旅游形象同质、旅游市场重合率较高等因素是导致旅游形象差异化的必然动因（翁瑾，2008；徐尤龙等，2018）。从定位角度，旅游形象差异化定位[②]在旅游目的地品牌形象策划和旅游市场营销等旅游实践中应用广泛。国外学者的研究主要基于目的地竞争总结了一

---

① 旅游形象是旅游（目的）地形象的简称，指某个旅游目的地在人们心目中的综合印象。

② 旅游形象差异化定位是指定位者在对旅游地、竞争地和客源地（简称“三地”）比较分析的基础上运用差异化战略确定旅游地主题形象以获取有利竞争地位的决策活动。

些定位模型和方法。比如，Chen 和 Uysal（2002）尝试将对应分析和逻辑回归模型相结合的混合技术应用于目的地定位分析，用来识别旅游竞争态势和旅游形象差异化优势；Nikolaos Stylos（2016）等发现整体形象和个人规范信念可以作为目的地的有效定位依据。国内学者则主要集中在两个方面：一是定位原因研究，如黄河（2007）认为位于“阴影区”的旅游地在激烈的市场竞争中往往处于惨淡经营的困境，因此“阴影区”旅游地必须实施差异性形象定位战略；梁佳（2016）等研究了资源同质目的地品牌差异化定位，指出资源同质旅游目的地可借助趋异的品牌个性进行差异化定位，并使品牌获得持久的竞争力。二是方法层面的研究，如张祖群（2005）等提炼出旅游目的地形象差异化的五维模型。

旅游产品质量维度方面，可以梳理为旅游公共服务和旅游消费便捷性。旅游公共服务方面，旅游公共服务体系是近几年旅游学界提出的新概念和新范畴，将成为影响旅游质量的一个重要方面。徐金海和夏杰长（2016）认为，凡是旨在满足游客的旅游公共服务需求，向国内外游客提供的具有基础性、公益性、平台性等特征的公共产品与公共服务，都属于旅游公共服务。李爽（2012）等指出要对旅游公共服务体系进行整体把握和顶层设计，特别是要从政策促进层面研究其建设和战略实施问题。旅游消费便捷性方面，交通是区域旅游发展的重要条件，是连接旅游目的地和旅游客源地的重要通道。汪德根（2015）等指出，交通水平的发展可以缩短特定旅游地和客源地之间的交通时间，时空距离与交通可行性是影响游客的旅游决策的重要因素。高速铁路是一种使城际间的旅行时间大幅度缩减的交通方式。已有研究对高铁开通对旅游地的影响进行了初步探索，发现高速铁路开通对城市旅游业存在潜在影响：一方面，城市间高速铁路作为城际间快速的客运通道而对旅游者产生拉力；另一方面，因为劳动力、资本经济以及技术等要素会趋于区位更优、收益逐渐增加的地区，高铁沿线城市把高铁开通视为当地经济发展的机会，旅游企业、旅游投入的流动能力也大为增强。

上述研究从不同维度描述了旅游产业发展的影响因素，为科学把握旅游业平衡充分发展做出了有益探索，但也存在诸多局限：一是由于缺乏深层次机制分析，现有从数量维度的研究尚未达成一致结论，比如到底是否存在旅游资源诅咒的争议，就是一个典型的例子；二是学者已经意识到旅游产品质量对于旅游业发展的影响，但是目前尚处于探索阶段，多数研究侧重描述性研究，鲜有理论机制层面的深入探讨；三是多数研究从单一维度开展，数量维度和质量维度对于旅游业发展的影响往往是协同融合的。因此，如何综合考虑多种影响因素，将数量维度和质量维度的影响机制纳入一个统一的理论框架中，进而全面系统研究旅游产业发展就成了一个理论问题。为此，本章尝试将影响旅游业发展的资源禀赋、形象差异化、旅游服务水平和消费便捷性纳入一个框架，分析旅游资源禀赋、旅游形象差异化、旅游服务水平和旅游消费便捷性对旅游业平衡充分发展的影响。

第三节　服务质量与旅游业发展理论分析

本节借鉴已有研究（翁瑾、杨开忠，2007；杨开忠等，2019）在空间关系上假定客源地与目的地分离，将目的地划分为旅游热点区和旅游边缘区，两区域旅游产品资源禀赋、公共服务体系及其旅行成本存在区域异质性。热点区变量不作标示，边缘区对应变量采用（*）标示；旅游业部门以旅游自然资源（N）和资本（K）为要素进行旅游产品开发。

一、消费者偏好与产品需求

区域旅游业部门提供多样化旅游产品，消费者可以选择前往不同旅行目的地进行产品消费，将消费者消费旅游产品的效用函数表达为 CES 效用函数。这样，代表性消费者效用函数表达为：

$$U=\left(q_n\left(\int_{i=0}^{n} c_{NTSi}^{\ \rho}\,di\right)+q_s\left(\int_{i=0}^{n^*} c_{NTSi}^{*\ \rho}\,di\right)\right)^{1/\rho} \tag{7-1}$$

其中，n 和 n^* 分别表示热点区和边缘区旅游产品资源禀赋（抑或种类、多样性），用来刻画旅游产品的数量维度；q_n 和 q_s 分别表示消费者面临的热点区和边缘区旅游服务水平，是刻画旅游产品质量维度的关键变量，可以理解为旅游产品本身的质量，也可理解为消费者对旅游产品组合的偏好、满意度等，旅游产品质量具有区域异质性①。c_{NTSi} 为消费者对第 i 种旅游产品的消费量，ρ 表示旅游产品替代弹性。消费者最大化效用面临的预算约束为：

$$P_{NTS}C_{NTS}+P_{NTS}^{*}C_{NTS}^{*}=Y \tag{7-2}$$

其中，Y 为旅游消费总支出；P_{NTS}、P_{NTS}^{*} 分别为消费者面临的热点区和边缘区旅游产品价格指数。对于消费者而言，通过支出最小化，可得消费者对于两区域多样化旅游产品消费量分别为：

$$C_{NTS}=\frac{p_{NTS}^{-\sigma}}{(q_n/q_s)^{-\sigma}(p_{NTS}^{*})^{1-\sigma}n^{*}+p_{NTS}^{1-\sigma}n}Y$$

$$C_{NTS}^{*}=\frac{(p_{NTS}^{*})^{-\sigma}}{(q_n/q_s)^{-\sigma}(p_{NTS}^{*})^{1-\sigma}n^{*}+p_{NTS}^{1-\sigma}n}Y \tag{7-3}$$

其中，p_{NTS}、p_{NTS}^{*} 分别表示消费者面临的热点区和边缘区公共旅游产品“出厂”价格。

二、产品生产与产品供给

对于旅游产品部门，假设以规模报酬递增和不完全竞争为特征，通过本地旅游资源和物质资本进行产品生产，即提供地方差异化旅游产品需要

① 也有研究指出，旅游产品是旅游吸引及其提供过程综合作用的复合体，包含实现一次全程旅游活动所需要的各种服务组合，而旅游产品质量的好坏就源于整个旅游过程，旅游过程中各个环节的质量都同等重要。正是由于旅游产品的本质是一次经历，对于旅游产品的质量的评定并不完全取决于为旅游者提供产品及服务的旅游，最主要的在于旅游者根据自身感受来对其进行的评定。因此，旅游者的感受和评判标准非常重要，也就是说旅游企业要以满足旅游者的需求为第一要务。

旅游资源作为固定成本①，a_S 单位资本作为可变成本，单位资本的名义收益为 w_K，并将其作为计价单位，即 $w_K=1$。由此，旅游部门生产结构为：

$$Y_{NTS}=f(N,\ K)=N+a_S K \tag{7-4}$$

假设消费者消费旅行产品存在额外旅行成本，这种成本主要衡量旅行产品的可获得性和消费便捷性。对于消费者而言，消费热点区旅游产品需要支付 τ_{NTS}^{on}（$\tau_{NTS}^{on}\geqslant 1$）倍的价格，消费边缘区旅游产品需要支付 τ_{NTS}^{os}（$\tau_{NTS}^{os}\geqslant 1$）倍的价格。因此，$\tau_{NTS}^{on}$、$\tau_{NTS}^{os}$、$q_n$ 和 q_s 共同刻画旅游产品质量维度——旅游地方品质。

三、均衡分析

对于目的地旅游产业部门而言，通过均衡分析，两区域产品出厂价格分别为：

$$p_{NTS}=w_K a_m/(1-1/\sigma),\ p_{NTS}^*=w_K^* a_m^*/(1-1/\sigma) \tag{7-5}$$

根据旅游产品生产函数，两区域旅游部门企业收益分别为：

$$\pi=\phi_{on} Y/\sigma N^w \Delta_{on},\ \pi^*=\phi_{os} Y/\sigma N^w \Delta_{os} \tag{7-6}$$

其中，$\Delta_{on}=\phi_{on} s_n+\phi_{os}(1-s_n)(q_n/q_s)^{-\sigma}$，$\Delta_{os}=\phi_{on}(q_n/q_s)^{\sigma} s_n+\phi_{os}(1-s_n)$；$\phi_{on}=(\tau_{NTS}^{on})^{1-\sigma}$、$\phi_{os}=(\tau_{NTS}^{os})^{1-\sigma}$ 分别表征客源地消费者消费热点区和边缘区公共旅游产品的便捷化程度；这里，旅游产品便捷化主要指消费者从客源地跨区域消费旅游产品的可及性，可以理解为旅行成本、制度成本抑或时间成本（杨开忠、翁瑾，2006；Zeng and Zhu，2011）。

进一步地，两个目的地旅游部门总收益分别为：

$$E=s_n\pi,\ E^*=(1-s_n)\pi^* \tag{7-7}$$

① 各类待开发旅游资源，这里主要借鉴朱希伟和曾道智（2009）的假设。

四、服务质量影响分析

通过均衡分析发现，旅游服务质量影响旅游产业发展，消费者总是寻求自身消费效用最大化的消费决策，下面首先分析目的地旅游业服务水平 q_n 和 q_s 对旅游企业的影响，将式（7-6）分别对 q_n 求导：

$$\partial\pi/\partial q_n \propto \phi_{on}\phi_{os}(1-s_n)>0 \quad \partial\pi^*/\partial q_n \propto -\phi_{on}\phi_{os}s_n<0 \tag{7-8}$$

由式（7-8）看以看出，在考虑旅游产品“质量”维度的情形下，旅游业服务水平 q_n 对目的地旅游部门企业具有明显影响，提高本地区旅游业公共服务水平有助于吸引更多旅游消费者，进而提高旅游企业收益，同时会影响旅游竞争地企业收益水平。同理，满足 $\partial\pi/\partial q_s<0$，$\partial\pi^*/\partial q_s>0$。这意味着对于边缘区而言，提升自身旅游服务水平有助于自身旅游产业发展。

接着分析目的地旅游服务水平对区域旅游总收益的影响，将式（7-7）分别对 q_n 求导，满足 $\partial E/\partial q_n>0$，$\partial E^*/\partial q_s>0$。可以看出，提升本地区旅游服务水平也能显著促进本区域旅游业总体发展水平。

下面分析目的地旅游业便捷性 ϕ_{on} 和 ϕ_{os} 对旅游企业收益的影响，将式（7-6）分别对 ϕ_{on} 求导：

$$\partial\pi/\partial\phi_{on} \propto \phi_{os}(1-s_n)>0 \quad \partial\pi^*/\partial\phi_{on} \propto -\phi_{os}s_n<0 \tag{7-9}$$

由式（7-9）看以看出，提升本地旅游消费便捷性也能明显促进本地旅游企业收益的增加，影响竞争地旅游企业收益。继续分析目的地旅游业消费便捷性对旅游总收益的影响，满足 $\partial E/\partial\phi_{os}>0$，$\partial E^*/\partial\phi_{os}>0$。这也说明提升本地旅游消费便捷性水平能显著促进本区域旅游收入总水平。

命题 7-1：旅游业供给数量（种类）与质量都会影响本地旅游业发展水平；在不考虑旅游产品“质量”维度的情形下，旅游品禀赋（多样性）能够显著促进本地旅游发展；在考虑旅游产品“质量”维度的情形下，旅游品禀赋（多样性）对旅游发展的影响还受“质量”维度影响；目的地旅游产品“质量”对本地旅游发展总是有正向促进作用。

这一结论很具现实意义，随着中国经济社会的不断发展，人民群众对旅游的需求日益增长，旅游业高质量发展愈加迫切。旅游质量将成为提升区域旅游竞争力的重要因素，也是实现区域产业协调发展战略的关键。因此，地方政府在进行旅游发展规划时，必须要兼顾旅游产品供给数量与质量。

第四节　服务质量与旅游业发展实证检验

一、模型选择与指标选取

本节对上述数理分析命题进行实证检验。根据命题结论，旅游业地方品质是影响旅游产业发展的重要因素，为了解决不随时间而变但随个体而异的遗漏变量问题，设定个体固定效应模型表达式如下：

$$\ln T_{i,t} = \alpha + \beta_1 \ln LQ_{i,t} + \beta_2 \ln CON_{i,t} + \mu + \varepsilon \tag{7-10}$$

其中，T 表示被解释变量，LQ 和 CON 分别表示旅游业质量维度——地方品质变量和控制变量，μ 和 ε 分别表示城市固定效应和随机误差项。

1. 被解释变量选取（T）

关于旅游产业发展指标的衡量，尚未得到一个被广泛接受的方案。在大多数研究文献中，分析旅游业发展时采用增长率，而并非客流量（或旅游收入）的现值，在指标选择上存在一定失误（谭志喜、孙根年，2019）。因此，本节参考已有做法，选择国内旅游收入（百万元）来衡量旅游产业发展。其实，如果实证结果表明旅游地方品质和旅游收入之间存在正相关关系，并不意味着地方品质影响了旅游收入，也有可能是旅游收入导致了地方品质的改善，两者之间存在双向因果关系。为了避免由于双向因果带来的内生性问题，被解释变量做了滞后 1 期处理。

2. 解释变量选取（LQ）

根据前文模型假设，下面采用主成分分析法（PCA）构建目的地旅游地方品质综合指数。由于公共服务范畴较广，为了能够全面反映影响旅游业发展的公共服务水平和旅游便捷性，这里从目的地公共教育文化水平、医疗水平、生态环境、住宿水平以及公共交通水平等方面综合测度目的地旅游地方品质。其中目的地教育文化水平以每万人高校数来刻画，医疗水平以每万人医生数来刻画，生态环境以每平方米绿化面积来刻画，旅行住宿水平以商品房销售价格来刻画，公共交通水平以每万人出租车数来刻画。在对变量进行对数处理后，选取第一主成分的得分值放入实证模型中，并且所得 KMO 系数大于 0.8，表明该指标的拟合度比较高。

3. 控制变量选取（X）

显然，目的地消费水平和数量维度的因素也是影响目的地旅游业发展的关键因素。选取人均 GDP（记作 GDPc）作为目的地消费水平的代表，选取第三产业占 GDP 比重（记作 GDP3）、公园绿地面积（记作 PARK）作为替代变量来衡量区域旅游产品数量维度。

选取地级市数据进行实证检验，由于部分城市在核心变量上存在数据缺失问题，因此在 285 个地级市的基础上，进一步剔除了数据缺失较多的城市样本，得到 264 个城市的样本，时间跨度为 2006~2016 年。本节所有数据均来自历年《中国城市统计年鉴》《中国区域经济统计年鉴》。为保证数据平衡性，个别缺失值由前（后）一年数值补齐。

二、基准回归结果分析

为了对比分析，本节分别从全国层面、不同区域以及不同城市规模角度进行回归分析（见表 7-1），通过 Hausman 检验，皆选择固定效应模型。第 2 列显示了全国层面的分析，旅游地方品质显著影响本地旅游业发展，这与理论命题一致。第 3 列和第 4 列分别显示了东部和中西部区域分析结果，发现地方品质对于东部地区旅游发展的促进作用比中西部更大，因此中西部地区旅游目的地更应该强化提升本地区旅游地方品质，特别是旅游公共服务水平以及消费便捷性。第 5 列至第 6 列分别显示了不同城市规模分析结果，结果发现地方品质对于中小城市地区旅游发展的促进作用比大城市和超大城市的边际影响更大，这主要是因为对于特大城市和大城市而言，其公共服务水平与消费便捷性等地方品质特征已经比较完善，因此边际影响就越来越小；然而中小城市地方品质提升空间依旧很大，其地方品质对旅游业发展的边际贡献也就更大一些，因此中小城市地区旅游目的地也应该强化提升本地区旅游地方品质。

表 7–1 基本分析结果

	全国	东部	中西部	中小城市	大城市	特（超）大城市
lnLQ	0.044*** (0.006)	0.090*** (0.009)	0.026*** (0.008)	0.052* (0.030)	0.045*** (0.008)	0.036*** (0.010)
lnGDPc	1.345*** (0.026)	1.165*** (0.041)	1.435*** (0.034)	1.424*** (0.137)	1.386*** (0.034)	1.280*** (0.044)
lnGDP3	0.393*** (0.059)	0.034 (0.096)	0.537*** (0.080)	0.926*** (0.250)	0.509*** (0.077)	0.159 (0.103)
lnPARK	0.043** (0.018)	0.082*** (0.026)	0.020 (0.024)	–0.264*** (0.077)	0.027 (0.022)	0.134*** (0.040)
_cons	–4.047*** (0.311)	–2.439*** (0.515)	–4.863*** (0.397)	–3.262*** (1.209)	–4.423*** (0.396)	–3.959*** (0.559)
R^2	0.851	0.881	0.842	0.906	0.841	0.870

注：①括号内为标准误；②* 表示 $p<0.05$，** 表示 $p<0.01$，*** 表示 $p<0.001$；③中小城市指年末常住人口在 100 万以下的城市，大城市指年末常住人口在 100 万以上、500 万以下的城市，特（超）大城市指年末常住人口在 500 万以上的城市。

三、稳健性检验结果分析

为保证回归结果的稳健性，选取每万人国内旅游人数，作为因变量进行稳健性检验（见表 7–2）。从结果来看，基本与理论预期一致，只是由于替换变量的原因存在较小的系数差异。

表 7-2　稳健性分析结果

	全国	东部	中西部	中小城市	大城市	特（超）大城市
lnLQ	0.038*** (0.005)	0.054*** (0.007)	0.031*** (0.006)	0.095*** (0.033)	0.040*** (0.006)	0.022*** (0.008)
lnGDPc	1.003*** (0.021)	0.935*** (0.035)	1.043*** (0.026)	0.812*** (0.148)	1.006*** (0.027)	1.015*** (0.034)
lnGDP3	0.388*** (0.047)	0.160** (0.081)	0.483*** (0.062)	0.516* (0.272)	0.462*** (0.061)	0.245*** (0.079)
lnPARK	0.017 (0.014)	0.053** (0.022)	-0.001 (0.018)	-0.179** (0.084)	0.003 (0.017)	0.120*** (0.031)
_cons	0.818*** (0.245)	0.959** (0.436)	0.672** (0.308)	5.424*** (1.313)	1.093*** (0.315)	-0.636 (0.427)
R^2	0.839	0.856	0.833	0.809	0.819	0.876

注：①括号内为标准误；②* 表示 $p<0.05$，** 表示 $p<0.01$，*** 表示 $p<0.001$。

第五节　小结与政策启示

本章首先从数量和质量两个维度系统梳理了旅游业发展的相关理论与经验研究，然后在引入旅游地方品质的基础上，通过构建空间一般均衡模型，分析了旅游地方品质对旅游业发展的影响。理论研究发现：旅游产业供给数量与质量都会影响本地旅游业发展水平；在不考虑旅游产品“质量”维度的情形下，旅游品禀赋（多样性）能够显著促进本地旅游发展；在考虑旅游产品“质量”维度的情形下，旅游品禀赋（多样性）对旅游发展的影响还受“质量”维度影响；目的地旅游产品“质量”对本地旅游发展总是正向促进作用。全国层面的实证分析验证了理论命题，分区域的实证结果呈现分异特征，中西部以及中小城市旅游目的地应该强化提升本地区旅游地方品质。

上述结论的启示是：一要高度重视地方品质对目的地旅游业发展的影

响作用，可以预见，未来旅游地公共服务质量与旅游消费便捷性将成为影响旅游业高质量发展的决定因素，要注重以更为优质的公共服务水平和便捷的旅游消费吸引游客；二要强化旅游服务差异化供给，中国旅游业已经进入一个“遍地开花”的时代，“人人都是旅游者、处处都是旅游地”，旅游消费呈现出多元化、休闲化、个性化的趋势，要突出旅游目的地差异化特征，避免旅游形象雷同，通过差异化提升目的地旅游吸引力；三要强化旅游服务质量供给，落实好国家已出台的《关于实施旅游服务质量提升计划的指导意见》，促进旅游公共服务高端化、多元化、便利化和集约化，进一步提高旅游管理服务水平、提升旅游品质、推动旅游业高质量发展。需要说明的是，由于数据可得性，关于旅游业服务质量、数量、便捷性的指标刻画尚有改进空间。

第八章　中国城乡产业平衡充分发展：劳动力城乡流动视角

第一节　劳动力城乡流动经验事实

党的十八大以来，我国农业现代化稳步推进，城镇化率年均提高 1.2%，城乡居民收入差距缩小到 2.72：1，“三农”工作取得举世瞩目的成就。随着我国社会主要矛盾的转化，当前我国最大的发展不平衡仍然是城乡发展不平衡，最大的发展不充分仍然是农村发展不充分。从结构和空间角度看，我国城乡要素资源“双向”流动迟滞等问题依然突出，城乡二元结构尚未根本扭转，实现平衡发展至关重要。从短板和增长的角度看，我国农村要素市场发育滞后，农村基础设施和物流体系有待完善，实现充分发展尤为关键。为此，党的十九大报告在深刻认识城乡关系和城乡发展规律的基础上提出了乡村振兴战略，乡村振兴的关键在于人才振兴。习近平总书记明确要求，把人力资本开发放在首要位置，强化乡村振兴人才支撑，打造一支强大的乡村振兴人才队伍，在乡村形成人才、土地、资金、产业汇聚的良性循环。随着我国人口形势的变化，人口流动已经成为并将长期成为影响我国乡村振兴的关键因素。尽管我国人口流动总量从 1985~1990 年的 10760 万人上升至 2005~2010 年的 55230 万人，但从图 8-1 可以看出，自 2011 年以来，全国流动人口增速趋缓并从 2015 年开始呈现下降趋势；且从城乡迁移来看，2011 年到 2015 年农村流动劳动力增长率逐年下降，从 2011 年的 4.4%下降到 2015 年的 1.3%。从城乡双向流动情况来看（段成荣等，2019），2000 年以来，乡—城流动人口呈现出先增加后减少的趋势，相反城—乡流动人口呈现出先减少后增加的趋势（见表 8–1）。具体来说，乡—城流动人口占比从 2000 年的 52.2%增加到 2005 年的 61.4%，进一步增加到 2010 年的 63.2%，而后下降到 2015 年的 48.9%；城—乡流动人口占比从 2000 年的 8.4%下降到 2005 年的 3.7%，进一步下降到 2010 年的 2.9%，而后上升到 2015 年的 6.1%。这意味着，未来一个时期我国城乡人口“双向”流动特征会更加明显。因此，系统厘清劳动力“双向”流动背后的理论机制，科学把握劳动力城乡“双向”流动进而促进乡村人才振兴、产业振兴是摆在我们面前的重要理论问题。

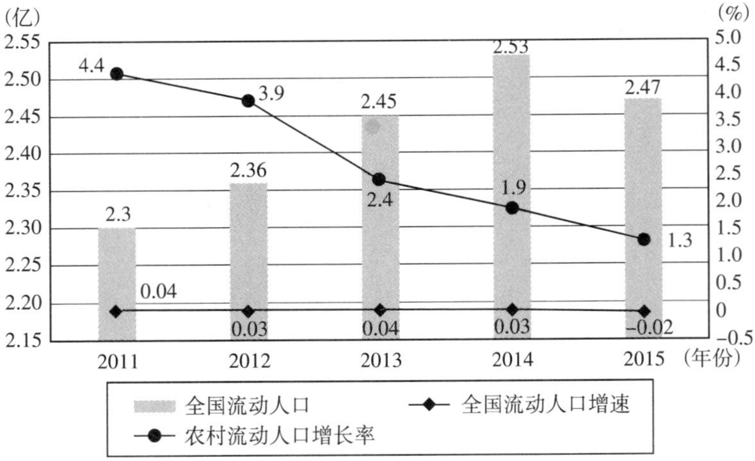

图 8–1　全国流动人口变化示意图

资料来源：《中国流动人口发展报告》（2012~2018 年）。

表 8–1　城乡“双向”流动人口占比变化

单位：%

流动人口 \ 年份	2000	2005	2010	2015
乡村—城市	52.2	61.4	63.2	48.9
城市—乡村	8.4	3.7	2.9	6.1

资料来源：段成荣、谢东虹、吕利丹：《中国人口的迁移转变》，《人口研究》2019 年第 2 期。

理论上，劳动力空间流动的核心机制是人口空间区位选择理论（董亚宁等，2019）。从已有文献看，大量研究从实际工资、生态环境、公共服务和通勤便捷性以及迁移摩擦等方面探讨了人口迁移流动的影响机制。从新古典经济学角度，根据刘易斯二元结构理论，随着经济增长，劳动力资源会重新配置，农村剩余劳动力不断迁往城市，当农村剩余劳动力被城市完全吸收时城乡工资趋向一致；从新经济地理学角度，随着 1977 年 D-S 框架为空间因素纳入主流经济学框架奠定基础，一些学者陆续尝试运用空间经济学模型探讨城乡迁移人口流动问题（Fujita，Krugman and Venables，1999）。尽管已有研究从不同角度揭示了劳动力城乡流动机制，但随着时代的发展也凸显出一定的局限性：一是多数研究侧重人口迁移单一机制，对劳动力区位选择机制的系统性整合研究还不够，现实中劳动力区位选择应该是多种机制融合作用的结果（安永军，2020）；二是忽视微观主体异质性，大多研究往往以微观同质性假设为前提，这样导致流动劳动力区位选择的整体性和瞬时性，无法刻画微观主体区位选择的异质性动态机制。鉴于此，本章基于地方公共服务影响产业平衡充分发展的理论路径，综合分析收入水平、生态环境、公共服务种类与质量以及消费便捷性对城乡劳动力流动的影响机制，进而为促进乡村人才振兴、产业振兴提供系统性理论框架。

第二节　劳动力城乡流动理论分析

一、理论模型构建

本节借鉴已有研究构建一个城乡两区域、两部门和三要素的空间经济学模型（董亚宁等，2020）。假设存在城市与乡村两个区域，产业部门

（T）和公共服务部门（NTG）两个生产活动部门[①]，以及资本（K）、流动劳动力（H）和非流动劳动力（L）三种生产要素。假设产业部门以流动劳动力和资本为生产要素，流动劳动力具有人力资本异质性且能够在城乡空间自由流动[②]；公共服务部门以非流动劳动力和资本为生产要素，且不可在城乡空间自由流动[③]。

效用函数是一个包含产业部门产品与城乡公共服务品消费量的柯布-道格拉斯型效用函数。其中，公共服务部门提供多样化公共服务品，并且将城乡公共服务消费的效用函数表达为CES函数。以城市为例，消费者效用函数为：

$$U_c = A\,(C_c^T/\alpha_T)^{\alpha_T}\,(C_c^{NTG}/1-\alpha_T)^{1-\alpha_T}$$

$$C_c^{NTG} = \left(q_c\left(\int_{i=0}^{n_c}(c_c^{NTGi})^{\rho}\,di\right)+q_r\left(\int_{i=0}^{n_r}(c_r^{NTGi})^{\rho}\,di\right)\right)^{1/\rho} \tag{8-1}$$

其中，α_T、$1-\alpha_T$ 分别表示产业部门产品和城乡公共服务品的支出份额；A 表示地方生态环境条件；q_c 和 q_r 分别表示城市和乡村公共服务质量[④]；c^{NTGi} 为消费者对第 i 种公共服务品的消费量；n_c 和 n_r 分别表示城市和乡村公共服务品种类数。在城乡公共服务品中，σ 表示地方不同差异化公共服务之间的替代弹性，满足 $\rho=\sigma/(\sigma-1)$，且 σ 大于 1。区域内公共服务均等化便捷化程度以公共服务品种类、质量及其消费便捷性来衡量，其中公共服务品种类与质量衡量公共服务均等化程度，公共服务消费便捷性衡量公共服务便捷化（可及性）程度。

---

① 这里产业部门是除公共服务部门以外的产业部门。

② 为了能够精准刻画劳动力空间流动，本节假设产业部门劳动力具有异质性。当然，现实中公共服务部门的劳动力也具有异质性，但是由于考虑多部门劳动力异质性模型过于复杂，这里暂且以同质性劳动力代替，这样的假设并不影响可贸易品部门异质性劳动力空间流动机制。

③ 根据我国第五次、第六次全国人口普查数据，从事公共服务部门的工作调动仅占流动人口的3%左右，分配录用占1%左右。尽管乡村教师、医生向城市流动的通道普遍存在，但由于我国公共服务部门编制因素，能够通过招考及时补给。

④ 随着劳动力收入水平的不断提高，一般性物质和服务需求得到满足时，更高水平的教育、医疗、居住条件、生态环境等将成为新的追求，一些经验研究也支持这一观点（Bayoh et al.，2006；Carlsen et al.，2009）。因此我们在考量公共服务与劳动力空间流动影响机制时必须同时考虑数量与质量两个维度。

消费者面临的预算约束为：

$$P^{T}C^{T}+P^{NTG}C^{NTG}=E_{c} \tag{8-2}$$

根据总支出约束下效用最大化一阶条件，消费者对现代产业部门和公共服务品的消费量分别为：

$$C_{c}^{T}=\alpha_{T}E_{c}/P_{c}^{T},\ C_{c}^{NTG}=(1-\alpha_{T})E_{c}/P_{c}^{NTG} \tag{8-3}$$

其中，E_c 为城市总支出；P_c^T、P_c^{NTG} 分别为城市消费者消费各类产品的价格。

由式（8-1）和式（8-3）可得，消费者间接效用函数为：

$$\ln V=\ln A+\ln w-\alpha_{T}\ln P^{T}-(1-\alpha_{T})\ln P^{NTG} \tag{8-4}$$

以农村消费者为例，通过支出最小化计算，消费者对城市和乡村公共服务品消费量分别为：

$$c_{rc}^{NTGi}=(1-\alpha_{T})(P_{c}^{NTG})^{-\sigma}w_{r}/(P_{r}^{NTG})^{1-\sigma}\quad c_{rr}^{NTGi}=(1-\alpha_{T})(P_{r}^{NTG})^{-\sigma}w_{r}/(P_{r}^{NTG})^{1-\sigma} \tag{8-5}$$

其中，P_c^{NTG} 为乡村消费者面临的多样化公共服务品价格指数，满足 $P_{c}^{NTG}=((q_{c}/q_{r})^{-\sigma}(P_{c}^{NTG})^{1-\sigma}n_{c}+(P_{r}^{NTG})^{1-\sigma}n_{r})^{1/1-\sigma}$。

假设现代产业部门以迪克希特-斯蒂格利茨垄断竞争、规模报酬递增为特征，每个企业使用一单位流动劳动力（企业家）和若干资本只生产一种差异化的产品。以城市为例，人力资本 i 所在的企业就需要雇用 a_i 单位的劳动力，这样，现代产业部门生产结构可表示为：

$$Y_{jt}^{T}=f(H,\ K)=H+a_{i}K \tag{8-6}$$

这里，人力资本依旧借鉴 Baldwin 和 Okubo（2006）的异质性设定，人力资本 i 所在企业的成本函数为 $w_{Hi}+w_{K}a_{i}x_{i}$，其中，w_{Hi} 为人力资本 i 的流动劳动力收入，w_K 为资本收益，x_i 为人力资本 i 所在企业产品产量。同样，本节假设现代产业部门生产的产品不存在交易成本，城市和乡村消费者可以消费任意地区的可贸易品。当然，这里的交易成本也蕴含着制度性、壁垒性成本，随着城乡市场化体系的逐步完善，现实中现代产业部门产品在城乡区域之间基本可以实现无壁垒消费，加之现代物流体系发展完善，产品运输成本也大幅度降低；然而与之相对应的城乡公共服务消费，却因城乡二元结构壁垒的存在，在城乡区域间消费存在一定的交易成本。

公共服务主要指政府所提供的教育、医疗、基础设施、公共技能培训等公共服务。假设公共服务部门以规模报酬递增和不完全竞争为特征，城市和乡村都使用劳动力和资本来生产，即生产地方差异化公共服务产品需要一单位非流动劳动力作为固定成本，a_s单位资本 K 作为可变成本，单位普通劳动的名义工资为 w^L。由此，不可贸易公共服务品部门的生产结构为：

$$Y^{NTG} = f(H, K) = L + a_S K \tag{8-7}$$

为了更加贴近现实，假设城乡公共服务品在区内和区际均不可贸易，消费者获得地方差异化公共服务品需要支付额外的成本，这种成本可理解为消费公共服务品的旅行成本、制度成本等。具体来说，对于乡村消费者而言，其消费乡村公共服务品需要支付 τ^{rr}_{NTG}（$\tau^{rr}_{NTG} \geqslant 1$）倍的价格，消费城市公共服务品需要支付 τ^{cr}_{NTG}（$\tau^{cr}_{NTG} \geqslant 1$）倍的价格；同理，对于城市消费者而言，其消费城市公共服务品需要支付 τ^{cc}_{NTG}（$\tau^{cc}_{NTG} \geqslant 1$）倍的价格，消费乡村公共服务品需要支付 τ^{rc}_{NTG}（$\tau^{rc}_{NTG} \geqslant 1$）倍的价格。

根据整个经济系统可贸易品市场出清条件，可得到人力资本为 a_i 的城市流动劳动力收入为：

$$\pi_c(a_i) = \frac{\mu E^w}{\sigma\gamma H^w \chi}\left[\frac{s_E}{s_h + (1 - s_h)/\chi} + \frac{1 - s_E}{s_h + (1 - s_h)/\chi}\right] a_i^{1-\sigma} \tag{8-8}$$

其中，$\gamma = k/(1 - \sigma + k) > 0$。同理，可得边际成本为 a_i 的乡村 i 企业的劳动力收入。可见，具有相同人力资本水平的流动劳动力在城市和乡村的名义工资水平相同。

对于公共服务品而言，通过均衡分析，可得公共服务品价格分别为：

$$\bar{p}_c^{NTG} = w_k\, a_{cS}/(1 - 1/\sigma),\quad \bar{p}_r^{NTG} = w_k\, a_{rS}/(1 - 1/\sigma) \tag{8-9}$$

简化起见，城市和乡村资本收益均为 1，作为计价单位。

长期均衡条件下，城乡异质性流动劳动力根据个人效用最大化进行区位选择，劳动力选择城乡效用较大区位。由式（8-4），可得流动劳动力在城乡之间效用比为：

$$\Delta V_i = \underbrace{\frac{\overbrace{w_{Hic}}^{\text{工资}}}{w_{Hir}}}_{\text{工资效应}} \underbrace{\left[\frac{\overbrace{\phi_{rc}}^{\text{乡城便捷性}}\ \overbrace{s_n}^{\text{(数量)}}\ \overbrace{q_n^{\sigma}}^{\text{(质量)}}\ \overbrace{(a_{cs})^{1-\sigma}}^{\text{生产率效应}} + \overbrace{\phi_{rr}}^{\text{乡村内便捷性}}\ (1-s_n)\,q_r^{\sigma}\,(a_{rs})^{1-\sigma}}{\phi_{cc}\,s_n\,q_c^{\sigma}\,(a_{cs})^{1-\sigma} + \phi_{cr}\,(1-s_n)\,q_r^{\sigma}\,(a_{rs})^{1-\sigma}}\right]^{\frac{1}{1-\sigma}}}_{\text{公共服务效应}} \underbrace{\eta}_{\text{环境效应}} \tag{8-10}$$

其中，城乡环境条件满足 $A_c/A_r=\eta$，设定 $a_{cs}=a_{rs}=1$；$\phi_{cc}=(\tau_{cc}^{NTS})^{1-\sigma}$、$\phi_{cr}=(\tau_{cr}^{NTS})^{1-\sigma}$、$\phi_{rr}=(\tau_{rr}^{NTS})^{1-\sigma}$、$\phi_{rc}=(\tau_{rc}^{NTS})^{1-\sigma}$分别表征城市内部、乡村消费城市、乡村内部以及城市消费乡村公共服务的便捷性（可及性）特征。假设流动劳动力迁移成本满足 $\chi=\gamma G(a_i)$，即流动劳动力迁移成本与竞争系数 γ 和已迁移总人数成正比。这样，当满足 $\Delta V_i=\gamma G(a_i)$ 时，流动劳动力停止流动，设定此条件下流动劳动力 i 的人力资本为 a_h，称为迁移临界人力资本，即人力资本超过 a_h 的流动劳动力都将迁移到福利较好区域①。

由 $\Delta V_i=\gamma G(a_i)$ 求解可得临界迁移人力资本为：

$$a_h=\gamma^{-1/k}\Delta V^{1/k} \tag{8-11}$$

二、收入水平与生态环境对城乡劳动力流动的影响

根据式（8-10）可得 $\partial(\Delta V_i)/\partial w_{Hic}>0$、$\partial(\Delta V_i)/\partial w_{Hir}<0$。显然，区域工资水平与流动劳动力福利成正比，提高工资水平将会提高流动劳动力迁移至该区域的总福利。由式（8-11）可得 $\partial(a_h)/\partial w_{Hic}>0$、$\partial(a_h)/\partial w_{Hir}<0$，说明工资水平的提高能够吸引更多流动劳动力流入。这也符合早期有关人口区位选择的机制研究，根据刘易斯二元结构理论，随着经济增长劳动力资源会重新配置，乡村剩余劳动力不断迁往城市，当乡村剩余劳动力被城

① 这样的劳动力流动机制也完全符合现实情况，根据历次人口普查数据，我国流动人口的人力资本禀赋持续提升，流动人口中小学受教育程度的流动人口比例持续下降，2015 年，高中及以上受教育程度的流动人口占比超过 45%；大专及以上的占比从 1982 年的 1%增加到 2015 年的 23.2%（段成荣等，2019）。

市完全吸收时城乡工资趋向一致，城乡差距也随之消失。托达罗模型（Todaro，1969）和哈里斯–托达罗模型（Harris and Todaro，1970）进一步认为城乡之间预期收入差距是城乡人口迁移的原因，从而形成了人口迁移理论的“托达罗传统”。

将式（8–10）对 η 求导，可得 $\partial(\Delta V)/\partial\eta>0$。这表明，改善地方生态环境条件将会提高流动劳动力迁移至该区域的总福利。进一步地，将式（8–11）对 η 求导，可得 $\partial a_h/\partial\eta>0$，这意味着改善一个区域的生态环境条件将会吸引更多流动劳动力选择该区域。这与直觉是吻合的，并在现有文献中已得到实证检验，例如 Desmet 和 Rossi–Hansberg（2015）分析发现气候变化对移民、增长和福利的空间分布影响；卢洪友（2017）等实证得出气温高于平均温度 1℃，人口流动率随之上升 0.475%。正如习近平总书记强调的“绿水青山就是金山银山”，诸如清新的空气、清洁的水源、舒适的环境、宜人的气候等地方生态环境将会是影响流动劳动力区位选择的重要效用因子。

命题 8–1：乡村区域工资水平的提高、生态环境条件的改善均有助于提高乡村劳动力福利，抑制乡村劳动力流出，吸引更多流动劳动力流入（回流）。

三、公共服务均等化程度对城乡劳动力流动的影响

公共服务数量（种类）与质量是影响城乡劳动力流动的关键因素。通过将式（8–10）对 s_n 求导，可得公共服务数量对流动劳动力城乡福利变化的边际影响，即：

$$\partial(\Delta V)/\partial s_n \propto (q_c q_r)^{\sigma}(\phi_{cc}\phi_{rr}-\phi_{cr}\phi_{rc})/[(1-s_n)\phi_{cr}q_r^{\sigma}+\phi_{cc}q_r^{\sigma}s_n]^2 \quad (8\text{–}12)$$

据式（8–12），分子中第一项 $\phi_{cc}\phi_{rr}$ 衡量的是城乡区内公共服务消费便捷性对城乡福利比的影响，称之为“区内便捷化程度”；第二项 $\phi_{cr}\phi_{rc}$ 衡量的是城乡区际公共服务消费便捷性对城乡福利比的影响，称之为“区际便捷化程度”。当 $\phi_{cc}\phi_{rr}=\phi_{cr}\phi_{rc}$ 时，区内便捷化程度与区际便捷化程度

相等，此时满足$\partial(\Delta V)/\partial s_n=0$，我们称此条件为“流动劳动力钟摆临界性条件”。这意味着，当流动劳动力面临的城乡区域公共服务区内便捷化程度与区际便捷化程度相等时，流动劳动力空间区位分布趋于稳定状态，不受城乡公共服务数量（种类）的影响。

$$\begin{cases}\partial(\Delta V)/\partial s_n<0, & \partial a_h/\partial s_n<0 \quad \phi_{cc}\phi_{rr}<\phi_{cr}\phi_{rc}\\ \partial(\Delta V)/\partial s_n=0, & \partial a_h/\partial s_n=0 \quad \phi_{cc}\phi_{rr}=\phi_{cr}\phi_{rc}\\ \partial(\Delta V)/\partial s_n>0, & \partial a_h/\partial s_n>0 \quad \phi_{cc}\phi_{rr}>\phi_{cr}\phi_{rc}\end{cases} \tag{8-13}$$

从式（8-13）可以看出，当$\phi_{cr}\phi_{rc}>\phi_{cc}\phi_{rr}$，即“区际便捷化程度”优于“区内便捷化程度”时，随着城市公共服务数量s_n的增大，流动劳动力选择城市区域并不会有福利改善，这是因为流动劳动力在乡村区域就能更好地享受城市区域的公共服务，甚至比迁移到城市更能便捷消费。这种情形虽然目前少见，但不排除是一种政府鼓励流动劳动力下乡的有效政策选择，比如政府可以出台相关激励政策，对于投身乡村振兴一线的流动劳动力给予消费城市优质公共服务的更大便捷性，将会吸引更多流动劳动力“回乡”“下乡”。再比如，依托互联网技术探索公共服务网络服务。当$\phi_{cr}\phi_{rc}<\phi_{cc}\phi_{rr}$时，随着$s_n$的增大，流动劳动力迁至城市会获得更高的福利水平，这意味着当“区际便捷化程度”不及“区内便捷化程度”时，流动劳动力会优先选择公共服务数量丰富的区域，即当获得公共服务的区内便捷性更好时，提高公共服务品种类有助于吸引或留住流动劳动力。这一结论与现实贴近，当公共服务的区内便捷性不如区际便捷性时，即使城市拥有丰富的公共服务品种类也不足以吸引更多流动劳动力流入；只有当获得公共服务的区内便捷性好于区际便捷性时，拥有更多公共服务品种类的区域则对流动劳动力更具吸引力。事实上，这里公共服务种类是由公共服务人员及资金投入决定的，从这个角度讲加大乡村地区公共服务人员和资金投入力度是吸引流动劳动力回流的有效举措。

理论模型揭示出公共服务质量也会影响流动劳动力福利进而影响流动劳动力空间区位。将式（8-10）分别对q_c和q_r求导，可得城乡公共服务质量对劳动力城乡福利变化的边际影响，即：

$$\partial(\Delta V)/\partial q_c \propto (q_c q_r)^\sigma s_n(1-s_n)(\phi_{cc}\phi_{rr}-\phi_{cr}\phi_{rc})/[q_c((1-s_n)\phi_{cr}q_r^\sigma+\phi_{cc}q_r^\sigma s_n)^2]$$

$$\partial(\Delta V)/\partial q_r \propto -(q_c q_r)^\sigma s_n(1-s_n)(\phi_{cc}\phi_{rr}-\phi_{cr}\phi_{rc})/[q_r((1-s_n)\phi_{cr}q_r^\sigma+\phi_{cc}q_c^\sigma s_n)^2] \quad (8-14)$$

由式（8-14）进一步可得：

$$\begin{cases}\partial(\Delta V)/\partial q_c<0,\ \partial a_h/\partial q_c<0;\ \partial(\Delta V)/\partial q_r>0,\ \partial a_h/\partial q_r>0 & \phi_{cc}\phi_{rr}<\phi_{cr}\phi_{rc}\\ \partial(\Delta V)/\partial q_c=0,\ \partial a_h/\partial q_c=0;\ \partial(\Delta V)/\partial q_r=0,\ \partial a_h/\partial q_r=0 & \phi_{cc}\phi_{rr}=\phi_{cr}\phi_{rc}\\ \partial(\Delta V)/\partial q_c>0,\ \partial a_h/\partial q_c>0;\ \partial(\Delta V)/\partial q_r<0,\ \partial a_h/\partial q_r<0 & \phi_{cc}\phi_{rr}>\phi_{cr}\phi_{rc}\end{cases} \quad (8-15)$$

可以看出，公共服务质量对劳动力城乡福利的边际影响很大程度上取决于公共服务便捷化程度。当 $\phi_{cc}\phi_{rr}<\phi_{cr}\phi_{rc}$，即区际便捷化程度大于区内便捷化程度时，乡村公共服务质量 q_r 的提高并不会吸引更多劳动力流入，区际便捷化程度起到了分散作用；当 $\phi_{cc}\phi_{rr}>\phi_{cr}\phi_{rc}$，即区际便捷化程度小于区内便捷化程度时，乡村公共服务质量 q_r 的提高则会促使流动劳动力选择迁至乡村，区内便捷化程度起到了集聚作用。

综合来看，公共服务均等化对劳动力流动的影响机制较为复杂，主要受公共服务便捷化程度影响，表 8-2 列出了不同便捷化条件下公共服务均等化程度影响劳动力流动分析。

表 8-2　不同便捷化条件下公共服务均等化程度影响劳动力流动分析结果

	$\phi_{cc}=\phi_{cr}$		$\phi_{rr}=\phi_{cr}$	$\phi_{cc}=\phi_{rc}$	$\phi_{rr}=\phi_{rc}$	
	$\phi_{rr}=\phi_{rc}$	$\phi_{rr}>\phi_{rc}$	$\phi_{cc}>\phi_{rc}$	$\phi_{rr}>\phi_{cr}$	$\phi_{cc}=\phi_{cr}$	$\phi_{cc}>\phi_{cr}$
$\partial(\Delta V)/\partial s_r$	0	–	–	–	0	–
$\partial a_h/\partial s_r$	0	–	–	–	0	–
$\partial(\Delta V)/\partial q_c$	0	+	+	+	0	+
$\partial a_h/\partial q_c$	0	+	+	+	0	+
$\partial(\Delta V)/\partial q_r$	0	–	–	–	0	–
$\partial a_h/\partial q_r$	0	–	–	–	0	–

注："+"表示正值；"0"表示 0；"–"表示负值。

命题 8–2： 根据“劳动力钟摆临界条件”，当城乡区际便捷化程度与区内便捷化程度相等时，城乡劳动力空间布局呈现稳定状态，不受公共服务均等化程度影响；当乡村区内便捷化程度大于区际便捷化程度时，改善乡村公共服务种类和质量均有利于吸引流动劳动力“回乡”“下乡”，区内便捷化程度具有集聚作用；当区际便捷化程度大于区内便捷化程度时，改善乡村公共服务种类和质量并不会吸引流动劳动力“回乡”“下乡”，区际便捷化程度具有分散作用。

四、公共服务便捷化程度对城乡劳动力流动的影响

通过上面分析已经看出公共服务便捷性对城乡劳动力流动的重要影响作用，下面单独分析差异化区内便捷性和区际便捷性对城乡劳动力流动的影响。

将式（8–10）分别对 ϕ_{cc} 和 ϕ_{rr} 求导可得：

$$\frac{\partial(\Delta V)}{\phi_{cc}} \propto \frac{s_n q_c^\sigma [s_n \phi_{rc} q_c^\sigma + (1-s_n)\phi_{rr} q_r^\sigma]}{[(1-s_n)\phi_{cr} q_r^\sigma + \phi_{cc} q_c^\sigma s_n]^2},$$

$$\frac{\partial(\Delta V)}{\phi_{rr}} \propto -\frac{(1-s_n) q_r^\sigma}{\phi_{cc} s_n q_c^\sigma + \phi_{cr}(1-s_n) q_r^\sigma} \tag{8-16}$$

可见，$\partial(\Delta V)/\partial\phi_{cc}>0$，表明城市区内便捷程度提高会吸引更多流动劳动力流入城市；$\partial(\Delta V)/\partial\phi_{rr}<0$，表明乡村区内便捷程度提高会吸引更多流动劳动力流入乡村。

在考虑城乡区际便捷性差异化时，将式（8–10）分别对 ϕ_{cr} 和 ϕ_{rc} 求导可得：

$$\frac{\partial(\Delta V)}{\phi_{cr}} \propto \frac{(1-s_n) q_r^\sigma [s_n \phi_{rc} q_c^\sigma + (1-s_n)\phi_{rr} q_r^\sigma]}{[(1-s_n)\phi_{cr} q_r^\sigma + \phi_{cc} q_c^\sigma s_n]^2}$$

$$\frac{\partial(\Delta V)}{\phi_{rc}} \propto -\frac{s_n q_c^\sigma}{\phi_{cc} s_n q_c^\sigma + \phi_{cr}(1-s_n) q_r^\sigma} \tag{8-17}$$

可见，$\partial(\Delta V)/\partial\phi_{cr}>0$，说明城市消费乡村公共服务便捷性的提高有

助于吸引更多的流动劳动力流入城市；$\partial(\Delta V)/\partial\phi_{rc}<0$，说明乡村消费城市公共服务便捷性的提高有助于吸引更多的流动劳动力迁至乡村。

命题 8-3： 提高区内便捷程度会促使流动劳动力更多地迁至本区域，提高本区域消费另一区域公共服务的便捷化程度会促使流动劳动力迁至本区域。

第三节　劳动力城乡流动数值模拟分析

为了更加直观地揭示公共服务均等化便捷化程度对劳动力城乡区位选择的影响，本节对基本命题进行数值模拟。参考已有研究并结合现实情况做以下参数设定（董亚宁等，2020），初始设定城乡公共服务区内便捷性为 $\phi_{cc}=\phi_{rr}=0.7$、公共服务区际便捷性为 $\phi_{cr}=\phi_{rc}=0.5$，城市公共服务种类占比为 $s_n=0.6$，城乡公共服务质量分别为 $q_c=1$、$q_r=1$，城乡环境气候条件比 $\eta=1$，公共服务品间替代弹性 $\sigma=3$，现代产业部门可贸易品支出份额 $\alpha_T=0.7$，形状参数 $k=3$，迁移系数 $\gamma=5$，$a_{cs}=a_{rs}=1$。由于数据可得性，部分参数难以借助现实数据进行精准参数校准，但不会影响模型基本结论。

一、主要参数影响城乡劳动力流动分析

首先分析模型中产品间替代弹性、产业部门消费份额、异质性形状参数和迁移系数分别对劳动力城乡流动福利比以及迁移门槛的影响。从表 8-3 可以看出，随着公共服务替代弹性提高，更多流动劳动力会选择乡村；产业部门产品支出份额不会影响流动劳动力福利和迁移门槛；随着劳动力异质性形状系数的增加，虽然流动劳动力城乡福利不会发生变化，但会提高流动劳动力门槛；迁移摩擦系数不会影响流动劳动力选择城市后的

福利变化，但会抑制流动劳动力流入城市。

表 8-3　主要参数与福利水平及迁移门槛变化关系

参数值				输出值	
σ	α_T	k	γ	ΔV	a_H
3	0.7	3	5	1.1897	0.3263
4↑	–	–	–	1.1687↓	0.3147↓
–	0.8↑	–	–	–	–
–	–	4↑	–	–	0.4317↑
–	–	–	6↑	–	0.3070↓

注：“–”表示数值保持不变，“↑”表示数值变大，“↓”表示数值变小。

二、生态环境、工资水平与城乡劳动力流动分析

根据命题 8-1，改善区内生态环境条件有助于吸引更多流动劳动力选择该区域。为了验证这一命题，假设 s_n 分别为 0.4、0.6 和 0.8，设定 $\eta \in [1, 5]$，模拟结果见图 8-2。从结果来看，随着 η 的增大，城乡区域福利差逐渐提高，乡村流动劳动力临界迁出人力资本逐渐降低，这说明当提高城市生态环境条件比时，会有更多的乡村流动劳动力迁往城市；较高的城市公共服务品种类会更加强化这一流动决策。相反，当改善乡村生态环境

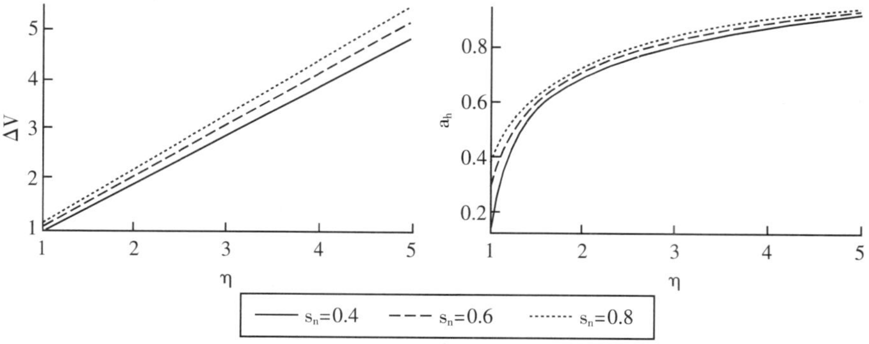

图 8-2　生态环境条件对城乡流动劳动力流动影响模拟图

资料来源：作者绘制。

条件时，会有更多的乡村流动劳动力迁往乡村。同理，可以发现提高本区域工资水平 w 有助于吸引流动劳动力到该区域，且能够得到与图 8-2 类似的结果。

三、公共服务均等化程度与城乡劳动力流动分析

为了进一步验证命题 8-2，令 $q_c=0.5$，设定 $q_r\in[0.1,\ 0.9]$，s_n 分别取 0.4、0.5 和 0.6，模拟结果如图 8-3 左图所示；设定 $s_n\in[0.1,\ 0.9]$，q_c 分别取 0.4、0.5 和 0.6，模拟结果见图 8-3 右图，该图从右向左的变化意味着乡村公共服务数量（种类）的增加。

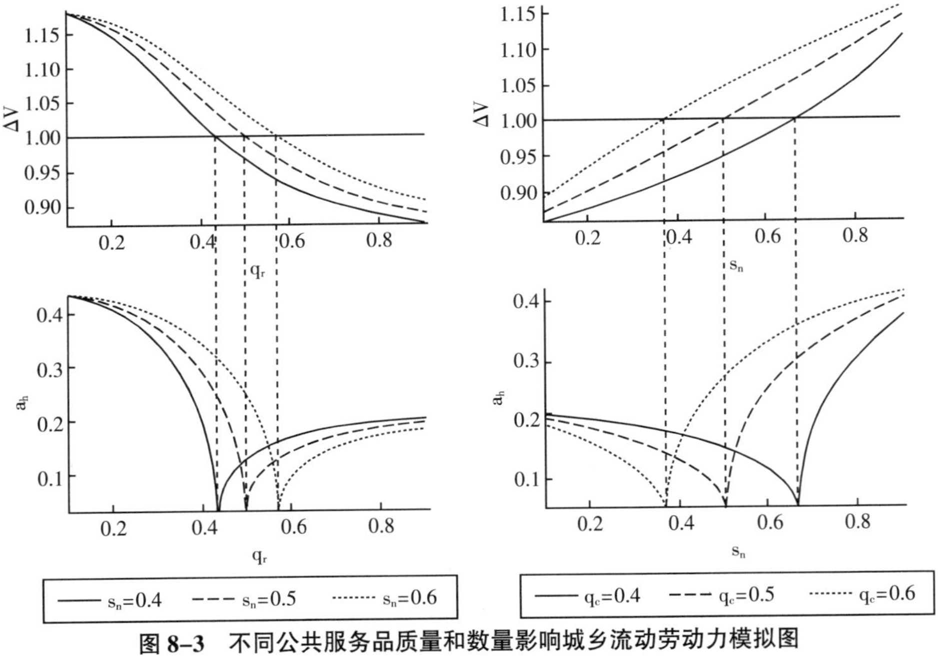

图 8-3　不同公共服务品质量和数量影响城乡流动劳动力模拟图

资料来源：作者绘制。

根据图 8-3 结果来看，在区内便捷化程度大于区际便捷化情形下，随着乡村公共服务品质量或数量的提高，城乡福利比逐步降低。在劳动力区位选择“转折点”之前的阶段可称为“入城”阶段，反映的是表 8-1 所统

计的“乡—城”流动情况；在劳动力区位选择“转折点”之后的阶段可称为“下乡”阶段，反映的是表 8-1 所统计的“城—乡”流动情况，这符合命题 8-2 的理论预期。进一步地，在特定公共服务质量（或数量）情况下，改善乡村公共服务数量（或质量），则有利于流动劳动力回流乡村。这里模拟过程只选择了区内便捷化程度大于区际便捷化程度的情形，区内便捷化程度小于区际便捷化程度的模拟结果也符合命题 8-2 的结论。

四、公共服务便捷化程度与城乡劳动力流动分析

为了验证公共服务区内便捷化对城乡流动劳动力流动的影响，在其他变量不变的情况下，令 s_n 分别为 0.4、0.5 和 0.6，分别设定 $\phi_{cc} \in [0.1, 0.9]$ 和 $\phi_{rr} \in [0.1, 0.9]$，得到模拟结果见图 8-4。

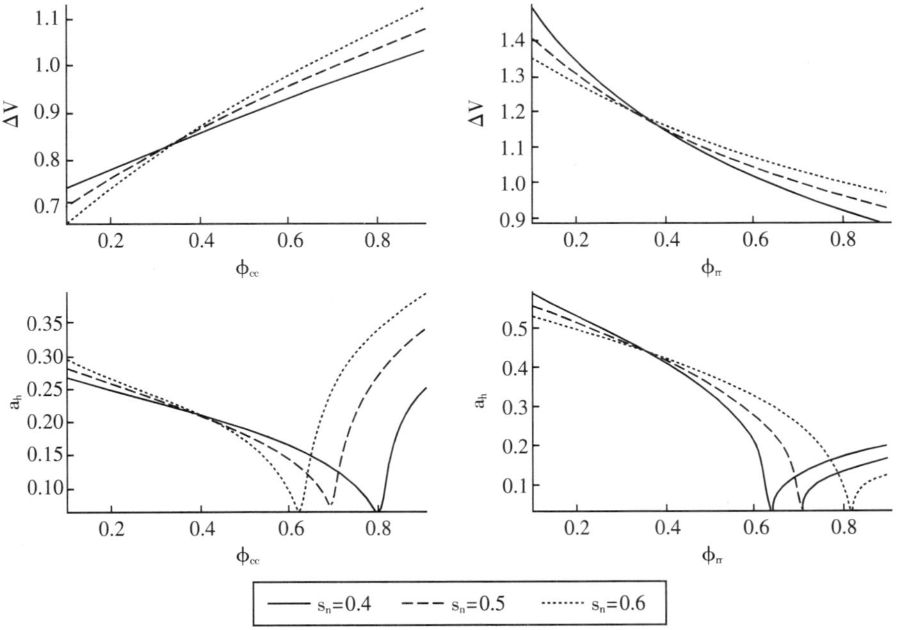

图 8-4 公共服务区内消费便捷性影响城乡流动劳动力模拟图

资料来源：作者绘制。

根据命题 8-3，提高区内便捷程度会促使流动劳动力更多地流至本区域。从图 8-4 可以看出，随着区内便捷程度的增大，本区域福利逐渐增大，逐步有利于吸引流动劳动力流入，从而验证了命题 8-3 的结论。进一步分析，根据图 8-4 右图，在提高乡村区域区内便捷性的过程中，较好的乡村公共服务多样性还能使流动劳动力区位选择“转折点”前移，从而更早吸引流动劳动力回流，这无疑是吸引流动劳动力有益的政策选择。

同样，为了验证公共服务区际便捷化对城乡流动劳动力流动的影响，在其他变量不变的情况下，分别设定 $\phi_{cr} \in [0.1, 0.9]$ 和 $\phi_{rc} \in [0.1, 0.9]$，得到模拟结果见图 8-5。从图 8-5 可以看出，随着区际便捷程度的增大，本区域福利逐渐增大，逐步有利于吸引流动劳动力迁入，意味着提高本区域消费另一区域公共服务的便捷化程度会促使流动劳动力迁至本区域，也支持命题 8-3 的结论。

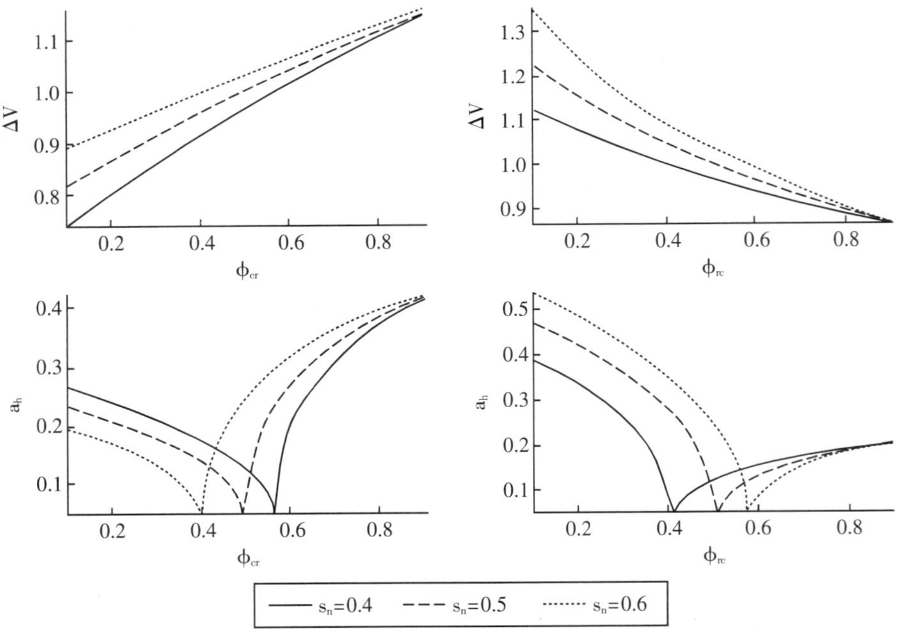

图 8-5 差异化公共服务区际消费便捷性影响城乡流动劳动力模拟图

资料来源：作者绘制。

从以上分析不难看出，数值模拟很好地揭示了模型命题结论，模拟结果也更具理论内涵和政策意义。

第四节　小结与政策启示

根据新时代我国乡村振兴战略要求，乡村振兴关键在于人才振兴。如何把握我国劳动力迁移流动的规律，促进城乡劳动力双向流动，鼓励流动劳动力回乡创业是一个重要问题。本章基于空间经济学理论，将多种迁移机制融入统一框架，通过构建融合收入均等、公共服务均等化便捷化和迁移摩擦等共同作用的城乡流动劳动力区位选择整合模型，开展了城乡公共服务均等化便捷化对流动劳动力城乡空间流动的数理分析，并对数理分析的基本命题进行了数值模拟，进而为促进乡村振兴提供科学理论依据。主要结论有：工资水平的提高与地方生态环境条件的改善均有助于提高本区域福利，吸引更多流动劳动力流入。根据“劳动力钟摆临界条件”，当城乡区际便捷化程度与区内便捷化程度相等时，城乡劳动力空间布局呈现稳定状态，不受公共服务均等化程度影响；当乡村区内便捷化程度大于区际便捷化程度时，改善乡村公共服务种类和质量均有利于吸引流动劳动力“回乡”“下乡”，区内便捷化程度具有集聚作用；当区际便捷化程度大于区内便捷化程度时，改善乡村公共服务种类和质量并不会吸引流动劳动力“回乡”“下乡”，区际便捷化程度具有分散作用。提高区内便捷程度会促使流动劳动力更多地迁至本区域，提高本区域消费另一区域公共服务的便捷化程度会促使流动劳动力迁至本区域。

长期以来，规模性和非平衡性的劳动力迁移造成我国乡村地区的流动劳动力流失，这使得作为迁出地的乡村地区不仅在劳动力结构上处于劣势，更在一定程度上制约了其经济发展，造成了我国整体上城乡不平衡不充分的发展现状。随着我国乡村振兴战略的实施，我国劳动力已由过去单纯从乡村流向城市转换为城乡双向流动模式，一大批乡村已经成为吸引人口回流的重点区域。受研究结论启发，为实现乡村振兴战略，对于乡村地区而言关键就是最大限度地引才聚才，而引才聚才的关键之一是改善乡村公共服务。具体工作中可侧重以下几点：树立城乡融合发展理念，通过建立城乡融合的体制机制在根本上实现城乡要素双向流动，彻底扭转“城市劳动力进不了村”的局面，逐步实现城乡公共服务均等化便捷化、城乡居民收入均衡化，以及城乡产业发展融合化；深刻认识到城乡基本公共服务均等化便捷化是破解城乡二元体制的突破口，公共服务均等化与便捷化互促共进、相得益彰，没有便捷化的均等化和没有均等化的便捷化都难以发挥有效的“引才”作用；针对城乡发展不平衡最突出的公共服务不平衡难题，加大乡村地区公共服务建设力度，合理配置布局城乡基础设施和公共服务建设，建立城乡公共服务共享机制，统筹公共资源在城乡间的均衡配置，建立全民覆盖、普惠共享、城乡一体、均等服务的基本公共服务体系，以更为丰富和优质的公共服务凝聚人心、增加人气、留住人才，为乡村振兴提供活水之源和持续动力；做好乡村人力资源开发这篇大文章，进一步加大乡村教育投入，加大农民职业教育、职业培训和专项技能学习扶持力度，同时建立有效激励机制，将有志于农业乡村发展的劳动力“引回来”，以“人才振兴”助推“乡村振兴”。

第九章 中国区域产业平衡充分发展：人才资源空间重配驱动

第一节 人才资源空间重配驱动的经验事实

人才资源是科技创新的第一资源，也是推动区域经济社会发展、提升产业竞争力的重要力量。党的十九大报告中明确指出，“人才是实现民族振兴、赢得国际竞争主动的战略资源”。这说明党和国家已经把人才工作放到了突出位置，体现了高技能劳动力在经济社会发展中所处的特殊位置和极端重要性。这是因为自改革开放以来，我国经济发展先后经历了要素驱动、投资驱动的主导方式转变，进入新时代则开始转向创新驱动主导。在创新驱动主导的经济发展中，创新是获取竞争优势的驱动力，这时掌握知识的人才资源、区域人力资本投资以及知识溢出就成了创新驱动的关键因素（杨开忠，2019）。若以国家卫健委统计的大专及其以上受教育程度人口空间流动作为人才资源空间重配的替代指标①，以地级市专利授权数作为衡量产业创新增长的替代指标进行比较，可以发现我国创新与人才资源空间重配呈现显著的正相关关系；与 2013 年相比，2017 年的相关程度

① 数据来源于国家卫健委《全国流动人口动态监测调查》（2011~2017 年），本节按照受教育程度，将大专及其以上受教育程度人口界定为人才。

更高（见图 9-1）。这在一定程度上可能反映了人才资源空间重配对于区域产业创新增长的影响作用。由此，实现产业创新驱动发展战略关键是吸引人才资源、扩大人才资源规模。

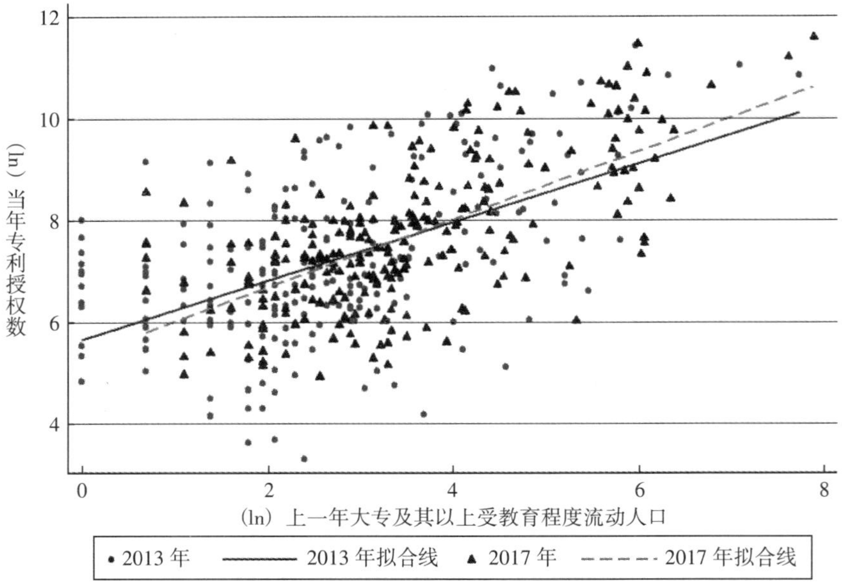

图 9-1　人才资源空间重配与产业创新增长关系图

资料来源：作者绘制。

也正因如此，近两年来先后有数百个城市出台了人才新政，“抢人大战”可谓全面开花。从各地政策层面来看，调整升级户籍制度则被视为招揽人才的“撒手锏”政策，“人来了就行”“无门槛落户”“先落户再就业”“亲属可投靠”等花样政策夺人眼球。然而，近期国家发改委发布的《关于培育发展现代化都市圈的指导意见》提出“放开放宽除个别超大城市（即城区人口超过 1000 万人的城市）外的城市落户限制”。这被认为是我国户籍制度将出现根本改革的标志，意味着 99%以上的城市将放开放宽落户限制。那么，在放开放宽户籍政策背景下，仅靠一纸户口的“抢人”时代或将一去不返，未来凭借什么来吸引人才资源呢？因此，本章试图通过构建一个多区域空间经济增长模型，基于“公共服务→人才资源空间重配→创新增长差异”的影响机制，分析公共服务数量、质量和消费便捷性对人才资源空间重配的影响，进一步探讨人才资源空间重配对于产业创新增长的影响。

第二节　理论分析

一、理论模型构建

借鉴 Grossman 和 Helpman（1994）的内生增长理论、Duranton 和 Puga（2014）及 Desmet 和 Rossi-Hansberg（2013）的多区域决策理论以及杨开忠（2019）等的集聚与增长整合研究理论，在引入公共服务数量、质量及其消费便捷性基础上，构建一个更加符合实际的多区域、三部门、三要素人才资源空间重配与内生创新增长模型。整个封闭经济体由 R 个区域组成，且 R 个城市构成一个连续性分割（R_1，…，R_N）。三部门分别为产品生产部门（T）、创新部门（C）和地方公共服务部门（G）[①]；生产部门产品种类为 n_T，产品种类由创新部门创造而得，地方公共服务部门提供不可贸易公共服务，区域 r 的 G 部门服务品种类为 n_r。三种生产要素分别为生产与创新部门人才资源（N）、公共服务部门劳动力（L）和物质资本（K），生产与创新部门人才资源可在区间自由流动，公共服务部门劳动力

① 这里生产部门主要包括第二产业和第三产业中的非公共服务部门，公共服务部门包括第三产业中由政府主导提供诸如教育、医疗、环境、安全等各类服务的部门（Officer，1976；Halpern and Wyplosz，2001；等等）。

在区间不可自由流动[①]；区域 r 公共服务部门劳动力为 L_r，区域总的人才资源为 $\bar{N}=\sum_{r=1}^{N} N_{r,t-1}$，区域 r 人才资源禀赋为 N_r。

消费者效用以柯布–道格拉斯型函数表示，设定为一个包含产品消费量（C_T）和公共服务消费量（C_{NT}）的效用函数。其中，公共服务部门提供多样化公共服务品，采用 CES 效用函数。区域 r 代表性消费者效用为：

$$U_r=\left(\frac{C_{Tr}}{\alpha_T}\right)^{\alpha_T}\left(\frac{C_{NTr}}{1-\alpha_T}\right)^{1-\alpha_T}$$

$$C_{Tr}=\left(\int_0^{n_T} c_T(j)^{\alpha}dj\right)^{\frac{1}{\alpha}} \quad C_{NTr}=\left(\alpha_r\int_{i=0}^{n_r} c_{NTi}^{\ \rho}di\right)^{1/\rho} \tag{9-1}$$

其中，α_T、$1-\alpha_T$ 分别表示生产部门、公共服务部门支出份额；C_{Tr} 为消费者对产品消费量；n_T 为生产产品种类数目；α_r 为 r 区域公共服务品质量；c_{NTi} 为消费者对第 i 种公共服务品的消费量。α 表示生产产品间的偏好程度，满足 $0<\alpha<1$；σ 为公共服务品间的替代弹性，满足 $\rho=\sigma/(\sigma-1)$，$\sigma>1$。r 区域消费者面临的预算约束为：

$$p_{Tr}C_{Tr}+P_{NTr}C_{NTr}=E_r \tag{9-2}$$

其中，E_r 为 r 区域消费者总收入；p_{Tr} 为消费者面临的生产部门产品价格；P_{NTr} 为 r 区域消费者面临的所有区域公共服务部门产品价格指数。

假设经济体系中人才个体可以选择从事两种不同的活动：一种是生产已开发出的各种产品，另一种是研究新的差异化产品的设计方案。假设产品生产以 D–S 垄断竞争为特征，以专利方案和人才资源为要素进行生产[②]，每种差异化产品被一家企业独立生产。任一种产品生产都需要每个企业雇用一种专利作为固定投入和若干人才作为可变成本，通过选择适当的单位可以使投入产出系数等于 1。设定某一差异化产品的边际生产成本等于工

① 根据我国第五次、第六次全国人口普查数据，我国人口流动以务工经商为主，占据流动原因的一半以上；从事于公共服务部门的工作调动仅占流动人口的 3%左右，分配录用占 1%左右。尽管公共服务部门劳动力在区域之间的流动通道普遍存在，但由于我国公共服务部门编制因素，能够通过招考及时补给，故而假设区域内总量不变，亦以不可流动来假设。

② 这里仅仅考虑一种生产要素，未考虑资本要素，引入资本要素并不会改变模型结论。

资水平 $w(t)$。根据生产商面对的需求函数式（9-1），产品 j 的定价 $p(j)=w/\alpha$，生产部门利润为：

$$\pi(j)=p(j)x(j)-wx(j) \tag{9-3}$$

产品部门生产企业利润将会被分红给投资创新部门创新专利的个体。为了计算方便，我们忽略工业产品运输成本，并且区域消费者可以消费任何区域生产的产品①。

假设创新部门企业能够自由进入研究开发活动，通过发行股票筹集资金。假设在时段 dt 研究活动的总成本为 wldt，研究活动的价值为 $v(l/a)dt$，其中，v 为每一种新技术的市场价值，a 为新技术创新成本。企业会根据生产成本和创新效益对比进行创新决策，当满足 $wa \geqslant v$ 时，企业停止创新。考虑到静态均衡下区域劳动力市场必须出清，当 r 区域人才资源空间重配后的禀赋为 N_r 时，这些人才资源既可从事研究与开发活动，也可从事差异产品生产。由于人才创新活动具有较强的网络和知识溢出效应，参考已有研究设定区域间的知识网络溢出效应为 φ，区内知识溢出程度为 φ_r，亦指创新一体化程度（董亚宁等，2018）。这样如果创新部门专利方案增量为 $\dot{n}_r$，则在研究与开发活动中对劳动力的总雇佣量为 $(a/\varphi\varphi_r)\dot{n}_r$。

通常产品部门生产活动还受区域生产率的影响，这里借鉴康博斯（Combes）等的研究，假定流动人才个体工资水平 $w_r(t)$ 取决于城市平均生产率水平 A_r，A_r 也是产业部门均衡工资水平。由于城市具有规模外部经济作用，同时区域规模增长过程中城市生活成本也随之增长，即存在生活成本效应。故假设城市规模总效应为 $f(P_r)=(P_r^{\theta-\lambda})$。其中，θ 反映外部规模经济程度，λ 反映生活成本效应。

假设地方公共服务部门以规模报酬递增为特征，每个区域都由本地非流动劳动力来生产，即生产单位公共服务需要 F 单位劳动力作为固定成

---

① 这主要是因为随着物流和互联网的发展，运输成本对产品空间可得性的作用已经小到可以忽略不计，消费者可以在任何城市便捷地消费可贸易品。当然，如果考虑可贸易品运输成本时，研究结论并不会改变。

本，a_r 单位资本作为可变成本。与产品生产部门不同的是，公共服务品在区间不可直接贸易，获得公共服务品需要支付额外成本①。例如，r 区域消费者消费 r 区域一单位公共服务品需要支付 τ_{rr}（$\tau_{rr} \geqslant 1$）倍的价格，消费者面临的价格为 $\tau_{rr}\bar{p}_{NTr}$。因此这里公共服务包含了数量、质量及其消费便捷性三个特征。通过均衡分析，r 地区消费者公共服务价格指数具有如下形式：

$$P_{NTr} = [\phi_{rr} n_r \alpha_r^{\sigma} (\bar{p}_{NT,r})^{1-\sigma}]^{1/(1-\sigma)} \tag{9-4}$$

其中，n_r 是 r 区域公共服务品种类数，$p_{NT,r}$ 是 r 区域公共服务品价格。

二、人才资源空间重配理论分析

下面分析人才资源空间重配过程，以 r 区域代表性人才资源为例，通过求解效用最大化，将产品需求代入式（9-1），可得 r 区域人才资源间接效用函数 V_r 满足：

$$V_r = A_r f(P_r) \Phi (1/(P_{NTr}))^{1-\alpha_T} \tag{9-5}$$

其中，$\Phi = (\alpha_T)^{\alpha_T}(1-\alpha_T)^{1-\alpha_T}$，由于忽略了生产产品运输成本，使得人才资源空间重配各地区的产品价格指数 p_{Tj} 对其效用影响很有限，并且可以标准化为 1。由于个体选择城市的原因存在差异，这种异质性偏好会影响消费者效用。遵循已有文献做法，假设异质性服从 Fréchet 分布（Eaton and Kortum，2002），且其对数形式随机变量均值为 ψ，方差为 $\pi^2\psi^2/6$，具体的分布为 $P[\varepsilon_j \leqslant z] = e^{-z^{-1/\Psi}}$，其中，$0 < \psi < 1$ 为常数，且与方差正相关，因此 ψ 越大，则人才的异质性越大。由于人才将根据效用最大化进行区位选择，即对于人才而言，如果其选择流动到区域 r，那么必定有 $V_r \geqslant V_{d \neq r}$。通过式（9-5）可以得到：

$$P_{dr} = \frac{(A_r f(P_r) \Phi (1/[\phi_{rr} n_r \alpha_r^{\sigma} (\bar{p}_{NT,r})^{1-\sigma}]^{1/(1-\sigma)})^{1-\alpha_T} e^{X_r})^{1/\Psi}}{\sum_{d=1}^{R} (A_d f(P_d) \Phi (1/[\phi_{dd} n_d \alpha_d^{\sigma} (\bar{p}_{NT,d})^{1-\sigma}]^{1/(1-\sigma)})^{1-\alpha_T} e^{X_d})^{1/\Psi}} \tag{9-6}$$

---

① 由于地方不可贸易品不可贸易，消费者进行不可贸易品消费时需要支付区内便捷性成本，亦可理解为制度成本、时间成本等；在区际之间消费需要支付旅行成本，暂且不考虑跨区消费。

其中，P_{dr} 代表人才从区域 d 流动到区域 r 的概率。下面进行空间均衡分析，空间均衡是指生产、消费、迁移均达到均衡的状态，得到区域最终人才资源空间重配决定方程为：

$$\frac{N_r}{\bar{N}}\left(\frac{\bar{U}}{\Gamma(1-\Psi)}\right)^{1/\Psi}=(A_r f(P_r)\Phi(1/[\phi_{rr} n_r \alpha_r^{\sigma}]^{1/(1-\sigma)})^{1-\alpha_T} e^{Xr})^{1/\Psi} \tag{9-7}$$

人才资源空间重配均衡条件下，每个个体都达到均衡效用。其中，外生均衡效用$\bar{U}$是期望效用，Γ（·）为伽马函数。式（9-7）描述了区域人才资源空间重配的均衡状态，反映了人才资源在区域的流动结果。可以看出，人才资源空间重配由区域内公共服务消费数量 n_r、质量 α_r 及其消费便捷性 ϕ_{rr}，以及城市生产率水平 A_r、城市人口规模 P_r 等因素决定，得到：

$$\frac{dN_r}{dn_r}>0,\ \frac{dN_r}{d\alpha_r}>0,\ \frac{dN_r}{d\phi_{rr}}>0,\ \frac{dN_r}{dA_r}>0,\ \frac{dN_r}{dP_r}>\text{or}<0 \tag{9-8}$$

式（9-8）定性分析了影响人才资源空间重配的关键因素，区域内不可贸易品数量、质量及其消费便捷性成本以及城市生产率水平都有利于吸引人才流入。

三、创新增长理论分析

根据创新部门设定，当经济系统均衡时，区内人才市场出清和研发部门无套利条件满足：

$$(a/\varphi\varphi_r)\dot{n}_r+\alpha(\alpha_T E_r/w)=N_r,\ \frac{(1-\alpha)\alpha_T E_r}{aw/\varphi\varphi_r}=\dot{n}_r+\rho \tag{9-9}$$

进一步可得区域 r 产业创新增长满足：

$$\dot{n}_r=(1-\alpha)N_r\varphi\varphi_r/a-\alpha\rho \tag{9-10}$$

式（9-10）描述了均衡时区域 r 产业创新增长。可以看出产业创新增长率受区域总收入水平、区内人才资源、创新专利成本以及知识溢出等因素共同影响。

$$\partial g_r/\partial N_r>0,\ \partial g_r/\partial\varphi>0,\ \partial g_r/\partial\varphi_r>0,\ \partial g_r/a<0 \tag{9-11}$$

第三节 实证检验

本节将在上述理论模型和数值模拟基础上，选取 2013~2017 年 CMDS 微观数据和 233 个城市层面特征数据进行实证检验公共服务对人力资源空间重配和区域创新增长的影响，进一步揭示人力资源空间重配和区域创新的现实逻辑。

一、实证策略

根据理论分析，区内公共服务数量、质量及其消费便捷性以及城市生产率水平对人才资源空间重配具有重要影响。由于人才资源空间重配具有非负整数性质，泊松模型被证实更加符合人才迁移实际情况（Flowerdew and Aitkin，1982；古恒宇等，2019），但是泊松模型的前提是因变量的方差与平均值相等，而本节人才流动数据零值较少且分布比较离散，因此可能要放宽因变量方差与均值相等的条件，采用稳健标准误的负二项回归模型较为合适。然而理论模型部分人才资源空间重配也是符合泊松-伽马假设的，因此假设流动人才数 M_{ij} 满足泊松-伽马（Poisson-Gamma）混合分布，即：

$$Pr(LM_{ij}) = \frac{\Gamma(LM_{ij} + \alpha^{-1})}{LM_{ij}!\Gamma(\alpha^{-1})}\left(\frac{\alpha^{-1}}{\alpha^{-1} + \mu_{ij}}\right)^{\alpha^{-1}}\left(\frac{\mu_{ij}}{\alpha^{-1} + \mu_{ij}}\right)^{LM_{ij}} \tag{9-12}$$

其中，Γ 为标准的伽马分布函数；α 为过度离散系数，α 的数值越大，离散水平越高，当 $\alpha = 0$，即不存在过度离散时，负二项模型退化为泊松回归模型。结合理论模型，设定负二项回归模型为：

$$E(LM \mid LQ_{i,t-1},\ CON_{i,t}) = \exp(\alpha_0 + \alpha_1 LQ_{i,t-1} + \alpha_2 CON_{i,t} + v_t + \varepsilon_{it}) \tag{9-13}$$

其中，下标 i 和 t 分别表示城市和年份；LM、LQ 和 CON 分别表示被解释变量、核心解释变量和相关控制变量；v_t 和 ε_{it} 分别表示时间固定效应和模型误差项。

关于人才资源空间重配与创新增长的影响机制检验，依据理论模型创新具有空间溢出效应，因此选取空间自回归模型进行检验，具体设定如下：

$$GROW_{SAR} = \varphi WGROW + \beta_1 LM + \beta_2 CON + \varepsilon \tag{9-14}$$

其中，GROW 表示区域创新增长，W 表示空间矩阵，这里分别选用距离矩阵和邻接矩阵，ε 表示随机分布项。变量选择方面，选取能够反映创新增量的授权专利数（PATENT）作为被解释变量，刻画区域创新增长；核心解释变量为人才流入（LM），依旧选取大专及其以上受教育程度流动人口衡量人才流动；区域间知识网络溢出效应为 φ，也就是空间滞后项系数；区内创新一体化程度 φ_r 反映的是区内创新知识溢出便利程度，通常会受市场化条件、创新制度等因素影响，这里选择樊纲和王小鲁的市场一体化程度（MARKET）作为替代变量；由于数据可得性，微观实证分析中创新成本往往难以刻画，因此选取寇宗来和刘学悦（2017）的城市创新指数（IENV）间接替代创新成本，认为一个城市创新指数越高则对应的创新成本越低；区域总收入水平用国内生产总值（GDP）来衡量。此外，将滞后 1 期的创新专利也作为控制变量，这样既控制了创新活动的动态累积效应，也扣除了内生性因素影响。

二、指标选取与数据说明

被解释变量（LM）：关于人才空间流动的衡量，使用全国流动人口卫生计生动态监测调查数据，该数据是在全国 31 个省（自治区、直辖市）和新疆生产建设兵团流动人口较为集中的流入地开展抽样调查，按照随机抽样的原则，采取分层、多阶段、与规模成比例的 PPS 方法进行抽样，调查结果在全国和各省都具有较好的区域代表性（李丁、郭志刚，2014）。本节借鉴 Casel（2006）的分类方法，按照受教育程度，选取其中大专及其以上受教育程度流动人口衡量人才流动。当然，如果实证结果公共服务和人才流入存在显著正相关关系，并不能说明是地方公共服务影响了人才流动，也有可能是人才流入导致了地方公共服务的增加，两者之间存在双向因果关系。为了避免由于双向因果带来的内生性问题，在识别地方公共服务如何影响人才流动时，对地方公共服务的数据作滞后 1 期处理（Dahlberg et al.，2012；夏怡然、陆铭，2015），本节亦跟随已有文献的做法。

核心解释变量（LQ）：在公共服务指标选取方面，大多数学者都考虑教育、医疗、文化、交通和环境领域的公共服务（李一花等，2015；杨晓军，2017）。由于公共服务范畴较广，且大多数公共服务之间存在高度自相关性，因此先选取对每个家庭最重要且最具代表性的教育类公共服务衡量公共服务。为了刻画理论模型中公共服务数量、质量及其便捷性特征，选取小学师生比衡量教育类公共服务数量（EDUs），选取在校大学生数占年末总人口比重来衡量教育类公共服务质量（EDUq），选取商品房销售价格衡量教育类公共服务消费便捷性（EDUf）。为了确保实证结果稳健性，同时选取医疗类公共服务指标作为替代指标，具体选取每万人床位数衡量医疗类公共服务数量（MEDs），选取每万人医生数衡量医疗类公共服务质量（MEDq），选取每万人城市年末实有道路面积衡量医疗类公共服务消费便捷性（MEDf）①。

控制变量（CON）：根据理论预期，城市生产率水平、城市规模等因素都会影响人才流动。这里以在岗职工平均工资（WAGE）作为城市生产率水平的代理变量，为了去除价格变化的影响，利用《中国统计年鉴》中历年的“城市居民消费价格指数”算出按照 2010 年计的城市居民消费价格指数，进而对平均工资数据进行了价格调整。关于城市规模衡量，由于人口密度越大，发挥规模效应的可能性越高，因此通常选取城市人口密度

① 现实中一项公共服务往往同时兼具数量和质量维度。教育方面，高等教育是公共教育的最高阶段，大学生占比更能刻画质量维度；医疗方面，每万人医生数从人才资源角度反映公共医疗水平，较之医院及卫生院数、医院及卫生院床位数等数量指标更侧重质量维度。

（POP）来衡量；产业结构在一定程度上影响着就业规模，进而影响流动人才的就业机会与发展可能，这里选取第二产业占比来衡量产业结构（IND）。固定资产投资也是影响基本公共服务供给和人才发展机遇的重要因素，故控制了固定资产投资（INV）的影响。

由于部分城市核心变量存在数据缺失，因此最后匹配选取233个地级市数据，时间跨度为2013~2017年。本节所有数据均来自历年《中国城市统计年鉴》《中国区域经济统计年鉴》和卫计委流动人口数据库（CMDS）。为保证数据平稳性，所有数据经过了对数化处理。此外，为了消除变量间量纲关系，部分变量做了标准化处理，个别缺失数据利用前（后）一年数值补缺失值。为了缓解不可观测变量对本节结果的影响，本节参照Dehaan（2017）、罗永根（2019）等的做法，在回归中还控制了年份。主要变量的描述性统计如表9-1所示。

表9-1　变量的描述性统计（1）

变量	均值	方差	最小值	最大值	样本量
LM	94.249	227.164	0	2670	1164
EDUs	0.061	0.012	0.028	0.112	1165
EDUq	0.211	0.262	0.004	1.256	1165
EDUf	5227.288	3444.446	1467.947	45497.530	1165
MEDs	0.461	0.292	0.049	3.059	1165
MEDq	23.830	11.757	7.063	82.985	1165
MEDf	0.053	0.070	0.002	0.730	1165
POP	0.045	0.034	0.001	0.257	1165
WAGE	54689.690	12978.270	28493.660	134994.000	1165
TIP	46.974	10.020	13.570	79.360	1165
INV	1915.542	1709.588	85.997	14629.220	1165

资料来源：作者绘制。

人才资源空间重配与创新增长影响机制检验的具体变量描述性统计如表9-2所示。

表 9-2　变量的描述性统计（2）

变量	均值	方差	最小值	最大值	样本量
PATENT	5759.396	11935.840	17	106767	1165
IENV	19.562	72.830	0.046	1061.371	932
GDP	2541.177	3516.751	34.953	30633.000	1163
MARKET	0.078	0.055	0.004	0.423	1165

资料来源：作者绘制。

三、公共服务与人才资源空间重配影响机制检验结果

首先进行负二项模型选定检验，通过 LR 检验发现样本存在个体异质性，并且 alpha 值在 95%置信区间下不为 0，因此适合选择面板负二项模型。进一步通过豪斯曼检验，最终选择固定效应的面板负二项模型进行估计。以教育类公共服务作为核心解释变量进行基准回归，先分别以公共服务数量、质量及其便捷性进行回归，再进行整合回归（见表 9-3 中第（1）~（4）列）。可以看出，公共服务数量对于人才流入影响并不显著，而公共服务质量及其便捷性影响显著为正，这说明市级层面公共服务数量维度的均等化程度已经较高，而公共服务质量和消费便捷维度的差异依然较大，人才更愿意选择公共服务质量和便捷化程度较高的区域。就控制变量而言，城市生产率水平与人才流入显著为正；固定资产投资越大意味着更多的发展机会或者更高的公共服务投资水平，也有助于吸引人才流入；第二产业占比与人才流入呈现负向关系但不显著，这说明人才资源更多流入到第三产业领域，也暗示着人力资源“脱实向虚”的配置倾向；城市规模对人才流入影响也不显著，说明对于人才而言，城市规模正外部性会促使人才集聚，但同时带来生活成本、就业机会等各种竞争压力，因此城市规模效应影响相互抵消。这也符合近年来人才流动趋势，越来越多的证据显示并不是所有人才都竞相流入北上广深，越来越多的人才开始选择流入西安、成都、武汉、长沙、海口等中西部城市。

表 9–3　基准回归结果

	(1)	(2)	(3)	(4)
lnEDUs	–0.021 (–0.09)			–0.038 (–0.18)
lnEDUq		0.281*** (5.13)		0.248*** (4.36)
lnEDUf			0.377*** (3.61)	0.242** (2.39)
lnPOP	0.139* (1.74)	0.041 (0.52)	0.064 (0.80)	0.000 (0.00)
lnWAGE	0.384*** (3.23)	0.411*** (3.66)	0.270** (2.22)	0.332*** (2.83)
lnTIP	–0.033 (–0.31)	–0.050 (–0.48)	–0.004 (–0.03)	–0.028 (–0.26)
lnINV	0.253*** (3.87)	0.205*** (3.28)	0.234*** (3.59)	0.200*** (3.20)
_cons	–3.641** (–2.52)	–3.195** (–2.55)	–5.752*** (–4.04)	–4.737*** (–3.13)
N	1164	1164	1164	1164

注：①括号内为 t 值；②* 表示 $p<0.05$，** 表示 $p<0.01$，*** 表示 $p<0.001$。

为了确保分析结果的稳健性，以医疗类公共服务替换教育类公共服务进行稳健性检验。从结果来看（见表 9–4），所得结果与基准回归基本一致，这进一步验证了理论分析的稳健性。

表 9–4　稳健性检验结果

	(1)	(2)	(3)	(4)
lnMEDs	0.023 (0.21)			0.000 (0.00)
lnMEDq		0.282*** (3.40)		0.191** (2.11)
lnMEDf			0.243*** (3.89)	0.190*** (2.83)
lnPOP	0.148* (1.77)	0.136* (1.78)	0.060 (0.76)	0.073 (0.86)

续表

	(1)	(2)	(3)	(4)
lnWAGE	0.377*** (3.02)	0.311*** (2.63)	0.271** (2.28)	0.244** (1.96)
lnTIP	-0.035 (-0.33)	-0.056 (-0.52)	-0.092 (-0.86)	-0.094 (-0.86)
lnINV	0.255*** (3.87)	0.235*** (3.67)	0.242*** (3.82)	0.233*** (3.68)
_cons	-3.460** (-2.44)	-3.433*** (-2.65)	-1.484 (-1.07)	-1.835 (-1.22)
N	1164	1164	1164	1164

注：①括号内为 t 值；②* 表示 $p<0.05$，** 表示 $p<0.01$，*** 表示 $p<0.001$。

四、人力资源空间重配与创新增长影响机制检验结果

基于上述实证设计，首先从全国层面采取距离矩阵进行分析（见表9-5 第（1）列）。从检验结果来看，空间模型中 Moran's I 值显著为正，反映出了创新活动具有空间正向相关性特征，符合理论预期。具体来看，创新专利增长的时间滞后项系数显著为正，这表明上一期产业创新增长显著促进当期创新增长。可见对于创新活动而言，创新积累对于创新活动具有重要决定作用。核心解释变量人才流入对创新增长的影响显著为正，验证了人力资源空间重配对创新增长的影响作用。区域间知识网络溢出效应、区域总收入水平、城市创新指数和区内创新一体化程度对区域创新增长的影响均显著为正，验证了式（9-11）的理论预期。为了验证实证分析的稳健性，又选取空间邻接矩阵进行回归分析（见表 9-5 第（2）列），可以看出尽管系数大小有不同，但影响结果均不会改变。

为了检验区域层面的结果，选取空间距离矩阵分别从东部和中西部两大区域进行异质性区域分析（见表 9-6 第（1）~（2）列）。从 Moran's I 检验结果看，东部和西部区域创新均存在显著的空间相关性。总体来说，分区域层面结果与全国层面基本一致，但也存在明显的分异性特征。与全国

表 9-5　全国层面空间模型回归结果

	（1）	（2）
	距离矩阵	邻接矩阵
L.lnPATENT	0.755*** (7.47)	0.694*** (7.12)
lnLM	0.029*** (2.74)	0.032*** (2.92)
lnIENV	0.214*** (5.40)	0.279*** (7.38)
lnGDP	0.716*** (9.59)	0.626*** (8.65)
lnMARKET	0.148** (2.54)	0.130** (2.40)
_cons	-0.657*** (-4.39)	-0.269 (-1.59)
rho	0.467***	0.611***
Wald	1327.480	1559.535
F	221.247***	259.923***
R^2	0.999	0.999
Log-L	-128.959	-91.643
Moran	0.509***	0.473***

注：①括号内为 t 值；②* 表示 $p<0.05$，** 表示 $p<0.01$，*** 表示 $p<0.001$。

表 9-6　区域层面空间模型回归结果

	（1）	（2）	（3）	（4）
	东部	中西部	东部	中西部
	距离矩阵	距离矩阵	邻接矩阵	邻接矩阵
L.lnPATENT	0.930*** (7.00)	0.720*** (5.66)	0.937*** (6.89)	0.694*** (5.45)
lnLM	0.009 (0.66)	0.041*** (2.74)	0.008 (0.61)	0.044*** (2.92)
lnIENV	0.347*** (5.91)	0.226*** (4.58)	0.336*** (5.57)	0.279*** (5.97)
lnGDP	0.476*** (4.60)	0.769*** (7.65)	0.466*** (4.40)	0.684*** (7.17)

续表

	(1)	(2)	(3)	(4)
	东部	中西部	东部	中西部
	距离矩阵	距离矩阵	邻接矩阵	邻接矩阵
lnMARKET	0.109 (1.31)	0.128** (1.72)	0.059*** (0.69)	0.069 (0.97)
_cons	−0.293 (−1.33)	−0.802*** (−3.30)	−0.195 (−0.96)	−0.603* (−2.49)
rho	0.581***	0.591***	0.556***	0.538***
Wald	665.326	536.158	623.077	621.499
F	110.888***	89.360***	103.846***	103.583***
R^2	0.674	0.473	0.659	0.510
Log-L	−48.636	−117.922	−43.957	−122.378
Moran	0.643***	0.481***	0.650***	0.464***

注：①括号内为 t 值；②* 表示 $p<0.10$，** 表示 $p<0.05$，*** 表示 $p<0.01$。东部地区包括北京、天津、河北、辽宁、上海、江苏、浙江、福建、山东、广东、海南；中西部地区包括山西、吉林、黑龙江、江西、安徽、湖南、湖北、河南、四川、广西、云南、贵州、内蒙古、陕西、甘肃、青海、宁夏、重庆、西藏。

层面一致，无论是东部还是中西部区域，滞后 1 期创新增长、区域间知识网络溢出效应、区域总收入水平以及城市创新指数对区域创新增长的影响都显著为正。不同的是，核心解释变量人才流入对东部区域创新增长的影响为正但不显著，而对中西部区域有显著正向影响，这或许揭示了人才资源空间配置的问题，中西部地区人才资源依旧匮乏，人才资源对创新增长影响明显。

五、中介效应影响机制检验结果

上述分析检验了公共服务与人才资源空间重配、人才资源空间重配与创新增长的影响机制，下面进一步就人才资源空间重配在公共服务与创新增长之间的中介效应机制进行检验。首先选择 Sobel 检验，考虑到 Sobel 检验难以剔除固定效应和无法检验中介效应在 0.05 置信水平上的显著性，同时选择了 Bootstrap 检验。首先进行 Sobel 检验，从表 9–7 的检验结果可以看出，教育类公共服务数量、质量及其便捷性的间接效应占比分别为 35.0%、41.9%和 19.4%，医疗类公共服务数量、质量及其便捷性的间接效应占比分别为 3.0%、54.7%和 38.9%，这表明公共服务特别是公共服务质量和消费便捷性对创新增长影响起到了中介效应。通过 500 次有放回随机抽样的 Bootstrap 检验，也发现间接效应基本上都在 0.05 水平上显著，同样表明公共服务特别是公共服务质量及其便捷性对创新增长具有中介效应。

表 9–7　人才资源空间重配在公共服务与创新增长之间的中介效应检验

变量	中介效应检验						Bootstrap 检验	
	(1)	(2)	(3)	(4)	(5)	(6)	直接效应	间接效应
lnLM	0.588***	0.411***	0.262***	0.645***	0.525***	0.474***		
lnEDUs	−1.881***						−1.881**	−1.013**
lnEDUq		0.501***					0.501**	0.362**
lnEDUf			2.163***				2.163**	0.521**
lnMEDs				−1.079***			−1.079**	−0.033
lnMEDq					0.749***		0.749**	0.904**
lnMEDf						0.583***	0.583**	0.372**
Sobel	[--7.87]	[11.98]	[9.70]	[−0.53]	[13.87]	[12.93]		
Aroian	[−7.87]	[11.98]	[9.70]	[−0.52]	[13.86]	[12.92]		
中介效应占比（%）	35.0	41.9	19.4	3.0	54.7	38.9		

注：①方括号内为 Z 值；②* 表示 $p<0.05$，** 表示 $p<0.01$，*** 表示 $p<0.001$。

第四节　小结与政策启示

本章通过构建理论模型，运用数值模拟方法分析了地方公共服务对人力资源空间重配和区域创新的影响，并且选取 2013~2017 年 CMDS 微观数据和 233 个城市层面特征数据进行了实证检验。主要结论有：无论是全国层面、东部区域还是中西部区域，滞后 1 期创新增长、区域间知识网络溢出效应、区域总收入水平以及城市创新指数对区域创新增长均具有正向促进作用；不同的是，人才流入对东部区域创新增长的影响为正但不显著，而对中西部区域有显著正向影响，体现了人才资源空间配置对创新增长的区域异质性影响；中介效应模型表明公共服务通过影响人才资源空间重配进而影响创新增长。

受研究启发，未来“抢人大战”政策制定可以侧重以下几个方面：一要树立“人才是第一资源”理念，把握公共服务影响人才区位和创新增长的理论逻辑，提升教育、医疗、文化、住房、交通等地方公共服务质量及其消费便捷性，优化人才工作生活环境；同时加强公共服务财政支出均衡性，加大对中、西部地区中心城市公共服务扶持力度，推动提升公共服务质量供给，进而引导人才要素合理流动，实现区域创新平衡充分发展。二要强化创新协作共享，深刻认识人才分布不平衡是导致创新发展不平衡的关键，结合各地优势开展全国创新力布局规划，支持建设全国性、区域性、地方性技术协同创新区（创新带、创新圈、创新中心），疏通知识和技术溢出渠道，加强区域人才协作机制建设，发挥人才在区域创新中的知识溢出作用。三要深化创新体制机制改革，把握创新工作的持久性、艰巨性特征，破除各类创新体制机制壁垒，完善以创新和质量为导向的科研激励与评价机制，改进人才福利薪酬体系，建立健全知识产权保护机制，有效激发各类创新要素活力，不断释放出巨大的“创新”改革红利。

第十章　推进产业平衡充分发展的政策建议

随着我国社会主要矛盾的转化，如何解释经济活动在空间维度的区位分布与时间维度的动态增长就成了当前面临的重要理论问题，空间经济增长理论或许能够为破解我国不平衡不充分的发展问题提供一个理论分析视角。本书就如何破解产业空间发展不平衡和质量、效益、创新发展不充分的重大难题，在总结已有空间经济增长理论及其应用研究的基础上，首先基于产业、人口空间区位选择机制和内生增长机制，引入微观主体和区域异质性，将经济活动在时间维度的动态增长与空间维度的区位分布纳入同一框架构建了空间经济增长基础模型；其次基于基础模型构建了“人口—产业—空间”综合视角下研究中国产业平衡充分发展的理论框架，从交通一体化、市场一体化、比较优势、创新研发和地方公共服务五个方面开展了整合异质性企业区位、产业区位、人力资源空间配置与内生创新增长的理论分析；再次基于基础模型，分别从农业、工业、服务业不同产业角度尝试探讨实现产业平衡充分发展的具体路径；复次在城乡和区域不同空间视角下，分析了地方公共服务、人力资源配置驱动产业平衡充分发展的理论依据与经验事实；最后结合理论与经验分析结论，提出了促进中国产业平衡充分发展的政策建议。

基于中国实践的空间经济增长理论极大地丰富和发展了空间经济学以及区域科学理论。我国具有幅员辽阔、人口众多的大国特征，也是最大的发展中国家，空间经济增长理论不仅有助于科学解释不平衡不充分的发展现状，而且能够为同时研究经济活动在空间维度的区位分布与时间维度的动态增长提供一个统一分析框架。与传统空间经济理论相比，空间经济增长理论有如下三个突出特点：一是理论框架兼具时空性，即针对传统研究时空分离现状，将空间结构维度的分布问题和动态时间维度的增长问题纳入同一框架，符合马克思主义唯物辩证观和时空观；二是研究对象具有能动性，传统理论大多以代表性主体代表所有主体特征，而整合理论往往引入微观主体异质性，更加强调微观异质性主体（个人或企业）在经济活动中的能动性；三是研究方法具有系统性，传统研究往往单纯从人口、产业或城市（区域）视角研究区位选择和内生增长问题，而整合理论注重系统性，更加强调人口、产业和空间的系统性整合研究，因为现实空间区位选择过程中人口、产业和空间三者之间的关系是密不可分的。

第一节　加强中国特色空间经济增长理论研究

理论层面，空间经济增长理论研究是一座“金矿”，已有研究只是冰山一角。一是强化空间区位选择机制与内生增长的融合研究。现有机制的融合性相对薄弱，现实中各种空间区位选择机制与内生增长的作用是协同融合的，因此要发展出融合物质资本外部性、人力资本外部性、多样性以及搜寻匹配等共同作用的空间经济增长整合理论模型。二是强化异质性融合研究。现有研究大多侧重单方面异质性，事实上企业异质性、劳动力异质性和区域异质性是同时影响区位选择和动态增长的，因此将不同微观主体异质性纳入一个框架，建立微观多主体异质性的整合模型，是一个重要的研究方向。三是强化理论模型的系统性研究。未来可侧重发展基于微观主体异质性的“人口—产业—空间”视角下分析微观异质性主体之间、异质性区域之间的人口流动、企业迁移、产业重构、经济增长以及城市发展的整合模型。四是开展异质性现代产业体系理论研究，根据产业专利（技术、知识）密集性程度差异，将产业划分为低技术密集型产业、中技术密集型产业和高技术密集型产业，基于空间经济增长基础理论发展异质性产业空间重构与创新增长理论。

实践层面，中国人口众多、幅员辽阔，又是最大的发展中国家和转轨国家，这为空间经济增长理论提供了最好的实践舞台。一是结合新时代中国面临的不平衡不充分发展难题和高质量发展要求，发展符合中国实际的空间经济增长理论，破解中国人口数量红利逐渐消失、产业新旧动能转换和新型城镇化进程中收入分配、产业结构、城乡区域之间的不平衡问题。二是结合我国超大规模市场优势和内需潜力现实，基于空间经济增长研究理论开展国内国际双循环新发展格局研究。三是结合新时代中国乡村振兴战略要求，在空间与增长视角下探索“人、地、钱”等生产要素以及产业在城乡自由流动的体制机制，发展中国特色社会主义城乡融合理论。其中，中国人口已由过去单纯从农村流向城市转换为城乡双向流动模式，一大批乡村已经成为吸引人口回流的重点区域。如何把握中国人口迁移流动的规律，促进城乡人口双向流动，鼓励一批有技术、有资本、有才能的人回乡创业是一个重要课题。四是结合新时代人民日益增长的美好生活需要，注重公共服务改善对于人口、企业（产业）在区位选择方面的作用，探究新时代“以人为本”的区域协调发展新逻辑。比如，随着中国人口形势的变化和人口数量红利的逐渐消失，国内各地的人才争夺战已经纷纷打响，人才的区位选择研究就成了国家和地方人才政策制定的基础。因此，进一步科学认识人才区位选择机制，就能为中国各级政府制定有效的人才政策提供依据，真正做到既能吸引人才又能留住人才。

第二节　充分发挥一体化和比较优势作用

中央政府区域政策的战略举措之一就是采取一体化发展方法。习近平总书记在京津冀考察时就强调要立足于推进人流、物流、信息流等要素市场一体化，推动交通一体化。市场一体化方面，一要着力降低产品贸易成本，科学规划产品流通布局，加大产品运输基础设施、装备的投入，打破产品市场分割，加快形成产品市场一体化体系；同时建立科学系统的农产品物流成本核算体系，降低农产品物流人力和技术的成本。二要加快提升产业数字化水平，在中国大力提倡产业信息化的政策推动下，加快搭建全国各类信息化平台，持续推进电子商务和产业物联网建设，大规模发展批发物流市场，加大对相关技术的开发和人才的培养。三要树立一体化发展理念，不断加大涉企“放管服”改革力度，降低各种行政成本，提升企业服务化水平，破除一系列制约产业发展的瓶颈障碍，彻底扭转诸如“投资不过山海关”的局面。四要注重产业开放开发力度，在全球范围内国际直接投资下降的背景下，切实通过“法治手段营造公平竞争环境”的“固本”方式等多措并举提升外商投资自由化与便利化水平，这对吸引外商投资具有重要意义。

交通一体化方面，党的十九大报告明确提出要加强水利、铁路、公路、水运、航空、管道、电网、信息、物流等基础设施网络建设和交通强国建设目标，并指出经济体制改革的目标之一就是实现要素自由流动。从区域交通政策制定来看，厘清交通基础设施对经济活动特别是要素和微观经济活动主体流动的影响机制，进而合理规划布局交通基础设施网络，努力破解经济发展中的不平衡不充分问题，是政府制定区域发展政策时须关注的重要问题。从促进区域协调发展角度来看，由于现实中中国的交通基础设施在东中西部区域之间以及城乡之间都存在明显的空间差异性，在一定程度上制约着中国区域经济的平衡发展，因此探讨交通基础设施对区域平衡发展的作用机制与效果，对于推动区域协调发展战略具有重要的参考价值。

立足资源禀赋、发挥比较优势是推动产业平衡充分与高质量发展的必由之路。习近平总书记指出要按照客观经济规律调整完善区域政策体系，发挥各地区比较优势，促进各类要素合理流动和高效集聚，增强创新发展动力，加快构建高质量发展的动力系统。依据本书的研究结果，一要全面推进品牌强农战略，按照乡村振兴战略的部署要求，以推进农业供给侧结构性改革为主线，立足资源禀赋，提升产品品质，完善制度体系，着力塑造品牌特色，加快构建现代农业品牌体系，培育出一批“中国第一、世界有名”的农业品牌，进而促进农业增效、农民增收和农村繁荣，推动中国从农业大国向农业强国转变。二要充分发挥区域比较优势，因地制宜地探索制定促进生产要素区域配置合理化、高效化的产业布局政策，逐步优化各类产业空间布局。三要强化旅游服务差异化供给，中国旅游业已经进入一个“遍地开花”的时代，“人人都是旅游者、处处都是旅游地”，旅游消费呈现出多元化、休闲化、个性化的趋势，要突出旅游目的地的差异化特征，避免旅游形象雷同，通过差异化提升目的地的旅游吸引力。

第三节　全力推进人才强国和创新驱动战略实施

正如习近平总书记强调的，人才资源是第一资源，也是创新活动中最为活跃、最为积极的因素。要把科技创新搞上去，就必须建设一支规模宏大、结构合理、素质优良的创新人才队伍，创新驱动实质上是人才驱动。基于研究结论，一要牢固树立“人才是第一资源”的理念，树立正确的人才观，破除妨碍人才流动的各类障碍和制度藩篱，促进人才顺畅有序流动，充分发挥市场在人才资源流动配置中的决定性作用。二要强化人力资源开发力度，随着中国劳动力数量红利的消失，要更加注重人力资本培育开发，加大劳动力职业教育、职业培训和专项技能学习扶持力度，这不仅有助于稳定国内劳动力就业水平，还能以劳动力质量赢取产业重构的国际竞争力。三要注重人力资本投资长效机制，“抢人大战”本质上反映了高技能劳动力资源稀缺，中国各类人力资本禀赋与发达国家相比仍有较大差距，要创造有利于人力资本积累的政策环境，持续增加教育和培训等方面的公共投入，不断提高人力资本回报率，引导家庭和个人对自身人力资本进行持续投资，保持人力资本的持久竞争力。四要探索人力资本空间知识溢出机制，创新发展不平衡的实质是人力资本空间分布的不平衡，人力资本的空间优化分布有利于打破创新发展区域不平衡，地方政府应该消除对于人才的恶性竞争，加强区域人力资本协作机制建设，促进人才在区域间的知识溢出作用。

创新是引领发展的第一动力，是建设现代化经济体系的战略支撑，也是影响产业平衡充分发展的重要因素。基于研究结论，提出如下建议：一要强化创新持久积累。深刻认识创新工作的持久性、艰巨性特征，建立健全鼓励、考核以及评价创新工作的长效机制，避免急功近利、急于求成。二要强化创新效益提升，在加大政府对创新经费投入和创新人员培养力度的同时，要全面提高创新要素生产率，避免大量无效、低效投入。三要强化创新开放竞争，加大创新产品市场开放度，破除区域间创新产品地方保护政策和措施，让创新产品在公平机制下赢得市场规模，提高创新竞争力。四要强化创新协作共享，充分发挥公共部门的统筹作用，结合各地优势开展全国创新力布局规划，支持建设全国性、区域性、地方性技术创新区（创新带、创新圈、创新中心），疏通知识和技术溢出渠道，引导高技术产业由东部地区向中、西部地区梯度转移，促进创新投资和研发的空间平衡性。五要强化创新体制改革，破除各类体制机制壁垒，完善高技术产业市场化机制，构建以创新和质量为导向的科研激励与评价机制，健全知识产权保护机制，有效激发各类创新要素活力，不断释放出巨大的“创新”改革红利。

第四节　深刻把握公共服务聚才兴业发展逻辑

“功以才成，业由才广”。走创新发展之路，首先要重视集聚人力资源，要聚天下英才而用之。人力资源是区域创新驱动与高质量发展的重要支撑，随着人们对美好生活的更加向往，地方公共服务是未来吸引人力资源的决定因素。未来政策制定可以侧重以下几个方面：一要侧重构建人力资源吸引长效机制，随着人们对美好生活的更加向往，为劳动力提供“更好的生活”显然是城市吸引力的关键所在，不断提升教育、医疗、文化、就业、住房、交通等地方公共服务规模、质量及其消费便捷性将是更持久、更有效的劳动力吸引政策，不断完善劳动力的吸引、保留和激励机制，优化劳动力的工作环境和生活环境。二要强化公共服务质量供给，国家已出台《关于建立健全基本公共服务标准体系的指导意见》，明确提出了涵盖公共教育、医疗卫生等 9 个领域的国家基本公共服务质量要求，指出要以标准化促进基本公共服务均等化、普惠化、便捷化，实施层面要切实推进公共服务领域质量变革。三要统筹区域经济发展、空间布局、人口结构和变动趋势，综合考虑公共服务的本地便捷性与外地便捷性，开展分层级、分区域公共服务协同供给机制，同时加强公共财政支出的均衡性，加大对中西部地区公共服务扶持力度，从国家层面引导劳动力合理流动，实现劳动力资源的最优配置。四要按照“以优质公共服务吸引人才、以人才促进产业转型升级、以产业转型升级带动城市繁荣”的高质量发展逻辑，充分发挥区域比较优势，因地制宜优化产业布局，按技按需优化人才区位，分层分类引导人才在产业和区域之间合理有序流动，促进人才资源在不同产业、不同区域优化配置，防止人才资源过多流入传统产业领域，避免人才“脱实向虚”的配置倾向。

参考文献

安虎森等：《新经济地理学（第 2 版）》，经济科学出版社 2009 年版，第 208–209 页。

安永军：《农村公共品供给中的“市场包干制”：运作模式与实践逻辑》，《中国农村经济》2020 年第 1 期。

蔡昉、都阳：《迁移的双重动因及其政策含义——检验相对贫困假说》，《中国人口科学》2002 年第 4 期。

蔡昉、王美艳：《为什么劳动力流动没有缩小城乡收入差距》，《经济学动态》2009 年第 8 期。

曹骥赟：《知识溢出双增长模型和中国经验数据的检验》，博士学位论文，南开大学，2007 年。

陈涵波：《基于异质性企业的城市空间结构研究》，博士学位论文，北京大学，2015 年，第 19 页。

陈红霞、李国平：《1985~2007 年京津冀区域市场一体化水平测度与过程分析》，《地理研究》2009 年第 6 期。

陈良文、杨开忠：《集聚与分散：新经济地理学模型与城市内部空间结构、外部规模经济效应的整合研究》，《经济学（季刊）》2007 年第 1 期。

陈晓佳、安虎森：《比较优势、贸易自由度与产业份额》，《西南民族大学学报（人文社会科学版）》2018 年第 2 期。

陈秀兰、章政、张喜才：《中国农产品批发市场提档升级的模式与路径研究——基于世界农产品批发市场五大通行原则的经验借鉴》，《中国流通经济》2019 年第 2 期。

程志强、王忠明、马文君等:《国内外地理标志保护模式比对研究》,《农产品质量与安全》2017 年第 5 期。
崔剑峰:《发达国家农产品品牌建设的做法及对我国的启示》,《经济纵横》2019 年第 10 期。
崔鑫生、连洁、李芳:《贸易便利化对中国省级层面农产品贸易的影响——基于中国省域贸易便利化调查数据的分析》,《中国农村经济》2019 年第 6 期。
戴魁早:《中国高技术产业的 R&D 投入与生产率增长——基于行业层面和 Malmquist 指数的实证检验》,《山西财经大学学报》2011 年第 3 期。
刁秀华、李姣姣、李宇:《高技术产业的企业规模质量、技术创新效率及区域差异的门槛效应》,《中国软科学》2018 年第 11 期。
丁声俊:《站在新时代高度认识农业粮食高质量发展》,《价格理论与实践》2018 年第 1 期。
董亚宁、顾芸、陈威等:《地方品质、劳动力区位与区域创新发展——基于新空间经济学理论》,《西北人口》2020 年第 4 期。
董亚宁、顾芸、李嘉等:《空间一体化视角下高技术产业创新增长研究》,《科技管理研究》2020 年第 23 期。
董亚宁、顾芸、杨开忠:《公共服务、人才资源空间重配与创新增长差异》,《西南民族大学学报（人文社会科学版)》2020 年第 6 期。
董亚宁、顾芸、杨开忠:《市场一体化、比较优势与产业区位》,《工业技术经济》2020 年第 3 期。
董亚宁、杨开忠、顾芸:《人口区位选择研究回顾与展望：基于新空间经济学视角》,《西北人口》2019 年第 6 期。
董亚宁、杨开忠、杨书:《运输成本内生动态化的经济地理增长模型》,《系统工程理论与实践》2018 年第 2 期。
董亚宁:《运输内生化的经济地理增长模型研究》，博士学位论文，北京大学，2016 年。
杜旻、刘长全:《集聚效应、人口流动与城市增长》,《人口与经济》2014 年第 6 期。

段成荣、谢东虹、吕利丹:《中国人口的迁移转变》,《人口研究》2019 年第 2 期。

方法林:《江苏旅游"资源诅咒"现象实证研究》,《北京第二外国语学院学报》2012 年第 5 期。

[美] 费景汉、古斯塔夫·拉尼斯:《劳力剩余经济的发展》,王月、甘杏娣、吴立范译,华夏出版社 1989 年版,第 304–306 页。

高春亮、李善同:《人口流动、人力资本与城市规模差距》,《中国人口科学》2019 年第 3 期。

古恒宇、沈体雁、刘子亮、孟鑫:《基于空间滤波方法的中国省际人口迁移驱动因素》,《地理学报》2019 年第 2 期。

顾芸、董亚宁、张瑞宇:《基于经济地理增长理论的高校创新投入时空效应研究》,《高教探索》2019 年第 4 期。

桂琦寒、陈敏、陆铭等:《中国国内商品市场趋于分割还是整合:基于相对价格法的分析》,《世界经济》2006 年第 2 期。

韩春鲜:《基于旅游资源优势度差异的新疆旅游经济发展空间分析》,《经济地理》2009 年第 5 期。

韩海彬、张莉:《农业信息化对农业全要素生产率增长的门槛效应分析》,《中国农村经济》2015 年第 8 期。

贺灿飞、潘峰华、孙蕾:《中国制造业的地理集聚与形成机制》,《地理学报》2007 年第 12 期。

贺灿飞、谢秀珍:《中国制造业地理集中与省区专业化》,《地理学报》2006 年第 2 期。

侯慧丽:《城市公共服务的供给差异及其对人口流动的影响》,《中国人口科学》2016 年第 1 期。

胡品洪:《以现代农业高质量发展、大力推动乡村振兴战略实施》,《江南论坛》2018 年第 6 期。

黄河:《"阴影区"旅游地差异性旅游形象定位研究——以宜宾兴文博望山

为例》，《乐山师范学院学报》2007年第2期。

黄笑微：《人口流动、人力资本积累与收入分配——对Lucas（2004）模型的一个扩展》，硕士学位论文，华中科技大学，2009年。

金祥荣、陶永亮、朱希伟：《基础设施、产业集聚与区域协调》，《浙江大学学报（人文社会科学版）》2012年第2期。

寇宗来、刘学悦：《中国城市和产业创新力报告2017》，复旦大学产业发展研究中心，2017年。

劳昕、沈体雁：《基于人口迁移的中国城市体系演化预测研究》，《人口与经济》2016年第6期。

李超、覃成林：《要素禀赋、资源环境约束与中国现代产业空间分布》，《南开经济研究》2011年第4期。

李丁、郭志刚：《中国流动人口的生育水平——基于全国流动人口动态监测调查数据的分析》，《中国人口科学》2014年第3期。

李辉：《绿色品牌与顾客购买倾向的关系》，《中国流通经济》2018年第7期。

李若曦、赵宏中：《技术活动、空间外溢与高技术产业TFP》，《科学学研究》2018年第2期。

李爽、黄福才、钱丽芸：《旅游公共服务多元化供给：政府职能定位与模式选择研究》，《旅游学刊》2012年第2期。

李文静、张朝枝：《基于路径依赖视角的旅游资源诅咒演化模型》，《资源科学》2019年第9期。

李燕、贺灿飞：《1998~2009年珠江三角洲制造业空间转移特征及其机制》，《地理科学进展》2013年第5期。

李一花、李静、张芳洁：《公共品供给与城乡人口流动——基于285个城市的计量检验》，《财贸研究》2017年第5期。

李永松：《推进云南高原特色现代农业高质量发展》，《社会主义论坛》2018年第3期。

李玉成、杨开忠：《空间经济增长研究评述》，《经济问题》2008年第5期。

李玉成、杨开忠：《新经济地理学预期问题的回顾与展望》，《广西社会科学》2008 年第 6 期。

梁佳、吕兴洋、曲颖:《形象趋同与个性趋异:资源同质目的地品牌差异化定位研究》,《人文地理》2016 年第 5 期。

梁琦、陈强远、王如玉:《户籍改革、劳动力流动与城市层级体系优化》,《中国社会科学》2013 年第 12 期。

刘安国、杨开忠、谢燮:《新经济地理学与传统经济地理学之比较研究》,《地球科学进展》2005 年第 10 期。

刘德刚:《农业信息化:中国农业经济增长的新动力》,《农家参谋》2019 年第 19 期。

刘华军:《地理标志的空间分布特征与品牌溢出效应——基于中国三部门地理标志数据的实证研究》,《财经研究》2011 年第 10 期。

刘建翠:《R&D 对中国高技术产业全要素生产率影响的定量分析》,《工业技术经济》2007 年第 5 期。

刘军、李廉水、王忠:《产业聚集对区域创新能力的影响及其行业差异》,《科研管理》2010 年第 6 期。

刘军辉、安虎森、张古:《要素禀赋、比较优势与产业空间分布——兼论单边贸易保护与经济增长》,《西南民族大学学报(人文社会科学版)》2018 年第 6 期。

刘生龙:《中国跨省人口迁移的影响因素分析》,《数量经济技术经济研究》2014 年第 4 期。

刘修岩、李松林:《房价、迁移摩擦与中国城市的规模分布——理论模型与结构式估计》,《经济研究》2017 年第 7 期。

刘颖、郭琪、贺灿飞:《城市区位条件与企业区位动态研究》,《地理研究》2016 年第 7 期。

卢洪友、文洁、许文立:《气候变化对中国人口流动的效应研究》,《湖北社会科学》2017 年第 2 期。

陆铭、陈钊:《分割市场的经济增长——为什么经济开放可能加剧地方保护?》,《经济研究》2009 年第 3 期。

吕承超：《中国高技术产业专业化比多样化更有利于区域产业创新吗?》，《研究与发展管理》2016年第6期。
吕拉昌、黄茹、廖倩：《创新地理学研究的几个理论问题》，《地理科学》2016年第5期。
吕拉昌、孙飞翔、黄茹：《基于创新的城市化——中国270个地级及以上城市数据的实证分析》，《地理学报》2018年第10期。
罗永根、杨金玉、陈世强：《空气污染、人力资本流动与创新活力——基于个体专利发明的经验证据》，《中国工业经济》2019年第10期。
[美] 迈克尔·波特：《竞争优势》，陈小悦译，华夏出版社1997年版。
邵宜航、李泽扬：《空间集聚、企业动态与经济增长：基于中国制造业的分析》，《中国工业经济》2017年第2期。
史桂芬、黎涵：《人口迁移、劳动力结构与经济增长》，《管理世界》2018年第11期。
史进、贺灿飞：《中国新企业成立空间差异的影响因素——以金属制品业为例》，《地理研究》2018年第7期。
史修松：《中国高技术产业分布、区域创新及相关性分析》，《科学学与科学技术管理》2008年第9期。
隋博文、谭翔：《跨境农产品供应链脆弱性的影响因素——基于中国—东盟的实证分析》，《中国流通经济》2019年第6期。
孙晓华、王昀：《R&D投资与企业生产率——基于中国工业企业微观数据的PSM分析》，《科研管理》2014年第11期。
孙英隽、高泽坤：《对外经济开放、区域市场整合与全要素生产率——基于长三角地区的实证分析》，《上海理工大学学报》2016年第5期。
孙早、刘李华、孙亚政：《市场化程度、地方保护主义与R&D的溢出效应——来自中国工业的经验证据》，《管理世界》2014年第8期。
谭成文：《基于人口移动和知识溢出的经济增长与集聚研究》，博士学位论文，北京大学，2002年。
谭晶荣、潘华曦：《贸易便利化对中国农产品出口的影响研究——基于丝绸之路沿线国家的实证分析》,《国际贸易问题》2016 年第 5 期。
谭志喜、孙根年:《旅游业高质量发展基础:旅游资源福音论探析》,《社会科学家》2019 年第 5 期。
汪德根、牛玉、王莉:《高铁对旅游者目的地选择的影响:以京沪高铁为例》,《地理研究》2015 年第 9 期。
王芳:《关于贸易自由化下的农产品贸易成本相关研究》,《科技经济市场》2018 年第 12 期。
王桂新:《中国省际人口迁移与距离关系之探讨》,《人口与经济》1993 年第 2 期。
王岚、盛斌:《比较优势、规模经济和贸易成本:国际生产分割下垂直关联产业的空间分布》,《世界经济研究》2013 年第 4 期。
王莲峰、黄泽雁:《地理标志保护模式之争与我国的立法选择》,《华东政法学院学报》2006 年第 6 期。
王美红、孙根年、康国栋:《中国旅游 LR–NS–FA 空间错位的组合矩阵分析》,《人文地理》2009 年第 4 期。
王庆煌:《对广东省推动农业高质量发展的建议》,《广东经济》2018 年第 8 期。
王小鲁、樊纲、胡李鹏:《中国分省份市场化指数报告(2018)》,社会科学文献出版社 2019 年版,第 34–35 页。
王玉珍:《旅游资源禀赋与区域旅游经济发展研究:基于山西的实证分析》,《生态经济》2010 年第 8 期。
翁瑾、杨开忠:《旅游系统的空间结构:一个具有不对称特点的垄断竞争的空间模型》,《系统工程理论与实践》2007 年第 2 期。
翁瑾:《规模经济、产品差异化与中国入境旅游空间结构的变动》,《旅游学刊》2008 年第 6 期。
[美] 西奥多·W. 舒尔茨:《论人力资本投资》,吴珠华等译,北京经济学院出版社 1990 年版,第 9–10 页。
夏龙、姜德娟、隋文香:《中国地理标志农产品的分布特征与农业增长》,《农业经济与管理》2014 年第 3 期。

夏怡然、陆铭：《城市间的“孟母三迁”——公共服务影响劳动力流向的经验研究》，《管理世界》2015 年第 10 期。

徐金海、夏杰长：《以供给侧改革思维推进中国旅游产品体系建设》，《河北学刊》2016 年第 3 期。

徐尤龙、韦俊峰、王荣：《旅游形象差异化定位的动因、机理及实证研究》，《社会科学家》2018 年第 10 期。

严善平：《中国九十年代地区间人口迁移的实态及其机制》，《社会学研究》1998 年第 2 期。

颜银根：《贸易自由化、产业规模与地区工资差距》，《世界经济研究》2012 年第 8 期。

杨开忠、董亚宁、顾芸：《运输成本、异质性企业迁移与区域平衡发展——基于集聚与增长整合理论的研究》，《系统工程理论与实践》2019 年第 10 期。

杨开忠、董亚宁、薛领等：《“新”新经济地理学的回顾与展望》，《广西社会科学》2016 年第 5 期。

杨开忠：《京津冀协同发展的新逻辑：地方品质驱动型发展》，《经济与管理》2019 年第 1 期。

杨开忠：《迈向空间一体化》，四川人民出版社 1993 年版，第 220 页。

杨开忠：《迈向新空间经济学》，“新经济地理学前沿：区域、贸易与空间发展”学术研讨会论文，南京，2018 年。

杨开忠：《区域经济发展的新逻辑》，河北省区域经济发展学术研讨会论文，保定，2017 年。

杨开忠：《新中国 70 年城市规划理论与方法演进》，《管理世界》2019 年第 12 期。

杨晓军：《城市公共服务质量对人口流动的影响》，《中国人口科学》2017 年第 2 期。

于金葵：《地理标志法律保护模式的探讨》，《中国海洋大学学报（社会科学版）》2006 年第 1 期。

袁茜、吴利华、张平：《长江经济带一体化发展与高技术产业研发效率》，《数量经济技术经济研究》2019年第4期。

张军、施少华：《中国经济全要素生产率变动：1952~1998》，《世界经济文汇》2003年第2期。

张伟：《增优势创品牌、推进农业高质量发展》，《河南日报》2018年3月30日第12版。

张祖群、赵荣、杨新军：《成熟型旅游目的地形象的差异化定位研究》，《小城镇建设》2005年第10期。

赵方、袁超文：《中国城市化发展——基于空间均衡模型的研究》，《经济学（季刊）》2017年第4期。

赵凯：《R&D成本内生化及政府补贴政策效应研究——基于新经济地理框架》，《科学学与科学技术管理》2016年第37期。

赵永亮、刘德学：《市场歧视、区际边界效应与经济增长》，《财经研究》2009年第2期。

赵伟、李芬：《异质性劳动力流动与区域收入差距：新经济地理学模型的扩展分析》，《中国人口科学》2007年第1期。

郑长德：《基于新经济地理学视角的支持欠发达地区经济发展的政策研究》，《西南民族大学学报（人文社会科学版）》2012年第7期。

钟钰：《向高质量发展阶段迈进的农业发展导向》，《中州学刊》2018年第5期。

周明、李宗植：《中国省际高技术产业技术创新能力分析——基于产业集聚的视角》，《科学学研究》2008年第S2期。

周文、赵方、杨飞等：《土地流转、户籍制度改革与中国城市化：理论与模拟》，《经济研究》2017年第6期。

朱玲：《做强特色富民产业推进农业高质量发展》，《江苏农村经济》2018年第4期。

朱希伟、曾道智：《旅游资源、工业集聚与资源诅咒》，《世界经济》2009年第5期。

左冰：《旅游能打破资源诅咒吗？——基于中国 31 个省（市、区）的比较研究》，《商业经济与管理》2013 年第 5 期。

甄小鹏、凌晨：《农村劳动力流动对农村收入及收入差距的影响——基于劳动异质性的视角》，《经济学（季刊）》2017 年第 3 期。

Accetturo A.，"Agglomeration and Growth：The Effects of Commuting Costs"，*Papers in Regional Science*，Vol. 89，No. 1，2010，pp. 173–190.

Aghion P. and Howitt P.，"A Model of Growth through Creative Destruction"，*Econometrica*，Vol.60，No.2，1992，pp.323–351.

Aghion P. and Howitt P.，"Capital，Innovation，and Growth Accounting"，*Oxford Review of Economic Policy*，Vol.23，No.1，2007，pp. 79–93.

Aghion P.，Akcigit U. and Cagé et al.，"Taxation，Corruption，and Growth"，*European Economic Review*，Vol.86，No.7，2016，pp.24–51.

Ahlfeldt G. M.，Redding S. J. and Sturm D. M.，"The Economics of Density：Evidence from the Berlin Wall"，*Econometrica*，Vol.83，No.6，2015，pp.2127–2189.

Allen T.，Arkolakis C. and Li X.，*Optimal City Structure*，City of New Hawen：Yale University，2015.

Andersson M. and Karlsson C.，"Knowledge in Regional Economic Growth–The Role of Knowledge Accessibility"，*Industry & Innovation*，Vol. 14，No. 2，2007，pp. 129–149.

Andersson M. and Lööf H.，"Agglomeration and Productivity：Evidence from Firm–level Data"，*The Annals of Regional Science*，Vol.46，No.3，2011，pp.601–620.

Andersson M.，Klaesson J. and Larsson J. P.，"How Local are Spatial Density Externalities? Neighbourhood Effects in Agglomeration Economies"，*Regional Studies*，Vol.50，No.6，2016，pp.1082–1095.

Arellano M. and Bover O.，"Another Look at the Instrumental Variable Estimation of Error–components Models"，*Journal of Econometrics*，Vol. 68，

No. 1, 1995, pp. 29–51.

Arouri M. E. H., Youssef A. B., Nguyen–Viet C. and et al., "Effects of Urbanization on Economic Growth and Human Capital Formation in Africa", *Working Papers*, 2014.

Arrow K.J.and Debreu G., "Existence of Equilibrium for a Competitive Economy", *Econometrica*, Vol.22, No. 3, 1954, pp. 265–290.

Asplund M. and Nocke V., "Firm Turnover in Imperfectly Competitive Markets", *Social Science Electronic Publishing*, Vol.73, No.2, 2006, pp.295–327.

Au C. and Henderson J. V., "How Migration Restrictions Limit Agglomeration and Productivity in China", *Development Economics*, Vol.80, No.2, 2006, pp.350–388.

Auty R., *Sustaining Development in Mineral Economies: The Resource Curse Thesis*, London and New York: Routledge, 1993, pp.259–268.

Baldwin R. E. and Forslid R., "The Core–Periphery Model and Endogenous Growth: Stabilizing and Destabilizing Integration", *Economica*, Vol.67, No.267, 2000, pp.307–324.

Baldwin R. E. and Okubo T., "Heterogeneous Firms, Agglomeration and Economic Geography: Spatial Selection and Sorting", *Journal of Economic Geography*, Vol.6, No.3, 2006, pp.323–346.

Baldwin R. E. and Okubo T., "Tax Reform, Delocation, and Heterogeneous Firms", *Scandinavian Journal of Economics*, Vol.111, No.4, 2009, pp. 741–764.

Baldwin R. E., "Agglomeration and Endogenous Capital", *European Economic Review*, No.43, 1999, pp.253–280.

Baldwin R. E., Martin P. and Ottaviano G. I. P., "Global Income Divergence, Trade and Industrialization: The Geography of Growth Take–off", *Journal of Economic Growth*, Vol.6, No.1, 2001, pp.5–37.

Baldwin R. E.and Martin P., "Agglomeration and Regional Growth", *Hand–*

book of Regional and Urban Economics, Vol.4, No.3960, 2003, pp.2671-2711.

Barro R. and Sala-I-Martin X., *Economic Growth* (*Second Edition*), *London*: *The MIT Press*, 2004, pp. 319-330.

Barro R. J., "Government Spending in a Simple Model of Endogeneous Growth", *Journal of political economy*, Vol.98, No. 5, 1990, pp.103-125.

Barro R. J., "Government Spending in a Simple Models of Endogenous Growth", *Journal of Political Economy*, Vol.98, No.5, 1990, pp. 103-125.

Bayoh I., Irwin E. G. and Haab T., "Determinants of Residential Location Choice: How Important Are Local Public Goods in Attracting Homeowners to Central City Locations?", *Journal of Regional Science*, Vol. 46, No. 1, 2006, pp. 97-120.

Becker G.S., *Human Capital*: *A Theoretical and Empirical Analysis with Special Reference to Education*, *3rd Edition*, Chicago: The University of Chicago Press, Chicago, 1964.

Becker R. and Henderson V., "Effects of Air Quality Regulations On Polluting Industries", *Journal of Political Economy*, Vol.108, No. 2, 2000, pp. 379-421.

Beckmann M. J., "Von Thünen Revisited: A Neoclassical Land Use Model", *Swedish Journal of Economics*, Vol.74, No.1, 1972, pp.1-7.

Behrens K. and Picard P. M., "Transportation, Freight Rates, and Economic Geography", *Journal of International Economics*, Vol.85, No.2, 2011, pp. 280-291.

Behrens K., Duranton G. and Robert-Nicoud F., "Productive Cities: Sorting, Selection, and Agglomeration", *Journal of Political Economy*, Vol.122, No.3, 2014, pp.507-553.

Behrens K., Mion G., Murata Y. and Suedekum J., "Spatial frictions", *Journal of Urban Economics*, Vol.97, No.1, 2017, pp. 40–70.

Bérard L. and Marchenay P., "Places, Time and Evidence: The Social Construction of Local Products", *Notebooks of Ethnological Heritage*, No. 24, 1995, pp. 153–164.

Bérard L.and Marchenay P., "Lieux, Temps et Preuves: la Construction Sociale Des Produits de Terroir", *Carnets du patrimoine ethnologique*, No. 24, 1995, pp. 153–164.

Berliant M. and Fujita M., "Knowledge Creation as a Square Dance on the Hilbert Cube", *International Economic Review*, Vol.49, No.4, 2008, pp.1251–1295.

Berliant M. and Yu C. M., "Locational Signaling and Agglomeration", *Regional Science*, Vol.55, No.5, 2015, pp. 757–773.

Berliant M., Reed R. R., Wang P., "Knowledge Exchange, Matching, and Agglomeration", *Journal of Urban Economics*, Vol.60, No. 1, 2006, pp. 69–95.

Berliant M., Wang P., Peng S. K., "Production Externalities and Urban Configuration", *Journal of Economic Theory*, Vol.104, No.2, 2002, pp. 275–303.

Bernard A. B., Eaton J., Jensen J.B.and Kortum , S.S., "Plants and Productivity in International Trade", *American Economic Review*, Vol.93, No. 4, 2003, pp.1268–1290.

Bhattacharya P. C., "Rural–Urban Migration in Economic Development", *Economic Surveys*, Vol.7, No.3, 1993, pp.243–244.

Black D. and Henderson V., "A Theory of Urban Growth", *Journal of Political Economy*, Vol.107, No. 2, 1999, pp. 252–284.

Blundell R. and Bond S., "Initial Conditions and Moment Restrictions in Dynamic Panel Data Models", *Journal of Econometrics*, Vol. 87, No. 1,

1998, pp. 115–143.

Bogue D. J. and Thomas D. S., "Interstate Migration and Intervening Opportunities", *American Sociological Review*, Vol.6, No.6, 1975, pp.773–783.

Bosker M., Brakman S., Garretsen H. and Schramm M., "Relaxing Hukou: Increased Labor Mobility and China's Economic Geography", *Urban Economics*, Vol.72, No.2–3, 2012, pp.252–266.

Boucekkine R., Camacho C. and Fabbri G., "Spatial Aynamics and Convergence: The Spatial AK Model", *Journal of Economic Theory*, Vol.148, No.6, 2013, pp. 2719–2736.

Boucekkine R., Fabbri G., Federico S. and et al., "Growth and Agglomeration in the Heterogeneous Space: A Generalized AK Approach", Working Paper, 2018.

Brancaccio G., Kalouptsidi M. and Papageorgiou T., "Geography, Search Frictions and Endogenous Trade Costs", Cambridge: National Bureau of Economic Research, 2017.

Braunerhjelm P. and Borgman B., "Geographical Concentration, Entrepreneurship and Regional Growth: Evidence From Regional Data in Sweden, 1975–99", *Regional Studies*, Vol. 38, No. 8, 2004, pp. 929–947.

Brinkman J. C., "Congestion, Agglomeration, and the Structure of Cities", *Journal of Urban Economics*, Vol.94, No.7, 2016, pp.13–31.

Brown W. M. and Rigby D., "Urban Productivity: Who Benefits from Agglomeration Economies?", Economic Analysis Research Paper, 2013.

Brülhart M. and Mathys N. A., "Sectoral Agglomeration Economies in a Panel of European Regions", *Regional Science and Urban Economics*, Vol.38, No.4, 2008, pp.348–362.

Buchanan J. M., "An Economic Theory of Clubs", *Economica*, Vol.32, No. 125, 1965, pp. 1–14.

Camagni R., Capello R. and Caragliu A., "Static vs. Dynamic Agglomeration Economies. Spatial Context and Structural Evolution behind Urban Growth", *Regional Science*, Vol.95, No.1, 2016, pp.133-158.

Carlino G. A. and Saiz A., *Beautiful City: Leisure Amenities and Urban Growth*, Social Science Electronic Publishing, 2008.

Castells-Quintana D., "Malthus Living in a Slum: Urban Concentration, Infrastructure and Economic Growth", *Journal of Urban Economics*, Vol. 98, 2017, pp.158-173.

Chan K. W. and Buckingham W., "Is China Abolishing the Hukou System?", *China Quarterly*, Vol.195, No.195, 2008, pp.582-606.

Chen J. S. and Uysal M., "Marketing Positioning Analysis a Hybrid Approach", *Annals of Tourism Research*, Vol.29, No.4, 2002, pp. 987-1003.

Ciccone A. and Peri G., "Identifying Human-Capital Externalities: Theory with Applications", *Review of Economic Studies*, Vol. 73, No. 2, 2003, pp.381-412.

Ciccone A., "Agglomeration Effects in Europe", *European Economic Review*, Vol. 46, No. 2, 2002, pp. 213-227.

Combes P. P., Duranton G., Gobillon L. and et al., "Sorting and Local Wage and Skill Distributions in France", *Regional Science and Urban Economics*, CEPR Discussion Paper, No. 8920, 2012.

Combes P. P., Duranton G., Gobillon L. and et al., "The Productivity Advantages of Large Cities: Distinguishing Agglomeration from Firm Selection", *Econometrica*, Vol.80, No.6, 2012, pp.2543-2594.

Commendatore P., Kubin I. and Mossay P., "On the New Economic Geography of a Multicone World", *Review of International Economics*, Vol.26, No. 3, 2018, pp. 539-554.

Dahlberg M., Edmark K. and Lundqvist H., "Ethnic Diversity and Preferences for Redistribution", *Journal of Political Economy*, Vol. 120, No. 1, 2012, pp. 41–76.

Dahlberg M., Edmark K. and Lundqvist H., "Ethnic Diversity and Preferences for Redistribution", *Journal of Political Economy*, Vol. 120, No. 1, 2012, pp. 41–76.

Dauth W. and Suedekum J., "Globalization and Local Profiles of Economic Growth and Industrial Change", *Economic Geography*, Vol.16, No. 5, 2015, pp.1007–1034.

David K., Oguledo V. L. and Davis B., "A Gravity Model Analysis of International Migration to North America", *Applied Economics*, Vol.32, No. 13, 2010, pp. 1745–1755.

Davis M. A., Fisher J. D. M. and Whited T. M., "Macroeconomic Implications of Agglomeration", *Econometrica*, Vol.82, No.2, 2014, pp. 731–764.

Dehaan E., Madsen J. and Piotroski J. D., "Do Weather–Induced Moods Affect the Processing of Earnings News", *Journal of Accounting Research*, Vol.55, No.3, 2017, pp. 509–550.

Desmet K. and Rossi–Hansberg E., "On The Spatial Economic Impact of Global Warming", *Cepr Discussion Papers*, Vol.88, No.7, 2015, pp. 16–37.

Desmet K. and Rossi–Hansberg E., "Spatial Development", *American Economic Review*, Vol.104, No.4, 2014, pp.1211–1243.

Desmet K. and Rossi–Hansberg E., "Spatial Growth and Industry Age", *Economic Theory*, Vol.144, No.6, 2009, pp.2477–2502.

Desmet K. and Rossi–Hansberg E., "Urban Accounting and Welfare", *American Economic Review*, Vol.103, No.6, 2013, pp. 2296–2327.

Desmet K., Ghani E. and O'Connell S., "The Spatial Development of India", *Regional Science*, Vol.55, No.1, 2015, pp.10–30.

Desmet K., Nagy D. K. and Rossi–Hansberg E., "Asia's Geographic Devel–

opment", *Asian Development Review*, Vol.34, No.2, 2017, pp. 1-24.

Desmet K., Nagy D. K. and Rossi-Hansberg E., "The Geography of Development ", *Journal of Political Economy*, Vol.126, No.3, 2018, pp.903-983.

Diamond R., "The Determinants and Welfare Implications of US Workers' Diverging Location Choices by Skill: 1980-2000", *American Economic Review*, Vol.106, No.3, 2016, pp.479-524.

Dixit A. K. and Stiglitz J. E., "Monopolistic Competition and Optimum Product Diversity", *The American Economic Review*, Vol.67, No.3, 1977, pp. 297-308.

Duranton G. and Puga D., "From Sectoral to Functional Urban Specialisation", *Journal of Urban Economics*, Vol.57, No.2, 2005, pp. 343-370.

Duranton G. and Puga D., "Nursery cities: Urban Diversity, Process Innovation, and the Life Cycle of Products", *American Economic Review*, Vol. 91, No.5, 2001, pp. 1454-1477.

Duranton G. and Puga D., "The Growth of Cities", *Handbook of Economic Growth. Elsevier*, Vol. 2, No. 3, 2014, pp. 781-853.

Eaton B.C. and Lipsey R.G., "The Theory of Market Pre-Emption: The Persistence of Excess Capacity and Monopoly in Growing Spatial Markets", *Economica*, Vol.46, No. 182, 1979, pp. 149-158.

Eaton J. and Kortum S., "Technology, Geography, and Trade", *Econometrica*, Vol. 70, No. 5, 2002, pp. 1741-1779.

Ethier W. J., "National and International Returns to Scale in the Modern Theory of International Trade", *The American Economic Review*, Vol.72, No. 3, 1982, pp. 389-405.

Fan C., "Modeling Interprovincial Migration in China, 1985-2000", *Eurasian Geography & Economics*, Vol.46, No.3, 2005, pp.165-184.

Fei J. C. and Ranis G. A., "Theory of Economic Development", *American*

Economic Review, Vol.57, 1961, pp.65-70.

Feldman M. P., *The Geography of Innovation*, Netherland: Springer, 1994.

Felipe J. and Kumar U., "The Role of Trade Facilitation in Central Asia: A Gravity Model", *Eastern European Economics*, Vol. 50, No. 4, 2012, pp. 5-20.

Flowerdew R. and Aitkin M., "A Method of Fitting the Gravity Model Based on the Poisson Distribution", *Journal of Regional Science*, Vol.22, No. 2, 1982, pp.191-202.

Forslid R. and Okubo T., "*Early Agglomeration or Late Agglomeration? Two Phases of Development with Spatial Sorting*", RIETI Discussion Paper, 2017.

Forslid R. and Okubo T., "On the Development Strategy of Countries of Intermediate Size—An Analysis of Heterogeneous Firms in a Multi-region Framework", *European Economic Review*, Vol.56, No.4, 2012, pp. 747-756.

Forslid R. and Okubo T., "Which Firms Are Left In the Periphery? —Spatial Sorting of Heterogeneous Firms with Scale Economies in Transportation", CEPR Working Paper, 2013.

Forslid R. and Ottaviano G. I. P., "An Analytically Solvable Core-periphery Model", *Journal of Economic Geography*, No.3, 2003, pp.229-240.

Fujita M. and Thisse J.F., "Does Geographical Agglomeration Foster Economic Growth? And Who Gains and Loses from It?", *Japanese Economic Review*, Vol.54, No.2, 2003, pp.121-145.

Fujita M., Krugman P. and Venables A., *The Spatial Economy*, Cambridge: MIT Press, 1999.

Gabaix X., "Zipf's Law for Cities: An Explanation", *The Quarterly Journal of Economics*, Vol.114, No.3, 1999, pp.739-767.

Gabriel S. A. and Rosenthal S. S., "Quality of The Business Environment Versus Quality of Life: Do Firms and Households Like The Same Cities?," *Review of Economics and Statistics*, Vol.86, No. 1, 2004, pp. 438-444.

Gaigné C., Koster H. R. A. and Moizeau F., Amenities and the Social Structure of Cities, Working Papers, 2017.

Garcia-López Mà and Muñiz I., "Urban Spatial Structure, Agglomeration Economies, and Economic Growth in Barcelona: An Intra-etropolitan Perspective", *Regional Science*, Vol.92, No.3, 2013, pp.515-534.

Gerritse M. and Arribas-Bel D., "Concrete Agglomeration Benefits: Do Roads Improve Urban Connections or Just Attract More People?", *Regional Studies*, Vol.52, No.8, 2018, pp.1134-1149.

Glaeser E. L. and Tobio K., "The Rise of The Sunbelt", *Southern Economic Journal*, Vol. 74, No. 3, 2008, pp. 610-643.

Glaeser E. L. and Tobio K., *The Rise of the Sunbelt*, Cambridge: National Bureau of Economic Research, 2007.

Glaeser E. L., "Learning in Cities", *Urban Economics*, Vol.46, No.2, 1999, pp. 254-277.

Glaeser E. L., Kolko J. and Saiz A., "Consumer City", *Economic Geography*, No.1, 2001, pp.27.

Goodfriend. M. and McDermott J., "Early Development", *American Economic Review*, Vol.85, No. 1, 1995, pp.116-133.

Grossman G. M. and Helpman E., "*Innouation and Growth in the Global Economy*", Cambridge, MA: MIT Press, 1991, pp. 57-75.

Grossman G.M. and Helpman E., "Comparative Advantage and Long-Run Growth", *American Economic Review*, Vol.80, No.4, 1990, pp.796-815.

Grossman S J., "An Introduction to The theory of Rational Expectations Under Asymmetric Information", *The Review of Economic Studies*, Vol.48, No. 4, 1981, pp. 541-559.

Gyourko J. and Tracy J., "The Structure of Local Public Finance and the Quality of Life", *Journal of Political Economy*, Vol.99, No. 4, 1991, pp. 774–806.

Halpern L. and Wyplosz C., " Economic Transformation and Real Exchange Rates in The 2000s: The Balassa–Samuelson Connection", *Economic Survey of Europe*, Vol. 1, No. 1, 2001, pp. 227–239.

Hanusch H. and Pyka A., " Principles of neo –Schumpeterian Economics", *Cambridge Journal of Economics*, Vol.31, No.2, 2007, pp.275–289.

Haque N. U. and KIM S., "Human Capital Flight: Impact of Migration on Income and Growth", *Staff Papers of International Monetary Fund*, Vol.42, No.3, 1995, pp.577–607.

Harris C., " The Market as A Factor on the Localization of Industry in the United States", *Annals of the American Association of Geographers*, Vol. 64, No. 12, 1954, pp. 315–348.

Harris J. R. and Todaro M. P., "Migration, Unemployment and Development: A Two –Sector Analysis", *American Economic Review*, Vol.60, No. 3, 1970, pp.126–142.

Heberle R., "The Causes of Rural–Urban Migration A Survey of German Theories", *American Journal of Sociology*, Vol.43, No. 6, 1938, pp. 932–950.

Helpman E. and Itskhoki O., "Trade Liberalization and Labor Market Dynamics with Heterogeneous Firms", Working Papers, 2015.

Helpman E., Itskhoki O. and Redding S., " Wages, Unemployment and Inequality with Heterogeneous Firms and Workers", NBER Working Papers, No.w14122, 2008.

Helsley R.W. and Strange W. C., " Agglomeration Economies and Matching in A System of Cities", *Regional Science and Urban Economics*, Vol.20, No. 2, 1990, pp. 189–212.

Henderson J. V., "Cities and Development", *Regional Science*, Vol.50, No. 1, 2010, pp.515–540.

Henderson J. V., "The Sizes and Types of Cities", *American Economic Review*, Vol.64, No.4, 1974, pp.640–656.

Henderson J. V., "Urbanization and Growth", *Handbook of Economic Growth*, Vol.1, 2005, pp.1543–1591.

Hirose K. and Yamamoto K., "Knowledge Spillovers, Location of Industry, and Endogenous Growth", *The Annals of Regional Science*, Vol.41, No. 1, 2007, pp.17–30.

Howitt P.and Aghion P., "Capital Accumulation and Innovation as Complementary Factors in Long-run Growth", *Journal of Economic Growth*, Vol. 3, No. 2, 1998, pp. 111 –130.

Howitt P., "Steady Endogenous Growth with Population and R&D Inputs Growing", *Journal of Political Economy*, Vol.107, No. 4, 1999, pp. 715–730.

Hu A. G. and Jefferson G. H., "Returns to Research and Development in Chinese Industry: Evidence from State-owned Enterprises in Beijing", *China Economic Review*, Vol.15, No.1, 2004, pp.86–107.

Jones C. I., "R & D-Based Models of Economic Growth", *Journal of Political Economy*, Vol.103, No. 4, 1995, pp. 759–784.

Keely C., "Exchanging Good Ideas", *Journal of Economic Theory*, Vol. 111, No. 2, 2003, pp.192–213 .

Kerr S. P., Kerr W., Özden Ç. and et al., "High-skilled Migration and Agglomeration", *Annual Review of Economics*, Vol.9, 2017, pp.201–234.

Krugman P and Venables A., "Globalization and the Inequality of Nations" *The Quarterly Journal of Economics*, Vol.110, No.4, 1995, pp.857–880.

Krugman P. and Venables A. J., "Integration, Specialization, and Adjustment", *European Economic Review*, Vol.40, No. 3, 1996, pp. 959–

967.

Krugman P., "Increasing Returns and Economic Geography", *The Journal of Political Economy*, Vol.99, No.3, 1991, pp.483–499.

Lee E. S., "A Theory of Migration", *Demography*, Vol.3, No.1, 1966, pp. 47–57.

Lewer J. J. and Berg H. V. D., "A Gravity Model of Immigration", *Economics Letters*, Vol.99, No.1, 2008, pp.164–167.

Lucas R. E. and Benjamin M., "Knowledge Growth and the Allocation of Time", NBER Working Paper, No.17495, 2011.

Lucas R. E. and Rossi–Hansberg E., "On the Internal Structure of Cities", *Econometrica*, Vol.70, No.4, 2002, pp.1445–1476.

Lucas R. E., "On the Mechanics of Economic Development", *Journal of Monetary Economics*, Vol.22, No.1, 1988, pp. 3–42.

Lucas R. E., "Life Earnings and Rural–Urban Migration", *Journal of Political Economy*, Vol.112, No.S1, 2004, p. 29.

Lucas R. E., "Trade and the Diffusion of the Industrial Revolution", NBER Working Paper, No.13286, 2007.

Lucas R.E. and Moll B., "Knowledge Growth and the Allocation of Time", *Journal of Political Economy*, Vol.122, No. 1, 2014, pp. 1–51.

Lucas S. R., "Effectively Maintained Inequality: Education Transitions, Track Mobility, and Social Background Effects", *American Journal of Sociology*, Vol.106, No. 6, 2001, pp. 1642–1690.

Lychagin S., "Spillovers, Absorptive Capacity and Agglomeration", *Journal of Urban Economics*, Vol.96, 2016, pp.17–35.

Mackinnon D. P., Lockwood C. M. and Williams J., "Confidence Limits for the Indirect Effect: Distribution of the Product and Resampling Methods", *Multivariate Behavioral Research*, Vol.39, No.1, 2004, pp.99–128.

Martin P. and Ottaviano G. I. P., "Growing Locations: Industry in a Model of

Endogenous Growth", *European Economic Review*, Vol.43, No.2, 1999, pp.281-302.

Martin P. and Ottaviano G. I. P., "Growth and Agglomeration", *International Economic Review*, Vol.42, No.4, 2001, pp.947-968.

Martin P. and Rogers C. A., "Industrial Location and Public Infrastructure", *Journal of International Economics*, Vol. 39, No. 3-4, 1995, pp. 335-351.

Martin P. and Rogers C. A., "Industrial Location and Public Infrastructure", *Journal of International Economics*, Vol. 39, No. 3-4, 1995, pp. 335-351.

Melitz M. J., "The Impact of Trade on Intra-Industry Reallocations and Aggregate Industry Productivity", *Econometrica*, Vol.71, No.6, 2003, pp. 1695-1725.

Melitz M. J., and Ottaviano G. I. P., " Market Size, Trade, and Productivity", *Review of Economic Studies*, Vol.75, No.1, 2008, pp. 295-316.

Melo P. C., Graham D. J. and Noland R. B, "A Meta-analysis of Estimates of Urban Agglomeration Economies", *Regional Science and Urban Economics*, Vol.39, No.3, 2009, pp. 332-342.

Miyagiwa K., "Scale Economies in Education and the Brain Drain Problem", *International Economic Review*, Vol.32, No.3, 1991, pp. 743-759.

Monte F., Redding S. J. and Rossi-Hansberg E., "Commuting, Migration and Local Employment Elasticities", NBER Working Paper, 2015.

Morten M. and Oliveira J., "Paving the Way to Development: Costly Migration and Labor Market Integration", NBER Working Paper, 2016.

Mori T. and Turrini A., "Skills, Agglomeration and Segmentation", *European Economic Review*, Vol.49, No. 1, 2005, pp.201-225.

Nechyba T. J. and Strauss R. P., "Community Choice and Local Public Services: A Discrete Choice Approach", *Regional Science and Urban Eco-*

nomics, Vol. 28, No. 1, 1998, pp. 51-73.

Nelson P., "Information and Consumer Behavior", *Journal of Political Economy*, Vol.78, No.2, 1970, pp. 311-329.

Nordhaus W. D., "Economic Aspects of Global Warming in A Post-Copenhagen Environment", *Proceedings of The National Academy of Sciences*, Vol. 107, No. 26, 2010, pp. 11721-11726.

Officer L. H., "The Productivity Bias in Purchasing Power Parity: An Econometric Investigation", *Staff Papers*, Vol. 23, No. 3, 1976, pp. 545-579.

Ohara Y., "Impact on Competition of Multinational Corporations", *Shogaku Tokyu*, Vol.27, No. 3, 1977, pp.102-118.

Okubo T. and Tomiura E., "Industrial Relocation Policy, Productivity and Heterogeneous Plants: Evidence from Japan", *Regional Science & Urban Economics*, Vol.42, No.1, 2011, pp.230-239.

Okubo T., "Firm Heterogeneity and Location Choice", *Discussion Paper Series*, No.4, 2010.

Okubo T., "Trade Liberalization and Agglomeration with Firm Heterogeneity: Forward and Backward Linkages", *Regional Science and Urban Economics*, Vol.39, No.5, 2009, pp.530-541.

Okubo T., Picard M. and Thisse J. F., "The Spatial Selection of Heterogeneous Firms", *Journal of International Economics*, Vol.82, No.2, 2010, pp. 230-237.

Ottaviano G. I. P., "'New' New Rconomic Geography: Firm Heterogeneity and Agglomeration Economies", *Journal of Economic Geography*, Vol.11, No.2, 2011, pp. 231-240.

Ottaviano G. I. P., "Agglomeration, Trade and Selection", *Regional Science and Urban Economics*, Vol.42, No.6, 2012, pp.987-997.

Ottaviano G. I. P., "*Home Market Effects and the (in) Efficiency of International Specialization*", GIIS, 2001.

Ottaviano G. I. P., "*Models of 'New Economic Geography': Factor Mobility vs. Vertical Linkages*", GIIS, 2002.

Ottaviano G. I. P., Tabuchi T. and Thisse J.-F., "Agglomeration and Trade Revisited", *International Economic Review*, Vol.43, No.2, 2002, pp. 409-436.

Parsley D. C. and Wei S. J., " Convergence to the Law of One Price Without Trade Barriers or Currency Fluctuations", *The Quarterly Journal of Economics*, Vol. 111, No. 4, 1996, pp. 1211-1236.

Perla J. and Christopher T., "*Equilibrium Imitation and Growth*", Working Paper, New York University, 2012.

Persson M., "Trade Facilitation and the Extensive Margin", *The Journal of International Trade & Economic Development*, Vol. 22, No. 5, 2013, pp. 658-693.

Pissarides C A., "Equilibrium in the Labor Market with Search Frictions", *American Economic Review*, Vol. 101, No. 4, 2011, pp. 1092-1105.

Pred A., "City System in Advanced Societies", London: Hutchinson, 1977.

Ravenstein E.G., "The Laws of Migration", *Journal of The Statistical Society of London*, Vol.48, No. 2, 1885, pp. 167-235.

Roback J., "Wages, Rents, and the Quality of Life", *Journal of Political Economy*, Vol.90, No.6, 1982, pp.1257-1278.

Roca D. L. and Puga D., "Learning by Working in Big Cities", *The Review of Economic Studies*, Vol.84, No.1, 2017, pp.106-142.

Romer P.M., "Endogenous Technological Change", *Journal of Political Economy*, Vol.98, 1990, pp.S71-S102.

Romer P.M., "Increasing Returns and Long-run Growth", *Journal of Political Economy*, Vol.94, No.5, 1986, pp.1002-1037.

Rosen S., "Wage-based Indexes of Urban Quality of Life", In Current Issues in Urban Economics, Edited by Peter Mieszkowski and Mahlon Straszheim.

Baltimore: Johns Hopkins University Press, 1979, pp. 74–104.

Rossi–Hansberg E. and Wright M. L. J., "Urban Structure and Growth", *The Review of Economic Studies*, Vol.74, No.2, 2007, pp.597–624.

Rovert–Nicoud F., "A Simple Geography Model with Vertical Linkages and Capital Mobiliy", London: LSE, 2002.

Sachs J. D. and Warner A. M., "*Natural Resource Abundance and Economic Growth*", NBER Working Paper, 1995, pp.53–98.

Saito H. and Gopinath M., "Heterogeneous Firms, Trade Liberalization and Agglomeration", *Canadian Journal of Economics*, Vol.44, No. 2, 2011, pp.541–560.

Saito H. and Gopinath M., "Plants' Self–selection, Agglomeration Economies and Regional Productivity in Chile", *Journal of Economic Geography*, Vol. 9, No.4, 2009, pp.539–558.

Salop S. C., "Monopolistic Competition with an Outside Good", *Journal of Economics*, Vol.10, No. 1, 1979, pp.141–156.

Schumpeter J. A., "*The Theory of Economic Development*", Combridge, MA, Harvard University Press, 1934.

Segerstrom P. S, Anant T. C. A. and Dinopoulos E., "A Schumpeterian Model of The Product Life Cycle", *American Economic Review*, Vol.80, No. 5, 1990, pp.1077–1091.

Serafinelli M., "'*Good*' *Firms, Worker Flows and Local Productivity*", MPRA Paper, 2014.

Shilpi F., Sangraula P. and Li Y., "Voting with their Feet? Access to Infrastructure and Migration in Nepal", *Policy Research Working Paper Series*, Vol.52, No.15, 2014, pp.598–617.

Sjaastad L. A., "The Costs and Returns of Human Migration", *Journal of Political Economy*, Vol.70, No.5, 1962, pp. 80–93.

Sobel M. E., "Some New Results on Indirect Effects and Their Standard Errors in Covariance Structure Models", *Sociological Methodology*, Vol.16, 1986, pp.159–186.

Solow R. M., "A Contribution to the Theory of Economic Growth", *The Quarterly Journal of Economics*, Vol.70, No.1, 1956, pp.65–94.

Stark O. and Taylor J. E., "Migration Incentives, Migration Types: The Role of Relative Deprivation", *Economic Journal, Royal Economic Society*, Vol.101, No.408, 1991, pp.1163–1178.

Starrett D., "Market Allocations of Location Choice in a Model with Free Mobility", *Journal of Economic Theory*, Vol.17, No.1, 1978, pp.21–37.

Stefan G. and Luigi M., "Taxation, Infrastructure and Endogenous Trade Costs in New Economic Geography", *Papers in Regional Science*, Vol.89, No. 1, 2010, pp. 203–222.

Stigler G. J., "The Economics of Information", *Journal of Political Economy*, Vol.69, No. 3, 1961, pp.213–225.

Stylos N., Vassiliadis C. A. and Bellou V., et al., "Destination Images, Holistic Images and Personal Normative Beliefs: Predictors of Intention to Revisit A Destination", *Tourism Management*, Vol. 53, No.4, 2016, pp. 40–60.

Tabuchi T., "Urban Agglomeration and Dispersion: A Synthesis of Alonso and Krugman", *Journal of Urban Economics*, Vol.44, No.3, 1998, pp.333–351.

Tamura R., "Income Convergence in an Endogenous Growth Model", *Journal of Political Economy*, Vol.99, No.3, 1991, pp. 522–540.

Teixeira A.A.C. and Queirós A.S.S, "Economic Growth, Human Capital and Structural Change: A Dynamic Panel Data Analysis", *Research Policy*, Vol.45, No.8, 2016, pp. 1636–1648.

Tiebout C. M., "A Pure Theory of Local Expenditures", *The Journal of Political Economy*, Vol.64, No.5, 1956, pp. 416–424.

Todaro M. P., "A Model of Labor Migration and Urban Unemployment in Less Developed Countries", *American Economic Review*, Vol.59, No.1, 1969, pp.105–133.

Tsubuku M., " Endogenous Transport Costs and Firm Agglomeration in New Trade Theory", *Papers in Regional Science*, Vol.95, No.2, 2016, pp. 353–362.

Uzawa H., " An Aggregative Model of Optimal Technical Change", *International Economic Review*, No. 6, 1965, pp.18–31.

Venables A. J., "Productivity in Cities: Self–selection and Sorting", *Journal of Economic Geography*, Vol.11, No.2, 2011, pp.241–251.

Venables A. J. and Limao N., " Geographical Disadvantage: A Heckscher Ohlin Von ThüNen Model of International Specialisation", *Journal of International Economics*, Vol.58, No. 2, 2002, pp. 239–263.

Walz U., "Growth and Deeper Regional Integration in the Three–country Model", *Review of International Economics*, Vol.5, No.4, 1997, pp.492–507.

Walz U., "Transport Costs, Intermediate Goods, and Localized Growth", *Regional Science and Urban Economics*, Vol.26, No.6, 1996, pp.671–695.

Whalley J., Zhang S., A Numerical Simulation Analysis of (Hukou) Labour Mobility Restrictions in China. *Journal of Development Economics*, Vol.83, No.2, 2007, pp.392–410.

Wilson C., " A Model of Insurance Markets with Incomplete Information", *Journal of Economic Theory*, Vol.16, No. 2, 1977, pp. 167–207.

Yamamoto K., " Agglomeration and Growth with Innovation in the Intermediate Goods Sector", *Regional Science and Urban Economics*, Vol.33, No.3, 2003, pp.335–360.

Young K., "The History of Mental Testing", *The Pedagogical Seminary*, Vol. 31, No. 1, 1924, pp. 1–48.

Young A., "Growth without Scale Effects", *Journal of Political Ecomomy*, Vol. 106, No. 1, 1998, pp. 41-63.

Zeng D. Z. and Zhu X., "Tourism and Industrial Agglomeration", *Japanese Economic Review*, Vol. 62, No. 4, 2011, pp. 537-561.

Zeng J. and Zhang J., "Long-run Growth Effects of Taxation in a Non-scale Growth Model with Innovation", *Economics Letters*, Vol.75, No. 3, 2002, pp. 391-403.

Zeng J.L., "Physical and Human Capital Accumulation, R&D and Economic Growth", *Southern Economic Journal*, Vol.63, No.4, 1997, pp. 1023-1038.

Zhang M., Partridge M. and Song H., "Amenities and Geography of Innovation: Evidence from Chinese Cities", Mpra Paper, 2018.

Zipf G. K., "The PJVD Hypothesis on the Intercity Movement of Persons", *American Sociological Review*, Vol.11, No. 6, 1946, pp. 677-686.

索引

B

C

D

G

J

K

L

W

Y

Z

后　记

恩格斯说："一个民族要想站在科学的最高峰，就一刻也不能没有理论思维。"当代中国正在进行着人类历史上最为宏大的实践创新，伟大的实践必将给理论创造提供广阔空间。正如习近平总书记指出的，这是一个需要理论而且一定能够产生理论的时代，这是一个需要思想而且一定能够产生思想的时代。当然，中华民族历来有海纳百川的宽阔胸怀，总是以世界的眼光和开放的视野推动思想理论体系的完善与升华。作为一名经济学学习者和研究者，自己一方面从事经济学基础理论的学习与研究，从起初的新经济地理学、"新"新经济地理学理论，到内生创新增长理论、空间经济增长理论、数字经济理论，再到新近新空间经济学、生态文明经济学理论，尽管依旧处于学习探索阶段，但也深深地感受到哲学社会科学领域基础理论研究的紧迫性和重要性；另一方面开展经济社会领域的实践工作，从起初大功率能源设备能耗方案优化、关键基础元器件设计，到乡村教育扶贫、县域经济布局、产业发展规划，再到后来参与政策制定与文稿起草，虽然尚未扎根攻克实践难题，但也时刻不忘坚持问题导向、以理论创新破解发展难题的初心与使命。摆在面前的这本书稿或许正是目前学习研究的一点阶段性成果，第一至四章尝试为破解产业不平衡不充分发展问题提供一个理论视角，第五至九章分别是针对实践中碰到的农产品滞销、创新投入不足、旅游资源诅咒、"乡村人才振兴"、"抢人大战"等发展问题，借助空间经济增长理论开展的一些经验分析，第十章提出了几点对策建议。

实践是认识之基，实践是理论之源。经过工学、经济学、地理学多学科学习实践的锤炼，在书稿的写作过程中：一是坚持科学的思维，尽量借助科学的范式与方法尝试提出揭示事物本质、内在联系与发展规律的理论观点，确保结论的可复制、高信度及稳健性；二是坚持系统的思维，尽量借助系统的非线性复杂方法从整体全局和时空维度把握事物的相互作用、时空联系与配置规律；三是坚持均衡的思维，尽量借助一般均衡的方法把握事物发展的长期均衡、短期均衡、空间均衡、动态均衡规律，科学认识从非均衡到均衡状态的动态路径与变化规律。在研究过程中，也力求做到研究的适当性、严谨性和前瞻性。就适当性而言，理论是发展着的理论，尽可能立足中国国情，引入符合中国实际的研究背景、假设条件和关键变量，侧重理论研究的适用性和应用价值；就严谨性而言，为了最大限度地达成研究共识，借鉴并运用了大量模型推演、数量分析的方法，也注重理论研究与经验分析的结合，一些复杂数学求解运算作了简化处理，权衡考量了严谨性分析与可解可读性；就前瞻性而言，尽可能着眼于破解发展面临的新情况新问题，注重对事物发展趋势的认识、判断和把握，突出理论研究的前瞻性和预期作用。当然由于自身学识和认知水平有限，书稿中难免有诸多内容和观点需要完善改进，敬请读者批评指正，任何批评和建议都是欢迎的。

教诲如春风，师恩似海深。在书稿完成之际，抚卷沉思，不忘众多良师亲友对我的关怀与帮助。首先，感谢杨开忠教授，杨老师治学严谨、求真务实，以深厚的学术造诣和敏锐的学术洞察力指引我不断前行。其次，感谢贺灿飞教授，贺老师带我从理论研究转向经验分析，帮助我立足实际探究产业活动的区位与增长问题，极大地拓宽了研究视野。再次，感谢王安麟教授，老师带我进入系统论与复杂科学理论研究领域，帮助我培养了分析解决问题的系统性思维，老师曾时常带我走进长三角地区制造业企业一线，让我能够对我国产业发展的现状有直观的认识和感受。还要感谢北京大学政府管理学院李国平老师、陆军老师、沈体雁老师、薛领老师、张波老师和孙铁山老师，中科院赵作权老师、张国友老师，东北大学曾道智老师，首都经济贸易大学刘安国老师，同济大学韩传峰老师，各位老师给我提出了非常有益的指导建议。当然，我还得到了众多领导、同事、同学、恩人、友人的关心与帮助，也要感谢我的家人，多年来全家人一直都在身后坚定地支持我。还要感谢经济管理出版社的各位编辑在书稿出版过程中热情、细致、周到的帮助。

本书研究获得了国家自然科学基金重点项目“中国产业集聚演进与新动能培育发展研究”（71733001）、第64批全国博士后科学基金面上项目“基于微观异质性的城乡要素流动与产业重构：理论与模拟”（2018M640003）的资助，在此向国家自然科学基金委、中国博士后科学基金会致以诚挚的感谢。总之，感谢所有应该感谢的人和事，这只是学术研究的起点，我将心怀感恩，砥砺前行，继续努力进取！

专家推荐表

<table>
<tr><th colspan="4">第九批《中国社会科学博士后文库》专家推荐表 1</th></tr>
<tr><td colspan="4">《中国社会科学博士后文库》由中国社会科学院与全国博士后管理委员会共同设立，旨在集中推出选题立意高、成果质量高、真正反映当前我国哲学社会科学领域博士后研究最高学术水准的创新成果，充分发挥哲学社会科学优秀博士后科研成果和优秀博士后人才的引领示范作用，让《文库》著作真正成为时代的符号、学术的示范。</td></tr>
<tr><td>推荐专家姓名</td><td>杨开忠</td><td>电　　话</td><td></td></tr>
<tr><td>专业技术职务</td><td>教　授</td><td>研究专长</td><td>区域经济学</td></tr>
<tr><td>工作单位</td><td>中国社科院　生态文明研究所</td><td>行政职务</td><td>党委书记</td></tr>
<tr><td>推荐成果名称</td><td colspan="3">空间视角下产业平衡充分发展：理论探索与经验分析</td></tr>
<tr><td>成果作者姓名</td><td colspan="3">董亚宁</td></tr>
<tr><td colspan="4">(对书稿的学术创新、理论价值、现实意义、政治理论倾向及是否具有出版价值等方面做出全面评价，并指出其不足之处)
本书就如何破解产业区域发展不平衡和质量、效益、创新发展不充分重大难题，在总结已有经济地理增长理论和应用研究基础上，首先基于人口、产业空间区位选择机制和内生增长机制，引入微观主体异质性，将经济活动在时间维度的动态增长与空间维度的区位分布纳入同一框架构建了经济地理增长基础模型；其次基于基础模型和微观主体异质性理论，从交通一体化、市场一体化、比较优势、创新生产以及地方公共服务五个方面开展了异质性企业、人力资源空间迁移和产业区位以及创新增长的理论路径分析；再次以农业、工业、服务业三种不同类型产业为例，从不同产业角度探讨实现产业平衡充分发展的具体路径，同时还立足地方公共服务，探讨人力资源空间重配对于产业平衡充分发展的客观事实；最后为促进我国产业平衡充分发展提出了政策建议。
本书可能的创新点主要有：一是构建了经济地理增长模型，在一定程度上继承和发展了经济地理学模型，并为经济地理增长研究提供了一种比较完整的范式和借鉴；二是引入微观主体异质性假设，深入刻画了产业区位与动态增长的微观动态机制；三是在“人口—产业—空间”综合视角下研究产业区位与创新问题，并且开展相应的实证研究，这对全面系统地分析我国产业平衡充分发展问题提供了现实依据。
该书稿政治理论倾向正确，研究主题与党和国家对未来经济发展的战略部署要求一致，具有较好的政治理论基础。</td></tr>
</table>

续表

该书稿研究方法合理、规范，研究内容丰富翔实，论据充分，结果可靠，具有一定的理论创新和较强的现实指导意义，已达到出版要求，特予以推荐。

签字：杨开忠

2019 年 12 月 30 日

说明：该推荐表须由具有正高级专业技术职务的同行专家填写，并由推荐人亲自签字，一旦推荐，须承担个人信誉责任。如推荐书稿入选《文库》，推荐专家姓名及推荐意见将印入著作。

第九批《中国社会科学博士后文库》专家推荐表 2

《中国社会科学博士后文库》由中国社会科学院与全国博士后管理委员会共同设立，旨在集中推出选题立意高、成果质量高、真正反映当前我国哲学社会科学领域博士后研究最高学术水准的创新成果，充分发挥哲学社会科学优秀博士后科研成果和优秀博士后人才的引领示范作用，让《文库》著作真正成为时代的符号、学术的示范。

推荐专家姓名	贺灿飞	电　　话	
专业技术职务	教　授	研究专长	经济地理
工作单位	北京大学　城市与环境学院	行政职务	院长
推荐成果名称	空间视角下产业平衡充分发展：理论探索与经验分析		
成果作者姓名	董亚宁		

（对书稿的学术创新、理论价值、现实意义、政治理论倾向及是否具有出版价值等方面做出全面评价，并指出其不足之处）

本书立足我国社会主要矛盾转化，就如何破解人口、产业、区域发展不平衡和质量、效益、创新发展不充分重大难题，在总结已有研究基础上，首先基于空间区位选择机制和内生增长机制，将经济活动在时间维度的动态增长与空间维度的区位分布纳入同一框架构建经济地理增长理论模型，从而为分析我国产业平衡充分发展提供了一个理论框架，这是本书稿的理论价值所在。其次基于理论模型框架，从农业、工业、服务业不同视角作了经验分析，并且提出了促进我国产业平衡充分发展的对策建议，这是该研究的现实意义所在。

该书稿的学术创新主要体现为以下几点：第一，本研究借鉴国外相关研究，在纳入微观主体异质性的基础上，构建经济地理增长模型，将经济活动在时间维度的动态增长与空间维度的区位分布纳入同一个框架进行研究，在一定程度上继承和发展了传统经济地理学模型，并为经济地理增长研究提供了一种比较完整的范式和借鉴。第二，针对以往研究忽视“人口—产业—空间”的融合联动效应，依托理论模型在“人口—产业—空间”综合视角下研究我国产业平衡充分发展问题，并且开展相应的实证研究，这对全面系统地分析未来我国新动能培育问题提供了现实依据。

该书稿政治理论倾向良好，充分学习习近平新时代中国特色社会主义思想，研究选题、内容与党和国家对未来中国经济发展的战略部署要求高度一致，具有较高的政治理论基础。

该书稿研究内容完善，具有一定的理论创新和较强的现实意义，已达到出版要求，特予以推荐。

签字：贺灿飞

2019 年 12 月 27 日

说明：该推荐表须由具有正高级专业技术职务的同行专家填写，并由推荐人亲自签字，一旦推荐，须承担个人信誉责任。如推荐书稿入选《文库》，推荐专家姓名及推荐意见将印入著作。

经济管理出版社
《中国社会科学博士后文库》
成果目录

第一批《中国社会科学博士后文库》（2012年出版）		
序号	书　名	作　者
1	《“中国式”分权的一个理论探索》	汤玉刚
2	《独立审计信用监管机制研究》	王　慧
3	《对冲基金监管制度研究》	王　刚
4	《公开与透明：国有大企业信息披露制度研究》	郭媛媛
5	《公司转型：中国公司制度改革的新视角》	安青松
6	《基于社会资本视角的创业研究》	刘兴国
7	《金融效率与中国产业发展问题研究》	余　剑
8	《进入方式、内部贸易与外资企业绩效研究》	王进猛
9	《旅游生态位理论、方法与应用研究》	向延平
10	《农村经济管理研究的新视角》	孟　涛
11	《生产性服务业与中国产业结构演变关系的量化研究》	沈家文
12	《提升企业创新能力及其组织绩效研究》	王　涛
13	《体制转轨视角下的企业家精神及其对经济增长的影响》	董　昀
14	《刑事经济性处分研究》	向　燕
15	《中国行业收入差距问题研究》	武　鹏
16	《中国土地法体系构建与制度创新研究》	吴春岐
17	《转型经济条件下中国自然垄断产业的有效竞争研究》	胡德宝

第二批《中国社会科学博士后文库》（2013 年出版）

序号	书　名	作　者
1	《国有大型企业制度改造的理论与实践》	董仕军
2	《后福特制生产方式下的流通组织理论研究》	宋宪萍
3	《基于场景理论的我国城市择居行为及房价空间差异问题研究》	吴　迪
4	《基于能力方法的福利经济学》	汪毅霖
5	《金融发展与企业家创业》	张龙耀
6	《金融危机、影子银行与中国银行业发展研究》	郭春松
7	《经济周期、经济转型与商业银行系统性风险管理》	李关政
8	《境内企业境外上市监管问题研究》	刘　轶
9	《生态维度下土地规划管理及其法制考量》	胡耘通
10	《市场预期、利率期限结构与间接货币政策转型》	李宏瑾
11	《直线幕僚体系、异常管理决策与企业动态能力》	杜长征
12	《中国产业转移的区域福利效应研究》	孙浩进
13	《中国低碳经济发展与低碳金融机制研究》	乔海曙
14	《中国地方政府绩效管理研究》	朱衍强
15	《中国工业经济运行效益分析与评价》	张航燕
16	《中国经济增长：一个“破坏性创造”的内生增长模型》	韩忠亮
17	《中国老年收入保障体系研究》	梅　哲
18	《中国农民工的住房问题研究》	董　昕
19	《中美高管薪酬制度比较研究》	胡　玲
20	《转型与整合：跨国物流集团业务升级战略研究》	杜培枫

第三批《中国社会科学博士后文库》(2014 年出版)		
序号	书　名	作　者
1	《程序正义与人的存在》	朱　丹
2	《高技术服务业外商直接投资对东道国制造业效率影响的研究》	华广敏
3	《国际货币体系多元化与人民币汇率动态研究》	林　楠
4	《基于经常项目失衡的金融危机研究》	匡可可
5	《金融创新与监管及其宏观效应研究》	薛昊旸
6	《金融服务县域经济发展研究》	郭兴平
7	《军事供应链集成》	曾　勇
8	《科技型中小企业金融服务研究》	刘　飞
9	《农村基层医疗卫生机构运行机制研究》	张奎力
10	《农村信贷风险研究》	高雄伟
11	《评级与监管》	武　钰
12	《企业吸收能力与技术创新关系实证研究》	孙　婧
13	《统筹城乡发展背景下的农民工返乡创业研究》	唐　杰
14	《我国购买美国国债策略研究》	王　立
15	《我国行业反垄断和公共行政改革研究》	谢国旺
16	《我国农村剩余劳动力向城镇转移的制度约束研究》	王海全
17	《我国吸引和有效发挥高端人才作用的对策研究》	张　瑾
18	《系统重要性金融机构的识别与监管研究》	钟　震
19	《中国地区经济发展差距与地区生产率差距研究》	李晓萍
20	《中国国有企业对外直接投资的微观效应研究》	常玉春
21	《中国可再生能源决策支持系统中的数据、方法与模型研究》	代春艳
22	《中国劳动力素质提升对产业升级的促进作用分析》	梁泳梅
23	《中国少数民族犯罪及其对策研究》	吴大华
24	《中国西部地区优势产业发展与促进政策》	赵果庆
25	《主权财富基金监管研究》	李　虹
26	《专家对第三人责任论》	周友军

第四批《中国社会科学博士后文库》（2015 年出版）		
序号	书　名	作　者
1	《地方政府行为与中国经济波动研究》	李　猛
2	《东亚区域生产网络与全球经济失衡》	刘德伟
3	《互联网金融竞争力研究》	李继尊
4	《开放经济视角下中国环境污染的影响因素分析研究》	谢　锐
5	《矿业权政策性整合法律问题研究》	郗伟明
6	《老年长期照护：制度选择与国际比较》	张盈华
7	《农地征用冲突：形成机理与调适化解机制研究》	孟宏斌
8	《品牌原产地虚假对消费者购买意愿的影响研究》	南剑飞
9	《清朝旗民法律关系研究》	高中华
10	《人口结构与经济增长》	巩勋洲
11	《食用农产品战略供应关系治理研究》	陈　梅
12	《我国低碳发展的激励问题研究》	宋　蕾
13	《我国战略性海洋新兴产业发展政策研究》	仲雯雯
14	《银行集团并表管理与监管问题研究》	毛竹青
15	《中国村镇银行可持续发展研究》	常　戈
16	《中国地方政府规模与结构优化：理论、模型与实证研究》	罗　植
17	《中国服务外包发展战略及政策选择》	霍景东
18	《转变中的美联储》	黄胤英

第五批《中国社会科学博士后文库》(2016 年出版)		
序号	书　名	作　者
1	《财务灵活性对上市公司财务政策的影响机制研究》	张玮婷
2	《财政分权、地方政府行为与经济发展》	杨志宏
3	《城市化进程中的劳动力流动与犯罪：实证研究与公共政策》	陈春良
4	《公司债券融资需求、工具选择和机制设计》	李　湛
5	《互补营销研究》	周　沛
6	《基于拍卖与金融契约的地方政府自行发债机制设计研究》	王治国
7	《经济学能够成为硬科学吗?》	汪毅霖
8	《科学知识网络理论与实践》	吕鹏辉
9	《欧盟社会养老保险开放性协调机制研究》	王美桃
10	《司法体制改革进程中的控权机制研究》	武晓慧
11	《我国商业银行资产管理业务的发展趋势与生态环境研究》	姚　良
12	《异质性企业国际化路径选择研究》	李春顶
13	《中国大学技术转移与知识产权制度关系演进的案例研究》	张　寒
14	《中国垄断性行业的政府管制体系研究》	陈　林

第六批《中国社会科学博士后文库》（2017 年出版）		
序号	书　名	作　者
1	《城市化进程中土地资源配置的效率与平等》	戴媛媛
2	《高技术服务业进口对制造业效率影响研究》	华广敏
3	《环境监管中的“数字减排”困局及其成因机理研究》	董　阳
4	《基于竞争情报的战略联盟关系风险管理研究》	张　超
5	《基于劳动力迁移的城市规模增长研究》	王　宁
6	《金融支持战略性新兴产业发展研究》	余　剑
7	《粮食流通与市场整合——以乾隆时期长江中游为中心的考察》	赵伟洪
8	《文物保护绩效管理研究》	满　莉
9	《我国开放式基金绩效研究》	苏　辛
10	《医疗市场、医疗组织与激励动机研究》	方　燕
11	《中国的影子银行与股票市场：内在关联与作用机理》	李锦成
12	《中国应急预算管理与改革》	陈建华
13	《资本账户开放的金融风险及管理研究》	陈创练
14	《组织超越——企业如何克服组织惰性与实现持续成长》	白景坤

第七批《中国社会科学博士后文库》(2018 年出版)		
序号	书　名	作　者
1	《行为金融视角下的人民币汇率形成机理及最优波动区间研究》	陈　华
2	《设计、制造与互联网“三业”融合创新与制造业转型升级研究》	赖红波
3	《复杂投资行为与资本市场异象——计算实验金融研究》	隆云滔
4	《长期经济增长的趋势与动力研究：国际比较与中国实证》	楠　玉
5	《流动性过剩与宏观资产负债表研究：基于流量存量一致性框架》	邵　宇
6	《绩效视角下我国政府执行力提升研究》	王福波
7	《互联网消费信贷：模式、风险与证券化》	王晋之
8	《农业低碳生产综合评价与技术采用研究——以施肥和保护性耕作为例》	王珊珊
9	《数字金融产业创新发展、传导效应与风险监管研究》	姚　博
10	《“互联网+”时代互联网产业相关市场界定研究》	占　佳
11	《我国面向西南开放的图书馆联盟战略研究》	赵益民
12	《全球价值链背景下中国服务外包产业竞争力测算及溢出效应研究》	朱福林
13	《债务、风险与监管——实体经济债务变化与金融系统性风险监管研究》	朱太辉

第八批《中国社会科学博士后文库》（2019年出版）

序号	书　名	作　者
1	《分配正义的实证之维——实证社会选择的中国应用》	汪毅霖
2	《金融网络视角下的系统风险与宏观审慎政策》	贾彦东
3	《基于大数据的人口流动流量、流向新变化研究》	周晓津
4	《我国电力产业成本监管的机制设计——防范规制合谋视角》	杨菲菲
5	《货币政策、债务期限结构与企业投资行为研究》	钟　凯
6	《基层政区改革视野下的社区治理优化路径研究：以上海为例》	熊　竞
7	《大国版图：中国工业化70年空间格局演变》	胡　伟
8	《国家审计与预算绩效研究——基于服务国家治理的视角》	谢柳芳
9	《包容型领导对下属创造力的影响机制研究》	古银华
10	《国际传播范式的中国探索与策略重构——基于会展国际传播的研究》	郭　立
11	《唐代东都职官制度研究》	王　苗

第九批《中国社会科学博士后文库》（2020 年出版）		
序号	书　名	作　者
1	《中度偏离单位根过程前沿理论研究》	郭刚正
2	《金融监管权“三维配置”体系研究》	钟　震
3	《大股东违规减持及其治理机制研究》	吴先聪
4	《阶段性技术进步细分与技术创新效率随机变动研究》	王必好
5	《养老金融发展及政策支持研究》	娄飞鹏
6	《中等收入转型特征与路径：基于新结构经济学的理论与实证分析》	朱　兰
7	《空间视角下产业平衡充分发展：理论探索与经验分析》	董亚宁
8	《中国城市住房金融化论》	李　嘉
9	《实验宏观经济学的理论框架与政策应用研究》	付婷婷

《中国社会科学博士后文库》
征稿通知

为繁荣发展我国哲学社会科学领域博士后事业，打造集中展示哲学社会科学领域博士后优秀研究成果的学术平台，全国博士后管理委员会和中国社会科学院共同设立了《中国社会科学博士后文库》（以下简称《文库》），计划每年在全国范围内择优出版博士后成果。凡入选成果，将由《文库》设立单位予以资助出版，入选者同时将获得全国博士后管理委员会（省部级）颁发的“优秀博士后学术成果”证书。

《文库》现面向全国哲学社会科学领域的博士后科研流动站、工作站及广大博士后，征集代表博士后人员最高学术研究水平的相关学术著作。征稿长期有效，随时投稿，每年集中评选。征稿范围及具体要求参见《文库》征稿函。

联系人：宋　娜

电子邮箱：epostdoctoral@126.com

通讯地址：北京市海淀区北蜂窝 8 号中雅大厦 A 座 11 层经济管理出版社掌尚文化分社

邮编：100038

经济管理出版社